辛亥著名人物传记丛书

张晓唯 著

蔡元培

团结出版社
UNITY PRESS

图书在版编目（ＣＩＰ）数据

蔡元培 / 张晓唯著. -- 北京 ：团结出版社，
2011.6（2022.1重印）
（辛亥著名人物传记丛书）
ISBN 978-7-5126-0408-7

Ⅰ．①蔡… Ⅱ．①张… Ⅲ．①蔡元培（1867～1940）
一传记 Ⅳ．①K825.46

中国版本图书馆CIP数据核字(2011)第058863号

出　版：团结出版社
　　　　（北京市东城区东皇城根南街 84 号　邮编：100006）
电　话：（010）65228880　65244790　（出版社）
　　　　（010）65238766　85113874　65133603（发行部）
　　　　（010）65133603（邮购）
网　址：http://www.tjpress.com
E-mail：zb65244790@vip.163.com
　　　　fx65133603@163.com（发行部邮购）
经　销：全国新华书店
印　装：三河市东方印刷有限公司

开　本：170mm×240mm　　16 开
印　张：15.5
字　数：201 千字
版　次：2011 年 6 月　第 1 版
印　次：2022 年 1 月　第 4 次印刷

书　号：978-7-5126-0408-7
定　价：46.00 元

辛亥著名人物传记丛书
总序言

　　整整一百年前，在中国处于半殖民地半封建黑暗统治的时代，爆发了一场对中国历史发展进程产生巨大影响的革命，这就是以伟大的革命先行者孙中山为代表的革命党人发动的辛亥革命。这场革命，是中国近代历史上一次比较完全意义的反帝反封建的民族民主革命，它推翻了清朝政府，结束了中国几千年的封建君主专制制度，同时沉重打击了帝国主义在华侵略势力。中华民国的建立，标志着中国历史进步的新纪元。辛亥革命极大地推动了中华民族的思想解放，为中国先进分子探索救国救民的道路打开了新的视野，八年后，五四运动爆发；十年后，中国共产党诞生。辛亥革命开启的革新开放之门，对于推动中国社会的发展与进步具有不可估量的历史功绩和伟大意义。

　　以孙中山为代表的革命党人，在开启思想闸门、传播先进思想、点燃革命火种、推动历史进步的过程中发挥了重要作用。他们站在时代前列，为追求民族独立和民主自由而向反动势力宣战；他们不惜流血牺牲，站在斗争一线浴血奋战；他们具有坚定的信念和坚强的意志，愈挫愈奋，在失败中不断汲取和凝聚新的力量；他们适应历史发展的趋势，与时俱进，不断修正前进的方向和斗争的目标。正是因为有了这样一批革命先驱和仁人志士，才有了辛亥革命的爆发，也才有了以此为开端的中国民族民主革命的不断发展和最终胜利。当然，我们在分析评价历史人物时，既要看到他们有超越时代的进步性，又要看到他们不可避免地受到社会客观条件影响而具有的局限性与片面性，这是我们在看待历史人物时应当坚持的历史唯物主义态度，也就是既不文过饰非，也不苛求前人。

几十年来，关于辛亥革命及其重要人物的研究工作不断深入，也陆续出版了大量的图书、画册等，但仍然不十分系统和完整，有些出版物受到时代因素和其他客观条件的影响，难免有失偏颇和疏漏。在即将迎来辛亥革命100周年的时刻，团结出版社编辑出版了本套《辛亥著名人物传记丛书》，并得到国家出版基金的资助，这充分表明了国家对于辛亥革命历史研究的重视。这套丛书的出版，无疑是一件非常有意义的事，既可以对辛亥革命的研究工作起到重要的填补空白和补充资料的作用，同时也是对立下丰功伟绩的仁人志士的纪念与缅怀。

为了保证本套丛书的编辑质量，编辑委员会在民革中央的领导下，做了大量认真细致的组织工作，特别是邀请了著名专家金冲及先生、章开沅先生、李文海先生担任顾问，他们在百忙之中分别对本套丛书的编辑思想、人物范围、框架体例、写作要求等方面提出了重要的指导性意见，成为本套丛书能够高质量出版的重要保证。此外，参与本套丛书写作的，都是在近代历史和人物的研究方面卓有建树的专家学者，他们既有对辛亥革命历史进行深入研究的学术功底，又有较丰富的写作经验和较高的文字水平，因此，我们可以寄希望于本套丛书的出版，会对推动辛亥革命及其重要人物研究工作的不断深入起到重要作用，对弘扬爱国主义、提高民族凝聚力，实现中华民族的伟大复兴产生积极的影响。

周铁农

2011 年 3 月 16 日

目 录

引 言

蔡元培

3　　第一章　科举生涯

4　　　一、浙东学子

8　　　二、学业渊源

14　　　三、晚清翰林

19　　第二章　革命兼办学

20　　　一、杭沪办学

27　　　二、"反满"革命

34　　　三、取经西洋

41　　第三章　民初之涉政

42　　　一、南京入阁

48　　二、民初政争

54　　三、再度旅欧

63　　**第四章　北大风云（上）**

64　　一、改革最高学府

74　　二、"兼容并包"

88　　三、"五四"风潮

95　　**第五章　北大风云（下）**

96　　一、倡导"教育独立"

102　　二、"不合作主义"

106　　三、辞离北大以后

119　　**第六章　晚年：亦学亦政**

120　　一、元老参政

129　　二、教育试验和科技事业

140　　三、长眠香港

149　　**第七章　平生著述**

150　　一、著述概况

154　　二、《中国伦理学史》

161　　三、哲学兴趣

169　　四、红学情怀

177　　五、扶植民族学

183   第八章 人品及交游

184   一、人品和性情

194   二、交游：联结两代文化人

228   蔡元培年谱简编

引　言

　　二十世纪初期的二三十年间，举凡学界中人，几乎无人不知有位"蔡先生"。这位生长于清代同光年间的浙东商家子弟，凭着博学强记和一手"怪八股"的功夫，数年间，奇迹般地由古城绍兴的布衣寒士而跻身北京的翰林文苑，一时间引来多少寒窗学子的艳羡和敬慕。然而曾几何时，他却轻抛功名，挂冠而去，回乡兴办新式教育，随即走上反清道路，演出一场"翰林革命"。继而，又以"不惑之年"，远赴欧洲，在德国苦学4年，一展游学西洋的平生夙愿。民国肇始，他作为首任教育总长，厉行变革，奠定共和教育根基。几年后，他出掌北京大学，高擎"学术至上、兼容并包"的办学旗帜，将一个沉闷萎靡的官衙式学堂改造成为焕发勃勃生机的新式学府；由此开创的自由学风，促动了新文化的繁盛，进而激发起"五四"风潮的热情，知识界的一代新人即从中育成。及至晚年，他主持国立中央研究院，将"五四"以来喧腾于世的"科学"口号落实为研究实体，面对种种困难，殚精竭虑，不仅组织起一支汇集各类人才的科研力量，而且初步确立了我国独立开展科学研究的规模和体系。他在民国文化教育史上的卓著功业，得到中外知识界的广泛推崇和尊敬。

　　就清末民初的一代知识分子而言，蔡元培可谓极重道德修养，对自身，对公众，莫不如此。倾心求索孕育了近世文明的西方观念和文化，并没有使他丢弃早年诚笃信守的传统道德价值。通常看来，似乎相悖的中西道德伦理，在他那儿，却经由择善而从的筛选，得到浑然一体的自然融合。有人说："他在西洋思想上，把握到自由与理性，在中国文化上，把握着中庸与良心。"或许正是因为受到来自两种文化精粹的作用，他一生砥砺私德，力求纤尘不染，同时倡行公民道德教育，致力国人内在素质的提高，追求的是一种"形而上"的理想境界。最能反映他这一特点的，莫过于数十年力倡不懈的美育。尽管世运不济，时人亦大多不以为意，但他初衷不改，我行我素。他的这种多少有些超然世外的理想追求，常令后人感佩不已。"人世楷模"这一赞誉，在他辞世之初，或可视为悼亡的颂词，然而时过境迁，人心非古，却依旧被后世认可，则可视为某种"大德传世"的标识。

蔡元培早年投身反清革命后，即与政治结下不解之缘，但本质上，他属"学界中人"。在他看来，社会的发展，虽然不排除必要时偶尔"骤用兴奋剂"的激烈运动，甚至革命，但就其常态而言，应是渐进地改良，要靠教育和文化的恒久作用，这是振兴民族和国家的百年大计。因此，他的活动重心始终不曾偏离文化教育界，而政治上的地位适足用来保障其文教兴革活动的展开。这就使他虽置身宦海，却不失书生本色。作为一种个人追求，他对中西学术均有浓厚兴趣，曾先后整理编次中国伦理学史，疏证《红楼梦》而成一家之言，介绍西方近代哲学和美学成果，传播民族学知识并确定该学科的定义和名称……这些工作及其文字成果，倘用严格的学术眼光加以审视，或许算不上第一流的学术成就，但其中的相当一部分却带有学科开创的性质，正是由于他的努力，中国伦理学和民族学才得以立足于学林。人们普遍注意到他涉足学术领域的广博性，公认其为学界的"通人"。"他在学问上虽不是一个专家，却是一位通儒，通儒不是样样都懂，而是能通过事理，明辨是非，不固执，无偏见，胸襟豁达而又虚心的读书人。"论者的这一评述，可谓契合蔡元培的实际。正是这种"通人"的特性，使他能够在多元文化的时代里形成大气候。对此，梁漱溟发表过很精彩的议论：蔡先生"天性上具有多方面的爱好，极广博的兴趣""他的器局，他的识见，为人所不及……因其器局大，识见远，所以对于主张不同、才品不同的种种人物，都能兼容并包，左引右援，盛极一时。后来其一种风气的开出，一大潮流的酿成，亦正孕育在此了"。也就是在这个意义上，林语堂谈及蔡先生时，十分肯定地认为，"论著作，北大很多教授比他多，论启发中国新文化的功劳，他比任何人大。"

蔡先生的人生辉煌无疑是担任北京大学校长的那段时间，他将欧洲的大学理念、办学模式成功运用于东方古国，通过北大的教育革新，中国高等教育的未来发展确定了航标。而这些，在蔡先生那里，似乎是一种文化性情的自然伸展，并非如同后来想象中的"励精图治"。时代的风云际会，已经将他推上了中国"大学之魂"的高度，人们抚今追昔，愈加感受到"蔡元培精神"的长久生命力之所在——

蔡元培

第一章

科举生涯

浙东学子

学业渊源

晚清翰林

一、浙东学子

1868年1月11日（清同治六年十二月十七日），蔡元培出生在浙江省绍兴府山阴县城一户世代经商的小康之家，父亲蔡光普，是当地某钱庄经理，母亲周氏。

山阴与会稽两县城只一河之隔，明清两代同属绍兴府，民国元年废府，两县遂合为绍兴县。蔡家祖居诸暨陈蔡乡，明代隆庆、万历年间迁至山阴，最初以伐售柴木谋生，后来经商，从事绸缎运销，曾远至广州。到蔡元培的祖父一辈，已是世居绍兴的第六代人了。其祖父名廷桢，早年在典当商行学徒，后升为经理，以平生积蓄，在县城笔飞坊购置宅院，与子孙合居一处。他生有七子，其中五人经商，一人习武，一人从文，其长子即蔡光普。蔡元培就生长在这样一个人丁兴旺、三世同堂的大家庭中。

他是家中第四个孩子，乳名阿培，在同胞兄弟姐妹7人中，小阿培天性祥静平和。一次，女佣携阿培兄弟下楼游玩，楼梯高且陡，须由女佣抱下，女佣先抱堂兄，留阿培在楼梯口等候，岂料女佣抱堂兄下楼后遇有他事，

绍兴蔡元培故居

忙不迭中竟忘记了阿培。小阿培不哭不叫，端坐楼梯口静待多时，直到被家人发现。

绍兴素以人文荟萃、国学隆盛著称于世，自远古至近世留下的君王先贤、文人墨客的生命印迹，可谓俯拾即是，斑斑可考。这里每一处遗迹，都在诉说着一个悠远而生动的故事，昭示着绵延不绝的文化传承。在外治水8年三过家门而不入的大禹的传说，在此物化为气势巍峨的大禹陵，供后人瞻顾凭吊；曾经"十年生聚，十年教训"的越王勾践在此卧薪尝胆，矢志再起；大诗人陆游在沈园邂逅唐婉，写下缠绵悱恻传诵千古的《钗头凤》词。且不去说《论衡》的作者王充、"乡音未改"的唐代诗人贺知章、大器晚成的史家章学诚以及让郑板桥佩服得五体投地的徐文长等名家与绍兴的渊源关系，只以蔡元培家居的笔飞弄来说，即流传着晋代书法家王羲之的许多美妙传说。蔡元培自述：我家所在的"笔飞弄是笔飞坊中的一弄。相近有笔架山、笔架桥、题扇桥、王右军舍宅为寺的戒珠寺、王家山。相传右军在此的时候，一老妪常求题扇，有一日，右军不胜其烦，怒掷笔，笔飞去，这就是笔飞名坊的缘故。此说虽近于神话，但戒珠寺山门内有右军塑像，舍宅为寺的话，大约是可靠的"。此类越乡掌故，无疑启迪着蔡元培幼小心灵中的好奇和思智，举目即见、抬手可触的人文环境，自然形成贴近文化精粹的优越心理，对他的成长具有潜移默化的深刻影响。蔡元培18岁以前不曾离开故乡，他在此生活的累计时间竟超过其生命历程的三分之一。

1872年，刚刚6岁的阿培进入私塾破蒙读书，按照兄弟辈的排名，正式定学名曰元培，取字鹤卿。塾师是一位周先生，元培跟从他诵读《百家姓》《千字文》《神童诗》等开蒙读物，随后便读四书五经。读五经之前，先生并不讲解，只要求反复诵读，直到背熟为止。另外还有习字和对课两门功课。比起那种古板的读书方法来，类似造句的对课更能激发元培的学习兴趣。对课，是由先生出一字，学生对一字，逐渐由一字到四字，要名词对名词，动词对动词，还要求词性相近。如天对地、山对水（或海）、桃红对柳绿或薇紫等等。待到四字对作得合格了，即可学作五言诗。这种文字游戏，是写诗作文必不可少的基础，其富于变化的形式，对聪颖的元培很有吸引力。其后几年，元培读书渐入门径，开始养成摒除尘嚣静心读书的习惯。某傍晚，他如往常一样在家中楼上读书，宅内失火，举家惊骇，急呼他下楼，而他因读书专注竟浑然不觉。

元培11岁那年的夏天，父亲病逝，一家人的经济状况急转直下，渐入困顿，亲友们拟议集资救助，却为刚强的母亲婉言谢绝。她靠乡人们主动还回的欠款和不时变卖首饰衣物，克勤克俭，聊以度日。这一变故，使蔡元培无忧无虑的读书生活发生一些改变，因家里无力再聘塾师，只能就近附读。他先到姨父范氏家塾附读一年，其后又入李申甫塾馆读书。李先生教学注重背书，对达不到要求的学生苟以体罚，一次，元培背诵《易经》屡屡出错，竟被责打手心百余下。正是在这位严师的指导下，元培开始学作八股文。两年之后，14岁的蔡元培转入离家半里之遥的探花桥王懋修塾馆继续深造。

王懋修，字子庄，以精研八股文源流及技艺闻名遐迩，设馆授徒二十余年，其时馆内受业学生不下30名。元培在其门下求学四年，学业思想深受其教诲和陶冶。此时，元培已读过四书及诗、书、易三经，删除丧礼内容的《小戴礼记》亦已读罢，正读《春秋左氏传》。加之，在六叔指导下，业已浏览了《史记》《汉书》《困学纪闻》等大量书籍，学业根基初立，求知欲正旺，因而颇得王先生器重。这位老秀才严格禁止学生看"杂书"，《三国演义》看不得，《战国策》也看不得，这是因为练习制艺不可用四书五经以外的典故和辞藻，总之，考中秀才之前，读书要符合科举的尺度。但讲课时，王先生却不拘此例，大谈明季掌故，褒贬先人的优劣得失，尤其好讲吕留良、曾静一案，深为其冤屈抱不平。课余，王先生雅好碑帖，时常捧着本《金石萃编》细细翻阅，与友人对答偶或亦以"西厢淫词"相调侃，在学生中传为笑谈。他指导元培作文章，对不合规范之处，并不立即改过，而是提示错处，令其自改，以利提高。这位王秀才倾心崇尚宋明理学，经常研读各家的著述，向学生讲述朱熹、陆九渊等人的哲理主张，也大胆阐发他自己的学术见解。他服膺王阳明，尤其崇拜信守气节的明末学者刘宗周（一号蕺山），自号其宅曰"仰蕺山房"。"绍兴在清代，受乡贤刘蕺山先生的影响，气节及理学的风气，深入于知识分子中间。在学术方面，述宋儒的绪余，把'知'和'行'打成一片"（胡愈之语）。蔡元培在20岁以前"最崇拜宋儒"，显系受到其业师的熏陶。

在蔡元培求学的这些年里，其母周氏付出了大量心血，她十分重视对孩子的教育，常以"自立""不依赖"等语勉励诸儿，对好学而又悟性很高的二儿子元培督责尤严。晚上，元培在灯下做功课，她常陪坐案侧，直至夜深，有时见儿子困倦难耐，便索性令其歇息，到翌日凌晨即促其起身，补做功课，更显效果，使元培觉得"熬夜不如早起"，遂渐成习惯。元培17岁前后，几次参加科举考试，母亲总是夜半时分即起身烧饭，为之置备行囊。蔡元培忆述道："我母亲是精明而又慈爱的，我所受的母教比父教为多，……母亲为我们理发时，与我们共饭时，常指出我们的缺点，督促我们用功。我们如有错误，母亲从不怒骂，但说明理由，令我们改过。若屡诫不改，我母亲就于清晨我们未起时，掀开被头，用一束竹筱打股臀等处，历数各种过失，待我们服罪认改而后已。选用竹筱，因为着肤虽痛，而不至伤骨，又不打头面上，恐有痕迹，为见者所笑。我母亲的仁慈而恳切，影响于我们的品性甚大。"1886年初春，元培的母亲病故。元培悲痛万分，执意按古制守丧，他对母亲的爱和感情已升华为一种理智的观念。日后他投身社会力倡女权，究其根由，倘若不考虑其早年生活中母亲的因素，那肯定是一个极大的疏漏。

二、学业渊源

蔡元培踏上科举道路的引路人是他的六叔蔡铭恩。这位县学廪膳生员，时在绍兴城内招徒授业，略有藏书，是蔡氏族人中世世代代读书登科的第一人。元培自10余岁起，读书作文，得其指拨。元培先后两次参加童子试（即小考）均由六叔送入考场，首次离乡赴杭州应乡试，也是叔侄二人同行。因此，尽管后来元培先于六叔考中举人，并连登高第，而铭恩只以举人终其一生，但元培对这位长辈和恩师敬重如常，执礼甚恭。

蔡元培16岁前后第一次参加小考，那时候小考分作县考、府考、道考三级。县考正试一场，复试五场。府考正试一场，复试三场。道考由提学史主持，旧时称提学道，所以叫做道考，正式一场，复试一场。结果考试失败。17岁时第二次应试，才考取了秀才，主持这一期院试的学台是广东番禺人潘衍桐。考官对其试卷的评语是："笔轻而灵，意曲而达"，"论尤精当，与众不同"。此后两年，元培先后在绍兴城内充任塾师，教授学童七人，这是他执教生涯的初始。同时，他开始自由读书，六叔有限的一点藏书几乎被他遍览无遗。其中，除补读《仪礼》《周礼》《春秋公羊传》《穀梁传》《大戴礼记》等经书外，还随意检读有关考据和辞章的书籍，诸如《章氏遗书》《日知录》《湖海诗传》《国朝骈体正宗》《绝妙好词笺》等等，尤其注力于经学和小学（即文字学），并开始学作散文和骈体文。这样任意浏览，渐渐将他引入较为专门的学术领域，其中使他感到"最为得益""深受影响"的是朱骏声的《说文通训定声》、章学诚的《文史通义》和俞正燮的《癸巳类稿》《癸巳存稿》几部书。

朱骏声，清代中期文字训诂学家，曾以所著《说文通训定声》一书进呈咸丰皇帝,被赐授国子监博士。该书集前人研究所得,以音韵重组《说文》各字,隶于其所立古韵十八部之下,解字除本义之外,增列转注、假借二项,"凡经传及古注之以声为训者,必详列各字之下,标曰声训"。堪称有清一代颇具创见的文字训诂力作。蔡元培认为,举凡清儒治《说文》者,"只有朱氏,是专从解经方面尽力",其书不仅纠正了唐、宋以来只知会意不谙谐声的流弊,而且更正了许慎本人采阴阳学家言所作的若干不合理解说,其以音韵列解各字的形式,"检阅最为方便"。

章学诚是清代乾嘉时期浙东学派的代表人物,积30年之力撰著《文史通义》数十万言,与唐代刘知几《史通》并称。书内首发"六经皆史"之议,颇多真知灼见,然章氏学说至清末始为世人重视。元培"深服膺章实斋氏言公之义",尤其赞同章氏先有繁博的长编,后作圆神的正史,以及史籍中的人名地名须详列检目,以备查考等具体主张,奉之为治史的规范。

如果说,朱骏声、章学诚的著作对蔡元培的影响还仅限于文字和史学等学术范围,那么,俞正燮的两部书则延伸到了社会思想方面。俞正燮,字理初,在清代乾嘉以来的学者中可谓独树一帜,其治学内容极为庞杂,经史诸子自不必说,天文、医药、方言、释典、道藏,乃至边疆问题、鸦片缘起、社会习俗,无不在其精研详考之列。且常常于考述之余,直抒胸臆,陈古刺今,即所谓的"穷理尽性"。尤其对于男女不平等的社会现实多所针砭,思想守旧的李慈铭就曾说他"语皆偏谲"。俞氏的主要著作是《癸巳类稿》《癸巳存稿》。蔡元培晚年称:自十余岁即接触俞氏著作,"深好之,历五十年而好之如故",其原因是他"认识人权,认识时代"。俞氏书中"对于不近人情的记述,常用幽默的语调反对他们,读了觉得有趣得很"。特别是从各方面证明男女平等的思想,深深启发了蔡元培,成为其男女平等主张的重要思想根源。

总之，朱骏声、章学诚的著作使他确立起文字学和史学的基本观念，俞正燮的文字，则使他的思想渐渐挣脱理学的羁绊。

1885年中秋时节，19岁的蔡元培第一次赴省城参加乡试。薄暮时分，登上乌篷船，船行一夜，翌日黎明到达杭州。这是他首次离开家乡，呼吸外面的空气。西子湖风光旖旎，考场上却紧张森严。相继6天入居场屋，须作"四书文三篇，五言八韵诗一首；五经文五篇；对策问五道"，三场考试结束，刚好是中秋月夜。元培闲坐涌金门外的三雅园茶馆，细品龙井茗香，随后泛舟湖上，漫游彭公祠、左公祠……尽享湖光山色，体味"山外青山楼外楼"的诗外寓意。此次应试，多少有些"观场"意味，但名落孙山的结果，还是促使他的生活发生了某种改变。第二年，他不再担任塾师，经人介绍来到绍兴望族徐树兰府上充当其侄徐维则的伴读，并兼为徐氏校勘所刻书籍。

徐氏宅院坐落在水澄巷，距蔡家一里地之遥，主人徐树兰，字仲凡，曾任兵部郎中和知府等职，因母病返里，不再出仕，居乡致力于地方公益。徐搜罗碑版甚富，家中建有铸学斋，庋藏图书四万余卷，且自行编订刻印典籍，至20世纪初，扩建为古越藏书楼，声闻海内外。蔡元培20岁至23岁的四年里，在此读书、校书，得以博览，学乃大进。他为徐氏校勘了《绍兴先正遗书》中的四部书以及《铸学斋丛书》若干种。其间，他的读书已从泛览百家进入学有归旨的境界，其自述：治经偏于故训及大义，治史偏于儒林文苑诸传、艺文志及其他关系文化风俗之记载。

值得注意的是，蔡元培治经学偏于大义，与受到常州学派今文经学家的影响有关。他"读庄方耕氏、刘申受氏、宋于庭氏诸家之书，乃致力于公羊《春秋》，而佐之以太史公书，油油然寝馈于其间"。庄存与（方耕）、刘逢禄（申受）、宋翔凤（于庭）是清代乾嘉年间常州学派一脉相承的中坚人物，致力于今文经学，专治《公羊春秋》，好以微言大义比附现实，

晚清时的蔡元培

初启后来经世致用的端绪。晚清龚自珍、魏源诸人即师承这一学派。此时，元培对今文经学兴趣浓厚，发愿要编撰《公羊春秋大义》一书，足见其受此学派影响的程度。此种治学取向，与他日后投身社会变革应有某种内在关联。

在徐氏铸学斋伴读和校书的同时，蔡元培与山阴龙山书院、会稽稽山书院均有交往。他在书院中也不时写写风格怪异的八股文，例如，他喜欢用王引之《经传释词》上的古字和俞樾《古书疑义举例》上的古句，以求文章的奇僻古奥，使得常人几乎难以读通，他即以这种"怪八股"文章参加了其后的几次科举，以致在江南士人中引来不少趣谈。

1888年秋，蔡元培第二次往杭州应乡试，仍未中。翌年春他第三次赴杭州，参加本年（己丑）因光绪皇帝亲政而举行的恩科乡试。前两次的科场蹭蹬，并没有影响他的锐气，运笔自如的"怪八股"在此次考试中发挥得淋漓尽致，竟使乡试房官宦汝梅阅其试卷后断定必是"老儒久困场屋者"所为。而主考官李文田对此却大为赞赏，正是由于这位主考官的赏识，元培考中了第23名举人。同科考取的还有张元济、汪康年、汪大燮、徐仲可、徐维则等。考官对元培试卷的评语为："不落恒蹊，语无泛设，引证宏博，词意整饬。"

蔡元培中举，在江浙士人中颇产生一些震荡，人们抄录传诵其"怪八股"，视为开风气之作，坊间刻印的怪八股特刊《通雅集》将蔡的文章作为压卷。当然，正统的八股家们很不以为然，斥之为"文妖"。其实，"所谓怪八股，仅仅多用周秦子书典故，为读书人吐气，打倒高头讲章而已"。这件事，引起当时学术界上层的关注，时在北京做御史的李慈铭阅浙江官版《题名录》时，在全省已丑恩科137名举人中唯将蔡元培、沈宝琛二人的姓名、籍贯载入日记，说明李对元培已有所注意。

按清代科举惯例，恩科乡试的次年，举行恩科会试。刚刚中举才数月的蔡元培旋即于1890年春入京赶考，时年24岁。他参加了会试的初试三场考试，会试房官王颂蔚阅罢其首场试卷，觉得简直不像是八股文，甚为惊奇，"及二三场卷，则渊博无比，乃并三场荐之，且为延誉"。元培遂考取第81名贡士。清代科举规定：会试考中为贡士，贡士须经复试列出等次，再参加殿试，考中即为进士。而且，复试和殿试的考卷径呈考官，不需誊录，故而比较注重书法。

蔡元培没有立即参加同年的复试和殿试，而是在两年之后才补行上述考试，这是什么缘故呢？据民国时期曾任中央图书馆馆长的蒋复璁讲：蔡考完会试即去拜见乡试中举时的考官李文田，进呈会试所作之文，李阅后大摇其头，预言此类怪八股在京城会试中不会有人欣赏，断难考取。蔡闻言，不及发榜即废然南返。岂料其后榜上有名，蔡自是不及回返，李亦大为诧异，后乃悟出定是房官王颂蔚赏识元培所致云云。此情况系由王颂蔚之子王季烈口述予蒋。但蔡元培晚年所撰的《自写年谱》记述："因殿试朝考的名次均以字为标准，我自量写得不好，留待下科殿试，仍偕徐（维则）君出京。"此说甚明确，但未道及出京是在榜发之前还是其后。近年失而复得的李慈铭《郇学斋日记》（自光绪十五年己丑七月十一日讫光绪二十年甲午元旦）载述了此事的原委。蔡元培一向仰重李慈铭，在京期间曾数次拜谒。这一年的李氏日记载云："四月十二日，是日会试填榜……知山阴中两人，蔡元培、俞官圻；嵊县一人：沈宝琛，本东浦人也；又肖山一人，绍府共四人耳。""四月十三日，蔡进士（元培）来；沈进士（宝琛）来。两生皆年少未习楷书，故不待复试而归。"李氏日记不仅证实了蔡自写年谱的说法，而且透露出蔡是在知晓会试结果后决意延期复试的。

1892年春，蔡元培再次赴京，补应殿试。经复试后，被列为第三等，参加在保和殿举行的殿试。殿试只考策论，元培充分施展博闻强记的特长，对其中有关西藏的策论题详述其山川道里、行政沿革，且广征博引，断制自如。本年会试主考官为户部尚书翁同龢，殿试阅卷大臣为工部左侍郎汪鸣銮等。结果，元培考取第二甲第三十四名进士。本科的状元、榜眼、探花分别是刘福姚、吴士鉴、陈伯陶，同科考中者尚有：唐文治、叶德辉、汤寿潜、张元济、屠寄和沈宝琛等。蔡元培后来回忆这次考试说："向来殿试是专讲格式，不重内容的，只听说张香涛氏（张之洞）应殿试时不拘格式，被取一甲第三名。我那时候也没有拘格式，而且这两年中也并没有习字，仍是随便一写，但结果被取为二甲进士。闻为汪柳门先生（讳鸣銮）所赏识。有位阅卷大臣，说此卷的字不是馆阁体。汪说，他是学黄山谷的。于是大家都在卷子后面圈了一个圈，就放在二甲了。"被称为"宋四家"之一的黄庭坚，自号山谷道人，其书法在清季颇受推重。元培幸结其缘而金榜得中，自会感到"出于意外"了。此后又经过朝考，元培进而被点为翰林院庶吉士。

短短四年间，蔡元培乡、会试连捷，跻身翰林院，其踌躇满志，自不待言。考试结束后，他在京师盘桓近百日，其间一项重要活动是拜谒有关人士。当他与部分同年拜见座师翁同龢之后，颇引起这位帝师的注意，翁氏特录蔡的名姓、籍贯及简历于日记之中，并评赞其"年少通经，文极古藻，隽才也"。

1894 年春，蔡元培再次赴京参加散馆考试。这是对翰林院庶吉士进行甄别以决定任用的一种例行考试。应散馆后，元培被授为翰林院编修。至此，不满 28 岁的蔡元培已经达到了为当时读书人羡慕不已的科举道路之极。

三、晚清翰林

1894 年（甲午）下半年，蔡元培开始了供职翰林院的京官生活。应同乡先辈李慈铭的邀请，他兼任李氏嗣子李承候的家庭教师，为其讲授《春秋左氏传》，同时，还为李慈铭代阅天津问津书院的课卷，平素即寓居李宅。其时，中日双方在朝鲜的军事对峙已呈一触即发之势，元培以焦酌的心情关注着事态的发展。7 月 21 日，他在和李慈铭《庭树为风雨所折叹》的一首五言律诗中，"有感东邻兵事"，抒发忧国情怀。10 月，帝党中坚人物、翰林院侍讲学士文廷式召集院中同人，谋划御敌之策，建议光绪帝"密连

晚清翰林院的编修们

英、德以御倭人"，文廷式等37人遂联名上奏，蔡元培与丁立钧、黄绍箕、沈曾桐、徐世昌、柯劭忞、李盛铎、叶昌炽、张謇等列名其间。翰林学士们的这个奏折显然具有制约李鸿章"待俄使言和"的用意，清流学士更倾向于主战派。蔡元培即使在得知《马关条约》签订的消息后，仍然坚持认为："依宋、聂诸军，经数十战，渐成劲旅，杀敌致果，此其时矣。"然而，割地赔款的奇耻大辱，清廷朝纲的极端腐败，使得初出茅庐的青年翰林也只能"痛哭流涕长太息"而已。

中国在甲午战争中惨败，促使已近"而立之年"的蔡元培认真地重新思考许多问题，而"甲午之后，朝士竞言西学"的大气候，推动他开始饥不择食地摄取新学。1894年底，李慈铭病逝，李家南归，蔡元培移居京城南半截胡同的绍兴会馆。第二年夏初，许多朝中人士愤于《马关条约》的签订，纷纷请假离京返里。他的长兄蔡元鈃也曾来信，"劝作归计"。此时，在甲午惨败后的灰冷气氛中，蔡元培对闲居京城徒拥虚名而无所作为的状况确实有过更张的念头，他写信给在广州的师优表示："夏秋之间，拟重游岭表，向茶陵夫子乞广局一席。"即向两广总督谭钟麟谋求广雅书局之职。到了这年冬天，他便请假一年，返居故乡。归途中，特赴南京，访谒了张之洞，适值康有为会试时的房师余诚格也在场，张氏盛赞康"才高、学博、胆大、识精，许为杰出的人才"。蔡访张，可能是礼节性拜会，但对这位封疆大吏称许康有为的言论，却留下深刻印象。康氏发起"公车上书"的壮举，已经令人感触到甲午以后社会风气正在发生变化。

1896年，在绍兴赋闲的一年里，蔡元培广泛涉猎了大量译本书和新学著作。此前，中日战争进行之际，他在北京即阅读了顾厚琨的《日本新政考》和李小池的《环游地球新录》等书，对日本几十年来的变化和世界情势产生兴趣。在家乡，他又先后浏览了日本冈本监甫的《日本史略》、沈仲礼的《日本师船考》、郑观应的《盛世危言》、梁启超的《西学书目表》和《读西学书法》、华蘅芳的《算草丛存》以及《游俄汇编》、《电学源流》、《电学纲目》、《光学量光力器图说》、《声学》、《代数难题》等等。一位饱学经史的翰林学士，肯于静心研读这些学科广泛、内容生涩的各类书籍，足见其渴求新知的急切。后来，他曾总结自己30岁前后的治学路径说："少酖举业，长溺文辞，经诂史法，亦窥藩篱，生三十年，始知不足"，"未尝不痛恨于前20年之迷惑而闻道之晚"，决意"迷途回车，奚翅炳烛"。由此不难测度蔡元培此时站在中国传统文化厚实的土壤上，遥望"西学新知"那别有一番洞天的景象时所怀的心态。从这个时候起，他的治学重心渐渐偏离经史辞章之类旧学，而对戊戌前后风行于知识分子中间的新学新书产生强烈的求知欲。

1897年的北京，喧腾着改良思潮的热浪，《时务报》《国闻报》等倡扬变法主张的报刊源源流入，粤学会、蜀学会、闽学会等在京各省人士发起的维新团体纷纷成立，这股浪潮的始作俑者康有为再次入京，接连上书，积极奔走……维新变法，正在由舆论鼓动演变成为政治运作。置身其中的蔡元培，虽然没有付诸直接行动，但就其内心倾向而言，则是与这场社会变革灵犀相通的，即其所谓的"维新党人，吾所默许"。在书写着"都无做官意，惟有读书声"的京寓中，他研读早期改良派人士的著作，深入探求新知。从接触西学的初期，他就具有将中西文化相互融合而不是相互对立的思维取向，这种思想风格，在他以后的岁月里一再表现出来。

同年初夏，蔡元培移出会馆，迁入绳匠胡同寓所。年末，德、俄两国分别强占胶州湾、旅顺口，英、法列强亦提出类似要求，逼清廷就范。元培痛感清政府之无能，他在日记中写道："吾中国近20年仿范睢远交之策，甚睦于德，近又推诚于俄。不自强而恃人，开门揖盗，真无策之尤也！"近观京城中大小官员，平庸苟且之辈居多，整日钻营名利，置国难于不顾。

元培的心绪为闷怨和痛苦所笼罩。这个时期，他与同僚或友人宴饮，时常酩酊大醉，醉后甚至大骂同座。他自述："我父亲善饮，我母亲亦能饮，我自幼不知有酒戒……到北京，京官以饮食征逐为常，尤时时醉。"世人视元培为恪守礼仪的谦谦君子，殊不知其青壮年时亦有豪放之举。同一年，蔡元培参加了在保和殿举行的旨在选定各省主考学政及会试考官的一次考试，获得会试考官资格，翌年其六叔蔡铭恩来京应试之时，他按例请求回避，以免其叔不能应考。

进入 1898 年，京城内的变法维新气氛更加浓烈，蔡元培也已不满足于只读中文译本书，而希望学习外文，扩大求知范围。他的好友、时任总理衙门章京的张元济，在琉璃厂开设了通艺学堂，专授英语。同时，他的另一友人刘树屏在内城设立专修日文的学馆。元培选择了后者，他认为日文易于速成，而且西文要籍均有日文译本，通日文即可广览西学书籍。6月，"百日维新"拉开了帷幕，光绪皇帝的上谕一道道颁布，而积习深重的官僚们却敷衍搪塞，等待观望。蔡元培赞同变法，同情维新志士，他与梁启超还是己丑乡试同年，但在康、梁炙手可热之际，读书人的孤傲和自尊，使他"耻相依附，不往纳交"。置身局外冷静观察，加之数年京官生活的实际体验，使他深知社会守旧势力之强大和维新变法之艰难，而对某些参政伊始便露轻佻之态的新派人物，他也颇反感，认定其"不足以当大事"。有记载谓：新政期间，诏开"经济特科"，选拔"洞达中外时务"之特殊人才，蔡因供职宗人府的同乡葛宝华荐举曾前往应征。此说如确实，则是蔡元培与戊戌新政的唯一关联。

9月，宫廷政变的消息传来，戊戌新政恰如一场春梦，在血雨腥风中骤然消散。官场仍旧昏聩，民智依然未开。蔡元培痛切感到："康党所以失败，由于不先培养革新之人才，而欲以少数人弋取政权，排斥顽旧，不能不情见势绌。"他赞佩谭嗣同的铮铮铁骨，视为自己的"先驱"，尤为痛恨清贵胄昏庸误国，其激切之情溢于言表，以致引起顽固派掌院大学士徐桐的注意。往昔热心维新的友朋早已风流云散，行事稳健的好友张元济也被革职出京，永不叙用。京官生活已无可眷恋，蔡元培决意另辟新路，施展抱负。同年 10 月，蔡元培请假离京，举家南归，开始了人生新的一页。

第二章

革命兼办学

杭沪办学

"反满"革命

取经西洋

一、杭沪办学

1898 年深秋时节，蔡元培回到故乡绍兴。比起秋风萧瑟、一派肃杀景象的京城来，家乡显得格外温馨、平静、怡然。伫立在笔飞坊自家庭院中，四周的一切似乎依旧是老样子，唯独那块悬挂在门厅上方的"翰林第"匾额，好像在提示主人这里曾经历过荣耀与辉煌。然而，光宗耀祖的记忆在闯荡大千世界和领略新知西学之后，早已失却原有的华彩；四年京官生活的风风雨雨也差不多荡尽了仕途腾达的残梦，所余下的只有那纯然属于自己的书生本色。此时此刻，萦绕脑际多时的投身新教育的念头变得清晰而强烈，这是自身特长和兴趣之所在，这也是目睹维新党人惨烈失败后所认定的一条报国之路。就这样，蔡元培怀抱"志以教育挽彼沦胥"的信念，决意踏上教育救国的漫漫路程。

回乡一个半月之后，蔡元培接受绍兴知府熊再莘和乡绅徐树兰的敦请，出任绍郡中西学堂总理（即校长）。该学堂是由徐氏捐资并筹得部分府衙官款于 1897 年初创立的，校舍即在龙山脚下古贡院西侧，有学生三十人左右，略如后来的高小至中学程度。所习课程可谓中西混合，既有经学、词学、史学，又有物理、算学、外文，教师亦多为当地俊彦，在当时，这已是一所颇为维新的学堂了。蔡元培到校后，聘任教职人员，修订学堂章程，整理校藏图书，并"移寓学堂"，专心主持校务。外语课程原有英、法二种，他增设日语，辗转托人延聘日籍教师中川外雄来校任教。同时，鼓励课外阅读，对《强学报》《时务报》《国闻报》及维新志士的著作予以"解禁"，以扩大师生的阅读范围。他还以"究心学术，不沾沾于利禄"等为条件，邀集校内同人，分别编写各类课程的教科书。兼任学堂督办（校董）的徐树兰欣然应允出资刻印。此外，他设法求购理科教学需用的仪器、标本和教具，旨在提高这方面的教学水平。后来曾任北京大学校长的蒋梦麟和北大地质学教授王烈，此时均为该学堂低年级学生。据蒋梦麟回忆，中西学堂的课程虽然中国旧学居多，毕竟已有西洋学科，正是在此知晓了地圆说、雨的形成及燃烧的原理，"这是我了解一点科学的开端"。（蒋梦麟：《西湖》第 42 页—43 页，香港学风出版社 1959 年）藉此亦可知当时所谓新教育的初期概貌。

在中西学堂任职期间，蔡元培得读严复的译著《天演论》及亚当·斯密的《原富》、斯宾塞的《群学肄言》等书，他在 1899 年初笔录下书中要点。严译著作使他对西方社会学说的了解更加系统，思想认识也跃上一个新高度。他曾自述："得阅严幼陵氏之说及所译西儒天演论，始知炼心之要，进化之义，乃证之于旧译物理学、心灵学诸书，而反之于《春秋》《孟子》及黄梨洲氏、龚定庵氏诸家之言，而怡然理顺，涣然冰释，豁然拨云雾而睹青天。"（《剡山二戴两书院学约》，《蔡元培全集》第 1 卷第 96 页）可以说，在蔡元培探求新知的过程中，严译诸书起到了十分重要的作用，因此，他将严复与谭嗣同并列，视为自己的引路人，即其所谓"侯官浏阳，为吾先觉"。这段时间，他特别喜好以《公羊春秋》的三世说阐释进化论观点，从而将自己早先颇为倾心的"常州学派"的论点与风行当时的西方进化论观念嫁接起来，以此求得外来学说的可接受性，也达成一种文化心理上的平衡。这大概就是上述所谓"拨云雾而睹青天"的境界吧。与此同时，他仍孜孜于外文学习，读、译日文书《日清战史》和《生理学》，并开始自修英文。

随着探求新知过程的深化，蔡元培的社会政治态度也逐渐改变。从黄宗羲到全祖望，以民族大义一以贯之的浙东学派对他颇有影响，面对外侮频仍的严酷现实，其内在的民族激情必然有力冲击现存的法统观念，表现出一种不甚确定的政治激进。据当年的学生忆述：1899 年的一个秋夜，中西学堂宾客云集的花厅内杯盘交错，酒酣耳热之时，蔡先生起身高声批评康、梁变法不彻底，提出欲谋变革非摒弃清廷而不足为。于不经意中流露出内心深处的排满意念。虽然此后不久他也曾列名经元善领衔阻止清廷立储废（光绪）帝的通电，但数以千计的人参加的社会活动难以真正衡量一个人的微妙的内心倾向。就在"己亥废储"活动声震东南之际，1900 年年初，蔡元培在致徐树兰的辞职书中又一次显现出"叛逆"情绪："元培而有权力如张之洞焉，则将兴晋阳之甲矣。"（《蔡元培全集》第 1 卷第 91—92 页）颇有取清而代之之概。尽管其间不无冲动成分，但确可看出其君臣大义的观念已十分淡漠。这样说，并非将此时的蔡元培与革命派等量齐观，只是意在说明其社会政治态度变化的程度。

中西学堂的教员中，存在新旧两派。新派中有马用锡、杜亚泉等，他们信奉进化论，不时诋斥尊君卑民、重男轻女的社会积习，招致薛炳、任秋田等旧派的反对。蔡元培明确支持新派教员，旧派不服，请来学堂督办徐树兰出面干涉。徐是老辈，自然赞成旧派观点，遂将《申报》所载清廷旨在压制新思潮的"正人心"上谕送来，请蔡元培恭录悬于学堂。蔡致书痛诋，并愤而辞职，后经多方斡旋，终回校复职，直至同年 10 月学堂暂时停办始离去。这期间，他还兼任嵊县剡山书院院长和诸暨丽泽书院院长，为时均一年。在前述辞职风波中，他即赴嵊县，在剡山书院演讲数次，并为之拟订书院学约。在此篇文字中，这位翰林公初次提出，治学"当以益己、益世为宗旨"，士人应当摆脱"应试求官之积习，而急致力于有用之学"，并以自己读书求学的经历现身说法，策励读书人适应时代的变迁。此学约实为研究蔡元培早期教育思想的重要文献，惜之以往论者对此甚少留意。此外，蔡元培还曾以乡贤身份受聘兼任嘉善县宁绍会馆董事，几次前往襄理馆务，对会馆的注册立案及拟订规章尽力颇多，成为他办学之外的一项社会公务。在此期间，蔡夫人王昭病逝，年仅 35 岁，元培悲痛之中撰悼文一篇，哀祭亡妻。

1900 年 10 月，蔡元培离开绍兴中西学堂，前往杭州筹办师范学校，虽几经奔波，终无结果，但由此结交了不少浙省学界人士。他与养正书塾教员陈黻宸（介石）、林少泉（即林白水）、陈叔通等时相过从，并进而结识了该书塾的学生汤尔和、马叙伦。同时，又与当年颇有些维新思想的"浙东三杰"之一宋恕密切往还，其时，宋任教于求是学堂。蔡元培与章太炎的交谊也自此时始。蔡为绍兴同乡筹建小学事，与友人童亦韩由杭州往临安，途经余杭，遂登门造访章太炎，童与章本故交，便介绍元培与太炎相识。这时，章氏所撰《訄书》第一版已印行，其排满思想毕露无遗，蔡主动访章，当与获读此书有关。1901 年上半年，蔡元培时常旅居上海，广泛收集各类新式学堂的学制和课程设置等资料，潜心研究，撰成《学堂教科论》，由杜亚泉开办的普通学书室印行。其间，他与蒋智由、叶翰、王季同、汪允宗等一班文化人过从颇密，此时，蒋氏主编一种文摘性质的《选报》，王、汪等人则在办理由蒯光典拨资，专以刻印严译书籍为务的金粟斋书坊。同年 8 月，蔡元培应澄衷学堂监督刘树屏之邀前往协理校务，一个月后经刘介绍，进入南洋公学担任特班中文教习。

南洋公学是由盛宣怀于 1896 年创办的一所兼备初、中级教育和专科教育的近代学校，校址在沪西徐家汇，即今交通大学的前身。义和团事件后，清廷厉行"新政"，时任会办商约大臣的盛宣怀采纳沈曾植的建议，决定在公学内开设"特班"，专收优于国学、年力强健者，授以西学，以备将来经济特科之选。特班章程规定："西课余暇，当博览中西政事诸书。"蔡元培即负指导之责。他参采传统书院方式，确定选修门类及应读书目，学科涉及政法、财经、哲学、文史、外交、教育及自然科学，由学生任选一至两类，定期送交读书笔记，并轮流与学生谈话，当面指导，每月出题考核。特班学生近 40 人，年龄在 20 至 30 岁之间，其中已有功名者不乏其人。

蔡元培经常在课业评语和谈话中向特班学生灌输民权观念和爱国思想，启发他们放眼世界大势，练就真才实学。同时还主动教授日文，组织演讲和辩论，激励学生培养多种才能。他为人师表的良好风范和循循善诱的教学方式深得学生的敬重。特班生中颇受蔡元培赏识的有：邵闻泰（力子）、王世徵、胡仁源、谢无量、李叔同、黄炎培、贝寿同等。

此时，张元济在南洋公学任译书院院长，蔡元培常向这位同年好友借阅西学书籍和日文资料，彼此不时彻夜长谈，甚为契合。二人商定：邀约同道合资创办一份报纸，向国人译述外国报刊对中国的评论和报道，初名为《开先报》，后改称《外交报》。蔡撰写该报《叙例》，阐明宗旨："荟我国自治之节度，外交之政策，与外国所以对我国之现状、之隐情，胪举而博译之，将以定言论之界，而树思想之的。"此报于同年10月发刊，张元济任主编，蔡元培负责撰写论说、翻译日文稿件。不久，张元济投资商务印书馆，并向其主办人夏瑞芳建议设立编译所，以拓展事业。翌年，编译所成立，张推举蔡兼任所长，负责组织编写新式学校的各类教科书。蔡元培积数年办学经验，详订编纂体例，并约请蒋维乔等分别编撰。这是蔡元培与商务印书馆数十年合作关系的开端。在此期间，蔡元培编选的三卷本《文变》一书亦由商务代印。此书选入文章42篇，近人之作居多，且广泛涉及当时知识界普遍关心的社会、政治、文化、伦理等问题，诸如《中国士流改进策》《论义和团与新旧两党之相关》《清朝兴衰之关键》《男女婚姻自由论》《女子亟宜自立论》等等。所选少量古人作品亦"于新义无忤"。虽然此书的用途是为科举改八股为策论后取代昔日的古文选本，但编者的主旨是使"读者寻其义而知世界峰会之所趋"。编印此书，反映出蔡元培在文化教育领域锐意求新的思想风貌，与他这时的社会政治立场似乎没有多少直接关系。

1901年冬，蔡元培与黄世振女士在杭州结为伉俪，随后夫妻寓居上海。

与他们时相往来的蒋智由、黄宗仰、林白水、陈范及吴彦复等常偕女眷聚谈，"众议教育之根本在女学"，于是发起筹建女子学校。此举在当时可谓开风气之先，阻力自然不小。延至第二年9月间，方正式创办爱国女学，租校舍于登贤里，经费由黄宗仰介绍犹太富商哈同之妻罗迦陵独力承担，蒋智由被推为校长，学生仅10余人，主要是发起人的妻女。同年12月爱国女学开学，此时，蔡元培已接替去日本的蒋智由担任校长。爱国女学的创立，在上海颇有影响，带动了近代中国女子教育的发展。至于这所女子学校自身规模的扩大及其在反清革命中所发挥的特殊作用，则已是1903年以后的事情。在筹建女校过程中，蔡元培与叶瀚、蒋智由、钟观光、黄宗仰、王季同、汪允宗等于1902年4月发起成立中国教育会，会址设在上海泥城桥外福源里，蔡元培被选为事务长（会长）。该会是在废八股兴学校的"新政"气氛中应运而生的，最初以完善新教育、编订教科书为己任，曾拟议印行刊物，进行通讯教学。其后，又曾计划设立学校教育部、社会教育部和实业部等机构，其宗旨亦随主持人思想的变化而屡易。教育会的种种计划基本上未能付诸实施，但在后来组建爱国学社过程中却起到了关键作用。随着反清革命运动的高涨，该会表面办理教育，暗中鼓吹革命，"隐然为东南各省革命之集团"。蔡元培作为中国教育会的核心成员，在该会各项活动中发挥了重要作用。

　　1902年夏，蔡元培利用暑假赴日本游历，这是他第一次跨出国门，同行者为高梦旦。到东京后，适值新任京师大学堂总教习吴汝纶在此考察教育，蔡、高曾与之晤谈。此时，中国留日学生中流动着的爱国与变革的热潮给蔡元培以很大感染，尤其对主撰《浙江潮》杂志的"浙江二蒋"——蒋百里和蒋伯器留下深刻印象。蔡元培预备在日本逗留一个月，由于发生吴稚晖被日警押解出境事件，遂决定提前回国。吴稚晖，名眺，又名敬恒，江苏武进人，曾在北洋大学堂和南洋公学任教，此时在东京高等师范学校留学。由于清驻日公使蔡钧无理拒绝来自江浙等地9名自费留学生进士官学校学习的要求，吴与孙揆均率学生到公使馆请愿，蔡钧招日警予以弹压，吴、孙二人被拘后，又被强行押解上船，迫令回国。蔡元培早先从杭州方言学社主持人许沅那里闻知吴稚晖在南洋公学训练学生颇有成效，即对其人予以关注，1901年冬，二人在南洋公学相识。此时，为防止吴等人归途中发生不测，蔡主动登船护送，一齐返沪。蔡、吴二人性格迥异，但在思想情趣方面颇多一致，不妨说，吴是蔡众多朋友中能对其施予较大影响的一人。

从日本归来仅数月，便发生了南洋公学退学风潮。这所学校的课程设置在当时虽堪称先进，但校政管理却仍停留在专制顽钝的水平上，尤其是有些教员思想守旧，"以奴隶对学生"，颇不孚人望。而学生方面日益受新思潮浸染，业已萌发自由自主意识。这种观念反差终于在一次偶然事件中发展为公开抗争。11月中旬，第五班学生误将一墨水瓶放置在讲桌上，国文教习郭某发现后严厉追查，并处罚无辜学生，激起全班义愤，一致要求校方辞退郭氏，校方反以"聚众滋事"的罪名无理开除全班学生。这就激怒了包括特班在内的全校200多名学生，遂相约全体退学。蔡元培同情学生，曾向学校当局交涉，以改变无理决定，但有人视学生此举系蔡平素提倡民权思想所致，在此情况下，他毅然辞职。随后，他将一部分退学学生组织起来，征得中国教育会同人的赞同和支持，分别募集款项，聘定义务教员，借教育会房舍，创办起爱国学社，他被推举为学社的总理（即校长）。该学社于1903年年初正式开学。

爱国学社的成立，是蔡元培为新教育奔波数年之后，相对独立地创办起来的一个教学实体，在此尽可自主地贯彻教育救国的初衷，随着一批反清志士的加入和客观形势的推动，他"遂亦公言革命无所忌"，开始了一段激昂慷慨、"翰林革命"的历程。从而，使这位"恂恂儒者"增添了一层豪勇壮烈的色彩。

二、"反满"革命

　　20世纪初的上海，作为近代中国发展最快的通都大邑，常能独得风气之先。十里洋场，鱼龙混杂，信息灵便。戊戌政变后，国内仁人志士大多聚拢于此，各谋宏愿。海外反清力量于庚子以后势焰渐炽，亦凭借沪上的租界联络同志，展开活动。大批文化人更是在这里办报兴学，倡扬各类新式学说，进而影响于内地各省。蔡元培以学界名人身份，在此天地中，由爱国义愤而倡言排满，终至主持团体，密谋反清革命，为时虽短短三四年，却因此而确定了他后半生的政治归属。

　　蔡元培等人主持的爱国学社，其活动主要集中于1903年上半年。该学社有意仿效日本西乡隆盛等人当年的办学主旨，"重在精神教育，而所授各科学，皆为锻炼精神、激发志气之助。"学社教师基本由中国教育会

1903年后的蔡元培父子

成员和本社高年级学生充任，其中，蔡元培讲伦理学，吴稚晖授天演论，章太炎教高级国文。此时，章太炎已加入中国教育会，其上课"多述明清兴废之事，意不在学也"。学社学生完全自治，凡事须众议始决，自由空气甚浓，与官立学校的压制学生适成对照。事实表明，爱国学社并非一般教学机关，而更像是兼备讲习和革新的社会团体。这期间，蔡元培政治热情极高，自号民友，"已决意参加革命工作"。自同年2月中旬开始，他与教育会同人率领爱国学社学生每周到张园举行一次演说会，评析时事，发表政见，逐渐产生广泛的社会反响。3月以后，他们又与留日学界遥相呼应，先后发起拒法、拒俄运动，揭露广西巡抚王之春以出让桂省路矿权为条件借助法国军队平息哥老会之乱的卖国图谋，抗议沙俄政府无视国际协议拒不撤兵而侵占中国东北的蛮横行径。蔡元培在张园这一讲坛上，屡屡发表充满爱国激情的演说，以警醒国人奋起御侮，并提议成立有关组织，协调行动。随后，爱国学社仿东京留日学生之例，成立拒俄义勇队，后改称军国民教育会，开始进行军事操练。36岁的蔡元培剪短头发，脱去长衫，与学生共同演练，躬身实践其"尚武求强"的主张。爱国学社上述种种活动，使其在社会上名声大振，几乎成为"国内惟一之革命机关"。4月，南京江南陆师学堂和杭州求是大学堂接连发生退学风潮，蔡元培、吴稚晖等致电或撰文对学生表示同情和支持，并协助章士钊等30余名陆师学堂退学生转入爱国学社。

张园演说日益显露出来的反清革命情绪，引起顽旧之辈的极端反对，上海的《申报》《新闻报》等几家具有全国影响的大报亦持反对论调。因此有人主张中国教育会和爱国学社须有自己的机关报，以为喉舌。同时，爱国学社成立之初经费拮据，教职员大多纯尽义务，生活来源一般另有所依，蔡元培兼任商务印书馆编译所之职，吴稚晖则任事于文明书局，章太炎亦靠译述取酬，至于理科教员几乎均由科学仪器馆人员兼任。显然，筹谋经费为爱国学社活动所必需。当官立各校学潮此伏彼起之际，陈范主办的《苏报》特辟"学界风潮"一栏，详予报道，颇令世人关注。由此，教育会及学社遂与苏报馆合作，商定由蔡元培、吴稚晖、章太炎等七人轮流每日供评论稿一篇，报馆每月为爱国学社助银百元。这样，蔡元培等人"反满兴汉"、倾向革命的思想主张便通过新闻媒体广泛传播，其影响所及远胜于张园演说。《苏报》本为上海的一家小报，1896 年创刊时在日本驻沪领事馆注册，戊戌年间，曾在江西任知县的陈范因教案被革职后迁居沪上，接办《苏报》，始而宣传维新变法，继而趋向反清革命。他与蔡、吴等人的联手，致使其《苏报》得获彪炳史册之誉。蔡元培为《苏报》所撰写的文章，大多已不可考，仅知者为《释"仇满"》一文，发表于 1903 年 4 月 11 日、12 日。其时，革命志士中"排满"情绪甚烈，寄居爱国学社的邹容等人甚至主张"驱逐住居中国之满洲人或杀以报仇"，蔡文即对此而发。文章以平和的笔调论证汉满两族在血统和习俗上渐趋同化的事实，认为，所谓"满洲人"实乃政治特权之符号，其特权有三：世袭君主，驻防各地，不治实业。而"近日纷纷'仇满'之论，皆政略之争，而非种族之争也"。文章批评了那种"无满不仇，无汉不亲；事之有利于满人者，虽善亦恶；而事之有害于满人者，虽凶亦吉"的狭隘偏执的"种族之见"，同时，也坚信"世运所趋，非以多数幸福为目的者，无成立之理；凡少数特权，未有不摧败者……民权之趋势，若决江河，沛然莫御"。可见，他热心革命的同时不失冷静求实的态度。不过，此种论调为"反满兴汉"的热潮所淹没，当人们发现其认识价值，已是时过境迁的辛亥以后了。

爱国学社的活动及《苏报》的放言高论，招致清廷及其督抚大员们的忌恨。从他们之间的公文往来和信函中可知，张园演说伊始，便引起有关当局的密切注意，及至沪上拒法、拒俄运动兴起，官方即密令"查禁拿办"。清朝驻沪商约大臣吕海寰进而将蔡元培、吴稚晖、黄宗仰、陈范、章太炎等列为缉拿的首要对象。可以说，清朝当局旨在严厉纠弹革命志士的图谋一直在酝酿和布置。碍于外国租界的特殊法律，只得曲折间接地进行。租界工部局数次传讯蔡、吴诸人，名为核实情由予以保护，实则反映出清官方压力的不断增强。随着邹容《革命军》一书的刊行和章太炎为之所撰序言及《驳康有为论革命书》等文在《苏报》的发表，终于引发了一场轩然大波。而此前，在中国教育会和爱国学社之间竟出现了内部分裂的迹象。随着爱国学社知名度不断提高，经济状况随之改观，学生们不甘心于仍由中国教育会代管财务，即欲求独立。5月间，这一矛盾渐趋公开化，倾向于教育会者认为学社乃教育会之一部分，而学生方面则发表文章，表明：会、社实为平行的两团体，均曾相互赞助，学社的主人即学社自身，与教育会不存在隶属关系。此时已改任教育会副会长的蔡元培对学生大感失望，鉴于往昔梁启超与汪康年争办《时务报》，而相互损伤以致贻敌视者以口实的教训，他便与会长黄宗仰商洽，听由学社分立，黄亦赞成。不料章太炎持反对态度，吴稚晖却偏袒学生。从诸多情况分析，在爱国学社各项活动中，吴颇具影响力，从发起张园演说，到倡办机关报，甚至力主改选能够筹措经费的黄宗仰为教育会长，均由其推动，致使素与不睦的章太炎斥其为篡权之宋江。会、社分立加之章、吴矛盾，使得蔡元培心灰意冷，此时官方欲行弹压的风声日急，他终于接受兄长及亲友们的再三规劝，于6月中旬辞去各项职务，前往青岛学习德语，准备赴德深造。半个月之后，震动海内的"《苏报》案"发生，《苏报》被封闭，章太炎、邹容被拘判刑，其他人逃避星散，爱国学社亦无疾而终。

这场被称作"癸卯大狱"的镇压行动，显然系清官方与租界当局合谋所为，目的在于扼制日益高涨的反清革命运动，但在"结案"过程中仅以文字证据定罪，涉及范围便大大缩小。王朝末世，人心涣散，清政府官员已非铁板一块。如果说两江总督魏光寿面对革命活动却"行同聋聩"还属某种疏忽，那么奉命赴沪查办此案的江苏候补道俞明震则明显地力求大事化小，网开一面。蔡元培能够远走青岛和"苏报案"发及定案后"不涉孑民"，似乎均与此有关。在青岛期间，他经由陈范的书面介绍，跟从《胶州报》主人李幼阐学习德语，后又师从李推荐的一德国教士继续学习。蔡元培此时已对西洋哲学发生浓厚兴趣，他将留学国度定为德国，即由于那里是近代哲学的发祥地。在青岛，尽管心绪不宁，又缺乏必要的参考书，他还是将德国人科培尔《哲学要领》一书的日文本转译为中文，交由商务印书馆出版。（有种说法谓：蔡曾由青岛入北京，在同年刘焜帮助下，易名在译学馆任教，因学部侍郎严修有所顾虑，复离京南下。见芝翁《蔡孑民的襟抱与风格》，载孙常炜编《蔡元培先生全集》第1557页，台湾商务印书馆1968年出版。此说尚待其他材料核证，姑且存录。）大约在同年秋冬之际，蔡元培应家人电召返回上海，亲友先前应允集资助其留学实为促其离沪之计，此时沪上虽仍有谣传，但危险基本过去，留学之议暂时搁置，蔡仍为《外交报》译述日文稿件以维持生计。经此番历练，他从事反清革命活动的方式变得策略而隐蔽，但涉足反清革命的程度愈加深化。中国教育会和爱国女学虽受冲击，却依然存在，他藉此联结同道继续开展活动，同时定期看望狱中的章太炎、邹容二人。是年冬，沙俄军队强占奉，拒俄风潮复起。12月，蔡元培与刘师培、叶瀚等人在静安寺愚园发起成立"对俄同志会"，并与陈镜泉等合作创刊《俄事警闻》日报，谋划和宣传拒俄运动。

《俄事警闻》初由王季同主编，蔡元培撰述论说兼译日文稿件。该报不用清朝年号，而以干支纪日，附注西历，文体亦兼采白话，颇有报界革新之势。鉴于《苏报》之祸，该报并不直言革命，而以民族激情启迪国人。总计印行73期，至1904年2月，由于日俄战争爆发，遂扩大版面，改名《警钟》，由蔡元培主编。这份扩版后的刊物，"一面要国人鉴于日俄之争，即时猛省，一面译登俄国虚无党的历史，为国人种下革命思想"。蔡元培主编《警钟》，连续数月刊载日文译稿《俄国虚无党源流考》，与该报"抵御外侮，恢复国权"的既定宗旨有所偏离，可知其仍"不免直接谈革命"。蔡主撰该报近半年之久，其间，除每日撰写文言和白话社论各一篇外，还要负责编务、印刷乃至发行，且常常为经费不济所困。但他意志坚韧，独立苦撑。这段办报生涯中蔡的代表性文字，是1904年2月中、下旬连载于《俄事警闻》最末几期上的白话小说《新年梦》。小说以朴实的笔触记述主人公"中国一民"在新年之际悠悠入梦，想望60年后中国强盛康乐，人类步入大同境界的美妙图景，情节融写实和虚构于一体，通篇寄寓了作者的爱国忧思和追求理想社会的情致。蔡元培自述："是时西洋社会主义家，废财产、废婚姻之说，已流入中国，子民深信之……揭《新年梦》小说以见意。"（《口述传略》上，载《蔡元培全集》第3卷第325页）应当说，这篇文字十分清晰地反映了蔡元培此时的社会政治主张和思想取向，这在清末知识界有一定的代表性。正是在主撰《警钟》期间，这位前不久还自号"民友"的志士已经意识到"吾亦一民耳，何谓民友"？于是从《诗经·大雅·云汉》的"周馀黎民，靡有孑遗"两句中各取一字，改号孑民，以示自己救亡图存的志向。

1904年7月，蔡元培重新担任爱国女学校长，于是辞去《警钟》日报的职务，由汪允宗接替。在此前的5月间，他受同人推举，复任中国教育会会长。此时，南方革命党人谋划武装暴动，反清革命进入新阶段。蔡元培深受俄国虚无党（主要是民粹派）的影响，认定暗杀是改变社会政治的一种迅捷有效的方式，因而当留日学生组织暗杀团派何海樵来沪活动时，他随即加入这一秘密团体，并租赁房屋，介绍同志，共同试制炸弹。参与这一活动的还有杨笃生、苏凤初、钟观光、王季同、俞子夷及章士钊、陈独秀等。清末吴樾刺杀出国考察宪政的五大臣，即该团体促成。蔡认为暗杀于女子更为相宜，故在爱国女校"不取贤妻良母主义，乃欲造成虚无党

青年蔡元培

一派之女子"。对年长的学生宣讲法国革命史和俄国民粹派的主张，并重点传授化学原理，期之将来有所作为，真可谓寓革命于教育之中。爱国女校这段时间隐然成为容留和联络革命志士的重要机关，龚宝铨、俞子夷等革命党人应蔡之邀来校任教，黄兴、陶成章、秋瑾等，亦曾在此与蔡晤谈。同年11月，蔡元培参与发起组织光复会，被推举为会长。由于他"闻望素隆"，随之入会者颇众。经他居中撮合，徐锡麟与陶成章分别统领的浙东两派会党开始合作，并成为光复会的主导力量。蔡元培还亲赴嘉兴，劝请浙西会党首领敖嘉熊加盟光复会，这位昔日爱国学社的故交慨然允以"有事相助"。可以说，蔡元培对于光复会颇具草创之功。1905年夏，中国同盟会在日本东京成立，孙中山委任蔡元培为上海分会主持人。不久，黄兴抵沪，将孙的委任书面交予蔡。蔡此后在江浙一带发展了黄炎培等一批同盟会员，并在后来协调同盟会与光复会的关系方面起到积极作用。

几年来的沪上革命，蔡元培始终以一介书生奔忙反清革命活动，虽然政治热情颇高，但终究有别于职业革命家。他由热衷救国而涉足反清革命，然而始终未能忘情学术而放弃教育救国的长远追求，就其自身而言，出国领略西洋文化的欲念也一直强烈存在。他企望以较短时间和较小的代价实现社会政治的变革，因而一度沉迷于暗杀活动。当种种努力收效不彰、革命目标显得遥遥无期之时，又不免感到茫然。蔡元培自述此时的心绪："在上海所图皆不成，意颇倦"。故而，他于1906年春离开黄埔江畔，返回故乡，出任秋瑾等人倡办的绍兴学务公所的所长，推动绍属八县的教育事业。他邀约裘吉生、杜海生等人相助，时在南京求学的周作人亦在被邀之列，周此时正等候赴日留学而未能应召。学务公所于4月下旬成立，蔡元培首先开办师范讲习班，培训师资，进而提议创建师范学校，但在筹集经费时受到阻挠，遂即辞职。此次回乡兴学，前后不足两个月。当他准备离绍返沪之际，接到北京友人的来信，告知清政府拟派翰林院编检各员出国留学，敦劝其从速入京登记。不久，报上亦刊载了这一消息。期待已久的良机无异自天而降，蔡元培为此怦然心动。他于6月下旬先抵上海，迎送章太炎出狱并东渡日本，后又参加邹容死难周年纪念会，了却了为这位仙逝的青年志士修建墓前纪念塔的心愿。这些举动多少有些象征性地为他几年来的沪上革命画上句号。

随后，蔡元培毅然入京，去捕捉那现实而又渺茫的留学机会。

三、取经西洋

蔡元培离京返乡后的数年间，先后在绍兴、杭州、上海等地办学，曾担任绍兴中西学堂监督（校长）、南洋公学特班总教习、爱国学社和爱国女学的校长，并与章太炎、吴稚晖等人发起成立中国教育会，被推举为会长。作为聚集在上海的知识界领袖人物，他在"张园演说"和《苏报》"反满"宣传活动中，渐趋激越，进而投身反清革命潮流，参与了光复会、同盟会上海分会的早期领导工作，成为辛亥时期东南地区的重要革命志士之一。

但是，蔡元培内心始终未失书生本色，在办学和秘密反清活动之余，仍然期盼实现游学欧洲的夙愿。他在写给好友汪康年的信中剖白心迹："盖弟数年来，视百事皆无当意。所耿耿者，惟此游学一事耳。"可知他渴望出国留学的欲念十分强烈，因而才有 1906 年夏天"折节"入京销假之举，期待北京翰林院按原计划派送翰林出国留学。蔡元培一面应京师大学堂译学馆馆长章一山之聘，充任该馆国文教员，一面向学部申请自费留德，等候批复。不久，顺天府尹孙宝琦（慕韩）奉命出任驻德公使，蔡元培托请其弟孙宝瑄等从中说项，并登门拜访孙宝琦，表示愿在使馆中任一职员，以便留学。孙宝琦慨允每月助银 30 两，而不需到使馆服役。同时，蔡与上海商务印书馆约定：在海外为其编撰教科书，每月得酬百元，留供家用。1907 年 6 月间，蔡元培随同前往赴任的孙宝琦，由西伯利亚铁路踏上了欧洲的土地。

蔡元培留学德国的第一年在柏林度过，此时他年过 40，依照中国的习惯说法，已是年当"不惑"。他与同来德国留学的译学馆学生齐寿山、钱方度共寓一处，齐的同学顾孟余留德数载，谙熟诸事，顾即代蔡物色德语教师，定时讲授。考虑到蔡的旅居经费不足，孙宝琦介绍他兼任唐绍仪之侄唐宝书等四人的家庭教师，为其补授国学，每月报酬 100 马克。此外，蔡元培还要利用余暇编译书籍，寄回国内，其生活紧张而忙碌。此时，中国留德学界人数尚少，在柏林的马君武、夏元瑮、薛颂瀛、宾步程，是与蔡时相往来的几位朋友。1908 年暑期，蔡元培离开柏林，与齐寿山一同进入莱比锡大学。莱比锡原属撒克逊王国，是德国最高法院所在地，莱比锡大学是一所已有 500 年历史的高等学府。大学之内设有中国文史研究所，主持该机构的孔好古（August conraty）教授早年曾在北京译学馆任教，十分乐于招收中国学生，蔡元培因而顺利入学。

留学德国时的蔡元培

在莱比锡大学，蔡元培没有选定某一专业攻读学位，而是任由兴趣和爱好自由听课，在校的 6 个学期总计选听了四十门课程，举凡哲学、文学、文明史、人类学、教育学、心理学、美学、绘画艺术论等，"时间不冲突者，皆听之"。其中印象较深的教师及其课程是：冯特的心理学和哲学史、福恺尔的哲学、兰普来西的文明史及司马罗的美术史等。冯特（Wilhelm Wundt）教授，是实验心理学的奠基人，曾在莱比锡大学创建心理学实验室，为举世所瞩目。这位在医学、哲学及法学方面均有高深造诣的学者，"又著民族心理学、论理学、伦理学、民族文化迁流史、哲学入门，没有一本不是原原本本，分析到最简单的分子，而后循进化的轨道，叙述到最复杂的境界，真所谓博而且精，开后人无数法门"。蔡元培对他非常推崇，接连 3 个学期选修其课程。兰普来西（Lemprechs）教授，则是史学领域的革新者，著有数十卷本的《德意志史》。他以进化的历史观划分人类社会的发展阶段，阐释种种矛盾的演化与归趋，其讲史注重美术，尤重雕刻、壁画等造型艺术的史学价值，使蔡元培深受启发和教益，进而参加了兰氏创设的文明史与世界史研究所，接受比较文明史方面的训练。这期间，蔡元培一面听课，一面仍延请教师练习德语，对于课堂上未听清或不理解的内容，则求教于高年级的德国同学，请其摘讲。同时，大量翻阅有关参考书，藉以消化理解所学知识。20世纪初，康德、叔本华、歌德、莱辛等人的哲学和艺术思想在德国大学讲坛上占据重要位置，一些注重科学实验的新理论新方法也开始介入教育学、心理学等领域，这是一个新旧交融、学术更替的时代。蔡元培身处其间，学泛众家，领悟到其精神内涵。

课堂之外，蔡元培感受到一个充满美感的艺术世界。学校大礼堂正面那一组表现和象征希腊文化真谛的壁画，其精巧的构图和美妙的设色，将他带入欧洲文明的发萌时代；市内美术馆虽非一流，却收藏着文艺复兴以来诸位大师的代表性作品。漫步这上下三层楼、琳琅满目的艺术殿堂，仿佛对人文主义传统做了一次巡礼；椰园音乐厅每星期日演奏悠扬乐曲，更令异国学子流连沉迷，德意志浓重的音乐氛围，使他开始拨弄西洋乐器；莱城剧院不断上演的歌剧、话剧，饱含着西洋民族风情，伴随莱茵河畔的徐徐轻风，浸入心田，令人陶醉，而他与同学时常光顾的奥爱布赫小酒馆，即歌德当年就学于莱比锡大学时写下著名剧作《浮士德》的处所……蔡元培自述："我于课堂上既常听美学、美术史、文学史的课，于环境上又常受音乐、美术的熏习，不知不觉的渐集中心力于美学方面。尤因冯特讲哲学史时，提出康德关于美学的见解，最注意于美的超越性与普遍性。就康德原书，详细研读，益见美学关系的重要。"康德的美学思想吸引蔡元培收缩了求学范围。

除了研读康德著作，他还十分喜好德国学者厉丕斯（T.Lipps）所著《造型艺术的根本》一书，因为书中阐述的感入主义观点极为契合蔡元培对美学的理解，加之其文笔简明流畅，引起他"百读不厌的兴趣"。此外，摩曼（Menmann）教授的《现代美学》《实验美学》两书，言简意赅，门径分明，引发蔡元培着手进行美学实验。不妨说，接受西方美学思想，是酷爱哲学的蔡元培求学探索过程中的一个归宿点，也是其留学数年较为突出的学术收益。

尽管蔡元培涉猎的学科范围曾"勉自收缩"，而以美学和美术史为主，但其他类别的书"终不能割爱"。他描述自己留德期间的况味："来此已愈3年，拾取零星知识，如于满屋散钱中，暗摸一二，而无从连贯。"他甚至将自己的治学不专一、过于追求宽泛归结为"从前受中国读书人之恶习太深"的缘故。不过，这也同当时当地的学风不无关系。顾孟余认为："蔡先生留学欧洲之年，适值专家学风已超过顶巅，综合观察又复抬头之时，先生所从学者，又皆宏深博大之辈，此亦为影响其治学态度之成分"。蔡元培以国学隽彦而留学西洋，深厚的学术素养及长期的思维训练，使他对欧洲学术具有明敏的领悟和深刻的鉴别；自由地广泛摄取各类学术精华，又在相当程度上超脱了功利羁绊，这便使他的留学生涯成为在人类文化成果中"云游四方"、任情尽性探知的过程。因而对东西两大文明的共性和歧异有了超乎寻常的体认和识见，为其日后领导全国文化教育事业做了思想和学术准备。

在莱比锡的几年内，蔡元培听课之余，还有其他一些活动。孔好古教授主办的中国文史研究所开设练习班，他既参加练习，也略尽指导之责。市内的民族学博物馆，陈列有中国、日本等东方文物，他曾协同该馆人员讲解中国展品。在大学里，他结识了倾心东方文化的汉堡学生但采尔，帮助选译了其毕业论文《象形文字》中有关中国象形文字的一节。这类活动，使他体察到西方民众对东方文化的兴趣而益感交流的必要。莱比锡城内的中国学生，仅蔡元培、齐寿山及直隶人张瑾3人。每逢暑假，蔡元培便与他们结伴外出旅行，曾到德国的特莱斯顿、耶拿、明兴、都绥多甫等地，亦曾远足瑞士，饱览西欧各地的自然风光和人文景观。

留德期间，蔡元培编著和翻译了30余万字的文稿，寄交商务印书馆陆续出版。这些著译是：（1）1909年10月翻译出版的《伦理学原理》；（2）1910年4月出版的《中国伦理学史》；（3）《中学修身教科书》，共五册，这套教科书，与张元济、高梦旦二人分别编写的初小、高小修身教科书相衔接，在民国初期曾被各校广泛采用，至1921年9月已印行第16版。相对来说，留德的4年，是蔡元培能够潜心治学、辛勤笔耕的一段黄金时期。

当然，这位沪上革命的重要人物，对于国内正在发生的事情还是十分关注的，与海内外的反清革命人士保持着通畅的联系。他从上海友人按期寄来的《中外日报》和《神州日报》上知悉国内的社会政治动态，在与汪康年、陶成章、吴稚晖等人的通信中，了解革命、立宪、保皇等各派政治力量的变化及其内情，对诸如浙江路事、章太炎等与孙中山的龃龉、刘师培的变节、于右任所办《民呼日报》的被封，以及汪精卫的入京行刺等事均有所探询或评论。这段时间，蔡元培与同在欧洲的吴稚晖、李石曾、张人杰3人的关系渐深。吴等在巴黎筹组"世界社"，先后刊行《世界画报》《新世纪》，宣传革命思想，倡扬无政府主义，痛斥立宪主张，并在经济上赞助孙中山的革命活动。蔡元培与吴稚晖互致信函，评事论人，尤为相契，蔡与孙中山的交谊，似即由吴从中牵线。1911年10月，正在德国一所新式中学参观的蔡元培，从报上得知武昌起义的消息，兴奋不已，随后又接到吴稚晖来函，坚谓："大家应竭力促成此举。"蔡遂赶往柏林，与留德学生集款致电国内各省，促其响应；同时，致信时在伦敦的孙中山，建议筹款订购克虏伯兵工厂制造的新式大炮，以助成革命。对袁世凯复出后革命所面临的局面，他认为，袁世凯不会像当年曾国藩效命清廷镇压太平天国那样对待此次革命，但也不可能赞成民主共和，袁之"出山，意在破坏革命军，而即借此以自帝"。在辛亥事件之初即作出这一分析，可见其政治观察力之敏锐。不久，蔡元培接到陈英士促请他回国的电报，这位当年蔡在中国教育会开办通学所时的学生，此时已成为上海方面革命力量的主要领导人。11月上旬，蔡元培匆匆结束了4年之久的留德生活，经西伯利亚返回祖国。

此时的中国，正站在新旧两个时代的分界点上，蔡元培或许不曾意识到，他自己将在新的历史舞台上扮演一个重要角色。

第三章

民初之涉政

南京入阁

民初政争

再度旅欧

一、南京入阁

1911 年 12 月初，蔡元培返抵上海。时值隆冬，寒气正深，然而武昌首义掀动起来的共和热浪正漫卷华夏大地，各方名流齐集宁沪，紧张筹建新生的共和政权。他寄居爱国女校，与诸多人士接洽商谈，奔走建国事宜，协调各方立场，并与在沪人士迎接孙中山自海外归来。翌年元旦，孙中山在南京就任中华民国临时大总统，随即组阁。在酝酿教育总长人选时，曾先后提名章太炎、汪精卫、严修、胡子靖等人，最终确定蔡元培，乃获各省代表通过。南京临时政府素称"次长内阁"，同盟会会员以次长之职主持部务，总长则多请社会名流充任，只有陆军、外交、教育等少数部门例外。因此，孙中山派薛仙舟至沪招请蔡元培赴任时，蔡初曾力辞，当闻知上述情由，转而决意"勉为其难"。他邀约中国教育会时期的老友、在商务印书馆常年编撰学校教科书的蒋维乔，并另聘一位会计兼庶务，共同赶赴南京，受命组建中华民国的教育部。

新生的政权，百事待举而困难重重。作为首任教育总长的蔡元培来到金陵城面见孙中山临时大总统，询以"教育部何处办公"，答曰："须总

南京临时政府内阁会议

长自己寻觅。"此时，有限的几处旧官署已均被占用，蔡元培只得走街过巷，选定部址。幸而路遇故交马相伯，这位时任江苏督都府内务司长的老友允借府属碑亭巷的几间空屋，暂作办公之地。临时政府各部的印章制作完毕后，由于部内人手少，蔡元培乘坐人力车独自到总统府将印章领回。条件虽然简陋，排场亦可不讲，但在延揽部内人员时，他却力求一流人才。许寿裳、周树人（即鲁迅）、钟观光、王之瑞（云五）等即此时陆续应聘进教育部任职。他奉行"为事择人，不设冗员"的原则，部内人员含缮写杂务在内仅 30 余人，不足其他部门的三分之一。鉴于时局尚未安定，首要的工作是制定各级学制，登记学校，为全国性教育改革做先期准备。部内人员发挥各自专长，分别起草学制方案，遇有文牍，即时办理，其工作气氛颇似书局之编译所，而绝少官衙习气。部内各员，除总长、次长之外，统称筹备员，无官职等级之分，每月薪俸，均为几十元，即使总长亦不例外。主持全国学政，蔡元培特别注意察纳雅言，对于陆费逵、王云五等人各自提出的合理建议，或登门造访，恭听其意，或延揽入部，行其所愿，可谓从善如流。在汇集众人智慧的基础上，蔡元培和教育部接连推出革新措施：

1 月 19 日，教育部发布《普通教育暂行办法》，共十四条，主要内容是：学堂改称学校；教科书须合于民国的共和宗旨，禁用清学部规定的教科书；废止旧时的奖励出身制度；学校注重兵式体操等。这些通令各省的规定，大大震撼了年深日久的封建教育秩序，为全社会送来一股民主共和的新风。

1 月 30 日，教育部下达在全国推行社会教育的通令。蔡元培深感国人年长而失学者众多，欲求教育普及，必须力行社会教育。筹组教育部时，特设社会教育司，与普通、专门两教育司鼎足而三，确立其体制上的地位。同时，要求各地广为宣讲，次第实行。推广社会教育，实乃国情所急需，虽然难以立见成效，却在学界开辟出一席之地。

民国业已创立，教育方针一日不明，全国学界便难有旨归。有关人士喧腾于口，吁请总长速作定夺。蔡元培于是撰成《对于教育方针之意见》，在2月上旬公诸报端。这篇被后人视为"纲领性的文献"，开宗明义便将教育划分为"隶属于政治"和"超轶于政治"两种类别，认为，教育在专制时代基本隶属于政治，而到共和时代才可能超轶于政治。循此观念，蔡元培对清朝学部1906年规定的忠君、尊孔、尚公、尚武、尚实的五项宗旨大加修订，提出新的教育方针为：军国民教育、实利主义教育、公民道德教育、世界观教育和美感教育。前三项，与尚武、尚实、尚公相合，仍为隶属政治的教育，而后两项，则是首次提出的"超轶于政治"的教育。至于原宗旨中的忠君、尊孔两项，因与共和政体和信仰自由相悖离，特予删除。他强调，新列五项均为当今教育所必需，相互关联，不可偏废。军国民教育和实利主义教育，旨在强兵富国；公民道德教育是以西方的自由、平等、博爱和与之相应的中国传统的"义、恕、仁"为内容，用以节制前两项教育的副效用，诸如兵强而流于私斗、侵略，国富而演成弱肉强食、贫富悬殊等。他还用不少笔墨演释康德哲学中"现象世界"与"实体世界"的二元论观点，以论证世界观教育在人类认识过程中的"终极境界"，以及美感教育所具有的沟通"现象"与"实体"两个世界的桥梁作用。

通览全篇，令人感到：这位教育总长虽然将德智体美四育并举，但其重视道德教育的倾向十分明显，公民道德、世界观、美感三项教育均以培养共和国民的"完全人格"为基本目的，尽管后两项以"超轶于政治"相标榜，而实质并不曾改变。就内容而言，属于蔡元培独创的是世界观教育和美育，然而其表述话语几乎完全沉浸于康德的哲学概念，为一般世人所不熟知，因而带有几分玄奥色彩。蔡元培后来的追述则要明确清晰得多："提出世界观教育，就是哲学的课程，意在兼采周秦诸子、印度哲学，以打破两千年来墨守孔学的旧习。提出美育，因为美感是普遍性，可以破人我彼此的偏见；美感是超越性，可以破生死利害的顾忌，在教育上应特别注重。"

这即是说，世界观教育的实质在于破除来自各方面的思想桎梏，使人们临近那种自由畅快、以其至性认知事物的精妙境界，而美育则重在陶冶情操，完善人格。

蔡元培关于民国教育方针的主张，在相当程度上也反映了西方近代价值观念浸入中国社会之后的思想文化诉求，并与辛亥以后的政治格局相适应，它的提出，大大推动了学术教育界除旧布新的势头。半年之后，北京教育部正式公布民国教育宗旨为："注重道德教育，以实利教育、军国民教育辅之，更以美感教育完成其德。"大体上表述了蔡氏的主张。

发表对于教育方针的意见后不久，蔡元培奉孙中山之命，担任迎袁专使赴北京交涉，为时一个月。其间，由次长景耀月代管部务。景系同盟会员，平素热衷党务，对教育之事过问不多。但代管期间，忽而开列数十人名单，分别冠以参事、司长、科长、秘书之名，报经总统府正式委任。其中，除原有筹备员外，增加许多与教育无涉而有党派背景的人员。景氏的用意在于先入为主，使这些人在政府北迁后仍能占据位置。此举，造成部内冗员骤增，工作杂乱的局面，招致原有人员的不满。3月中旬，蔡元培回部视事，面对如此情状，详陈利弊得失，说服景氏和众人，取消前述之举，并果断将已发之委任状退还总统府。据说，总统府秘书长胡汉民对蔡元培的这一举措颇不以为然，深怪其"对于本党老同志不肯特别提拔"。以至政府北迁、蔡仍主教育部时，有人请胡介绍入该部供职，胡不无抱怨地答曰："别部则可，教育部不能。"蔡元培此时的用人主旨是：唯才是举，能者在职，不为党派所囿。

3月底，唐绍仪内阁成立，蔡元培留任教育总长，于4月入京上任。正式组建的教育部设在铁匠胡同前清学部衙署内。他选中曾在清末担任学部参事，时为共和党人的教育行政专家范源濂为自己的副手，先后两次亲访，坦诚相邀。他说："现在是国家教育创制的开始，要撇开个人的偏见，党派的立场，给教育立一个统一的智慧的百年大计……教育是应当立在政潮外边的。我请出一位异党的次长，在国民党里边并不是没有反对的意见，但是我为了公忠体国，使教育有全国代表性，是不管这种反对意见的……我之敢于向您提出这个请求，是相信您会看重国家的利益超过党派的利益和个人的得失以上的。"此番诚意，使范大为感动，乃应允出任次长。新建教育部计有部员70名左右，主要由蔡、范二人推荐，蔡所荐者，欧美及日本留学生居多，范提出者，大多富有教育管理经验，然均未注意党派关系。蔡元培自述：民国"元年我在教育部时，请范君静生相助，我偏于理想，而范君注重实际，以他所长，补我之短"。二人的兴趣分别偏好高等教育与普通教育，遂合力整顿共图改革。蔡元培认定，共和时代教育能够超轶于政治，进而主张"教育独立"，他在民元教育部的一系列举措应当视为这一信念的实际体现。

蔡元培在北京政府中任职仅仅3个月时间。到京之初，接收前清学部，聘定部内人员，健全各级机构，发布有关学令，确乎有干一番事业的志向。4月底，他与部员谈话提出，鉴于各校程度参差不齐和清末办学的"奢、纵"之弊，"拟先将中学以上官、公、私立学校，严加归并，裁汰冗员，严定章程，以便早日开学"。这一设想可谓彻底整顿、全面更张。5月初，他通令将北京大学堂易名为北京大学校，提名启蒙思想家严复出任校长。随后，在向参议院发表施政演说时又明确表示：总长之职"既勉强担任，断不敢存五日京兆之心"，并就教育方针、设施、行政权限、派遣留学生及少数民族教育诸问题一一陈述意见。其中特别强调："在普通教育，务顺应时势，养成共和国民健全之人格；在专门教育，务养成学问神圣之风习。"为了确定民国教育的方针大计，他领导的教育部发起召开了由各地专家参加的全国临时教育会议。蔡元培在7月10日举行的开幕式上宣布，此次会议是"全国教育改革的起点"。教育部将事先草拟的四十余项议案提交大会审议。这些议案，凝聚着蔡元培主持民元教育部半年来的心血，设计规定了新教育的体制和细则，从而构成此后实行10年之久的"壬子癸丑学制"的基本内容。其中，较能体现蔡元培个人主张的，是他提出的《学校不应拜孔子案》和由他手订的《大学令》。

尊孔读经，千百年来一脉相承，近乎天经地义。这一文教风习与专权政治扭结在一起，成为阻碍中国社会迈入近代门槛的惰性因素。已经接受欧风美雨沐浴的蔡元培认为："尊孔与信仰自由相违"，虽然孔子及其学术自有其价值，但后世将其演变为儒教、孔教，定为一尊，令人顶礼膜拜，则极不合理。故而，力主普通教育废止读经，大学课程废弃经科。针对清末学堂中通行的类似宗教仪式的祀孔习惯，他主张明令废止。此举对当时的思想文化和一般社会心理形成不小的冲击，昔日至高无上的偶像开始变得暗淡，多元文化渐渐弥漫于知识阶层。

作为教育家，蔡元培比较偏好高等教育，还在留德期间即留意考察欧洲的大学制度，主持全国学政后，筹划除北京外，分别在南京、汉口、成都、广州各设一所国立大学，以扩充高等教育。他亲自起草《大学令》，仿效欧美有关制度，着重提高现有学校的办学质量，规定：大学设置预科，预科毕业或经考试证明具有同等学力者始得升入大学；大学高年级学生须完成一定研究课题方可毕业；大学分设文、理、法、商、医、农、工七科，而以文、理二科为主，使之成为研究高深学理之机关。这些主张虽为全国临时教育会议所采纳，但大多成为具文，并未切实施行。然而，蔡元培关于大学教育的一系列构想，却为他几年后整顿北京大学准备了行动方略。

尽管这位书生参政的总长秉持"教育应立于政潮之外"的愿望，但他苦心经营的全国临时教育会议还未结束，他就以纯粹的政治原因辞去内阁的职务。

二、民初政争

事实上，从蔡元培由德归来、踏入国门之日起，便已置身政治活动的舞台，在民国初年的南北政争中甚至一度扮演重要角色，成为举国注目的人物之一。

归国之初，寓居上海，正值张謇、章太炎、汤寿潜及赵凤昌等沪上名流酝酿大元帅人选，此时孙中山还未归国，多数人倾向黎元洪，陈英士等人则属意于黄兴。蔡元培两相权衡，选择后者，因为黎氏有与袁世凯部下妥协之嫌，恐于革命不利。表决之前，他夜访章太炎、汤寿潜，劝说二人改推黄兴，章、汤勉从其意。翌日，黄兴被举为大元帅，黎元洪次之。蔡氏此举，显然与同盟会诸人有所默契，在各派势力之间，他的政治归属甚为分明。亦因如此，当同盟会与光复会这两个"反清"革命团体之间的矛盾日显尖锐之时，蔡元培的处境便显得有些微妙。还在辛亥的前一年，章太炎脱离同盟会，在东京设立光复会总部，公开与孙中山等人闹分裂。武昌起义后，他提出"革命军兴，革命党消"，意在解散同盟会。由于一些光复会系统的浙军将领在推举临时大总统问题上持有异议，章氏便趁此要求十七省代表延缓选举。蔡元培与光复、同盟两会均有渊源，身处内争之中，只得调停、周旋。他曾赶赴南京，代为转达章太炎的意见，又将各省代表决意推选孙中山为临时大总统的情况告知章氏。章太炎此时在上海自组统一党，邀蔡元培共寓一处。鉴于孙中山当选将成定局，章乃与蔡相约，浙人不入南京临时政府任职，蔡敷衍应之。不久，孙中山派人招蔡入阁，太炎援引前约，扣其行装，极力阻止。蔡则顾全大局，执意赴命，不惜刊登通告，以谢"背约之罪"。随后，蔡元培赴宁出任孙中山临时政府的教育总长，而章太炎却没有发表蔡拟就的"谢罪通告"。由此事可以窥知，

迎袁专使团

蔡元培在光复会与同盟会内部纠葛中的某种弹性态度。

1912年2月中旬，国内军政实权人物袁世凯，借南方革命之威，迫使清帝退位，孙中山如约让出临时大总统之位，但坚持袁氏必须南下就职，以避由清禅位之嫌。为此，迭发电报，促袁南行，而袁氏则托词延宕，并无来意。在此情况下，孙中山决定派遣专使，北上迎袁。专使的条件，为同盟会员同时又是南方政府阁员者，蔡元培具备这些资格，遂被派为专使。南方政府派专使迎袁南下，是要表明一种政治姿态，显示孙中山等人维护革命成果的意志和决心。不过，这一使命能否达到目的，局内之人表示悲观者居多。有的朋友认为，此乃"倒霉的差使，以辞去为是"，蔡元培觉得，南京政府必须有此一举，畏难推诿，实不足取。于是偕宋教仁、汪精卫、魏宸组、钮永建、王正廷、刘冠雄等八位欢迎员与唐绍仪、李石曾等共乘招商局"新裕"号客轮由海路北上。

2月下旬，蔡元培一行抵京，欢迎场面虽然隆重浩大，但感受到的气氛却与南方迥然不同。前来访晤的当地代表众口一词反对迁都，蔡元培屡屡申明来意，排除"误解"，不胜其苦。与袁世凯相见后，接连3天会谈，这位权倾一时的"大人物"表示，只要军队有人统摄，愿意脱离北京这个"臭虫窝"。然而，袁派要人则力持袁氏不能南行，蔡坚守来意，履行使命，会谈难有实质性进展。29 日夜晚，蔡元培在专使团下榻的东城煤渣胡同法政学堂寓所与钮永建、汪精卫闲谈之间，骤闻枪声响起，急忙打电话询问陆军部，答以第三镇兵变。枪声渐近，守护专使团的卫兵已不知何往，情急之中，蔡元培等人越墙避入相邻的青年会教士、美国人格林的寓所。乱兵闯入专使团住地，大肆抢掠。翌日晨，蔡一行人避往东交民巷六国饭店。不久，与袁世凯关系密切的孙宝琦首先赶来慰问，述说昨晚正在袁氏官邸，得知兵变，袁即传令切实保护专使团，并说：人家不带一兵，坦然而来，我们不能保护，如何对得住云云。遭此变乱的专使团也只能姑妄听之。乱兵声言："袁宫保自己要到南京做总统去，不要我们了！我们还是各人抢一点，回老家去！"京中舆论视此为兵变起因。继北京之后，天津、保定等地也相继发生兵变。外国列强借口护卫使馆和侨民，拟调兵入京，更无异火上浇油。面对如此局面，蔡元培的专使团承受的压力之大，可以想见。几经磋商之后，蔡致电孙中山，认为"速建统一政府，为今日最大问题，其余尽可迁就，以定大局"。进而具体建议：取消迎袁南下之议，确定北京为临时政府之地点。同时，推定宋教仁等返宁面商变通办法。这一事态演变，显然对袁氏有利，袁氏甚而乖巧地提议请副总统黎元洪代其赴宁就职。南京方面并无良策可施，只得让步。3 月 10 日，袁世凯在北京宣誓就任临时大总统，蔡元培代表南方接受誓词，并致祝贺。此刻，他的使命已戏剧性地发生了改变。

迎袁失败，表面上的责任在蔡元培一行人。以往史家责其"胆量不足""为袁所欺"，大多着眼于当事人的政治素质欠缺。不必讳言，书生气十足的蔡元培出任艰巨，与历尽波凶浪险的政界高手袁世凯相周旋，居于下风本在意料之中。问题在于，促袁南下就职这一决策究竟有多大可行性。辛亥之后，政体变更，国基未稳，袁世凯的北洋系占据北方军政重心，牵毫发而动全身。促袁南下隐含国都南迁之义，如此重大举动骤然行之，未免草率。京、津一带兵变，固然不排除袁氏暗中施用伎俩的可能，但北方既得利益集团抵制军政重心转移的社会心理也有其作用。政治较量的成功，取决于军事、财政、社会等多种实力因素构成的综合优势。孙中山领导的南京政府作为新兴的政治力量，与袁世凯所代表的传统势力相比，还过于稚嫩弱小，几经交手，均为输家。蔡元培迎袁不果，只是南方一系列失败中的一例。

专使团离京之前，受命筹组南北统一政府的唐绍仪拟议一内阁名单，蔡元培仍名列其中，主管教育，蔡极力辞却，遂改为范源濂。外界不明内情，乃传言：蔡迎袁无效受惩而被削职。此说一出，涉及南北关系，孙中山、唐绍仪等力主其留任，蔡亦不便再辞。唐绍仪内阁由南北两方面人员混合组成，10名阁员，双方各居其五。同盟会方面除蔡元培外，还有王宠惠、宋教仁、王正廷，分主司法、农林、工商各部。唐绍仪本人与袁世凯有20年的交谊，曾任南北议和的北方代表，前不久，由谋客赵凤昌提议，经孙中山、黄兴赞同，加入了同盟会，成为兼顾南北的特殊人物。内阁中的外交、陆军、内政、财政、交通五部则由袁派大员分任。置身于这样一个内阁，蔡元培充分体验了民国初年专制与共和的矛盾与冲突。他信守自由民主的价值观念，原以为创建民国之后，共和政治即成为现实，依法履行公务的政府应当有所建树。然而，袁世凯作为总统却蔑视《临时约法》规定的责任内阁制，独揽大权，专断行事。内阁中的袁派成员，事无巨细，唯袁命是从；南方阁员欲有所为，却受到多方掣肘。遇事认真的蔡元培在内阁会议上不免常与段祺瑞、熊希龄等袁派阁员发生争执，但收效甚微。总理唐绍仪力持责任内阁制，亦遭袁氏疑忌，接连受到诋毁。深深的失望，使蔡元培感到，与其"任此伴食之阁员"，不如高蹈远引。他约集同盟会其他阁员，对他们说："目前情形，政府中显分两派，互相牵制，无一事可以进行。若欲排斥袁派，使吾党同志握有实权，量力审时，决无希望。不如

唐绍仪内阁，
左一为蔡元培。

我辈尽行退出，使袁派组成清一色的政府，免使我辈为人分谤，同归于尽。"宋教仁对此主张不甚赞同，但面对现实亦无可奈何，乃相约：遇适当机会，一齐辞职。

　　不久，唐绍仪与袁世凯就直隶总督人选发生尖锐对立。唐组阁时，孙中山提出由王芝祥任直隶总督，唐商之于袁，袁未表示反对。然时日迁延，此项任命迟迟不见发表。唐催促再三，岂料袁氏另有安排，直督一职委任其心腹冯国璋，王芝祥改派他职。唐坚执原议，袁则将未经总理副署的委任状径自颁发。唐愤而出走天津，随后辞职。蔡元培等同盟会四阁员践行前约，连带辞职。袁氏设法挽留，其亲信梁士诒奔走游说，力劝四人取消辞意。宋教仁对公开与袁氏抗争有所保留，但蔡元培援引前约，执意共同退出政府。他在7月10日起草的致继任总理陆征祥的四阁员联名辞职函中毅然宣布，到部视事以14日为截止期限。这样，袁世凯只得准予辞职。蔡等此举，被某些人视为"闹党见而不顾及国家"。为此，蔡元培发表《答客问》，陈述原委，辨析是非。其实，蔡元培真诚追求民主政治，极愿在共和制的政党内阁中为国家开创一个新格局，可是理想与现实之间相距甚远，厕身于"无方针无线索"之政府中，"机关停滞，万事丛脞"，在袁氏的集权高压之下，不过"充纸糊台阁之片断"而已，于国家前途毫无裨益可言。所以，他申明："吾党不必无执拗粗暴之失德，而决无敷衍依阿之恶习。"显示出为了理想和人格，决不与污浊的现实共浮沉的气度，被舆论界赞许为"同盟会第一流人物"。

民国成立以来的风风雨雨使蔡元培对于辛亥革命的实际意义已经有了比较清醒的认识，他在致蒋维乔的信中写道："此次革命，实专属民族问题，于政治上排去满洲亲贵之权力而已。清代汉官之流行病，本未曾动，望其一时焕然更新，谈何容易。惟乘此波动之机会，于各种官僚社会中，已挤入新分子，将来竞争之结果，必新胜而旧败。"可行的方法是在民族革命后进行社会改良，这是他辛亥之后选择的政治路径。闲居沪上，冷眼观察国内时局，他料想到政治上的纠纷方兴未艾，自己一介书生亦难有作为，不如仍往德国，继续深造。9月，他即携眷赴德，仍进莱比锡大学听课与研究。翌年3月，国民党领导人宋教仁在上海遇刺身亡。"宋案"调查结果显示，袁世凯及其党羽正是这一政治谋杀的指使人。孙中山力主与袁世凯决裂，遂招请海外同志归国。蔡元培接到陈英士催促其返沪的电报后，迅即与汪精卫经西伯利亚回国，于6月初返抵上海。此后的3个月，他经历了"二次革命"从酝酿、发动到失败的全过程。

到达上海当天，蔡元培便到爱文义路100号访孙中山和黄兴，筹商对策。孙中山主张兴师讨袁，黄兴则鉴于兵力不足，倾向通过法律解决争端。蔡元培的态度如何呢？6月8日他在国民党上海交通部的演说辞足以反映其主张，他说："吾党革命，本为大多数人民谋幸福，今仍当体察大多数人民之心理。现多数人民不主极端进取……吾党只须以坚忍之决心，持稳健之步调，誓死缔造真正共和，则多数国民，必表同情，吾党自有战胜之一日。

吾同志诸公，处此危疑艰险之日，惟有运静细之心思，蓄坚实之力量，采取舆情，以维持大局，则民国幸甚。"不难看出，蔡元培看重民意，强调稳健，不赞同军事冒险，希望从长计议。这一立场与孙中山明显不同。因此，当张謇、赵凤昌等约请他和汪精卫往谈，声称北京方面愿意与黄兴探讨妥协办法之时，他曾积极奔走于赵、黄之间，磋商条件，希望和平解决南北之争。当然，对于军事抗争，蔡元培也并非完全放弃。激烈主战的李烈钧欲赴南京劝说精锐之部第8师起事，因该师旅长曾是爱国学社成员，乃邀蔡同行，以便洽谈。蔡与之前往，无奈该部高级军官反应持重，只得废然而返。7月中旬湖口起兵"讨袁"之后，南京等地纷起响应，蔡再次赴宁，为已参加起兵的第8师起草反袁通电。"二次革命"进行期间，蔡元培与吴稚晖、张继等在上海编印《公论晚报》，并在《民立报》撰文，投身反袁斗争。他还与唐绍仪、汪精卫联名致电袁世凯，要求其"宣布辞职，以塞扰攘"。国民党在南方各省的军事行动不久即相继失败，孙中山、黄兴等人流亡海外，革命进入低谷。

9月，又是秋风乍起之时，蔡元培乘日本邮船"北野丸"的三等舱，离开上海，再次开始其旅欧生活。

三、再度旅欧

进入民国以后，蔡元培活跃于政坛和教育文化界，每当因故不得不退离这个舞台时，他便选择远走海外，息影欧洲腹地，一面领略西洋人文哲理，一面著译书籍传播学术。这几乎成为他个人生涯中的一个"周期性"现象。

还在北京教育部担任总长期间，蔡元培接到莱比锡大学教授兰普来西的一封信，请其派遣两名中国留学生来他主持的世界文明史研究所进行合作研究。蔡即规定公费名额，物色人选。此后不久，他辞职离京，鉴于国内政局扰攘不定，萌生继续赴德深造之念，其学友顾孟余亦有此意。于是，蔡致函主持教育部的范源濂，希望得到先前规定的两个公费留德名额，范随即批准。当年秋间，蔡元培偕黄夫人及子女，与顾孟余夫妇同乘奥地利"阿非利加"号客轮，由海路驶抵德国，仍进莱比锡大学。兰普来西教授大概不会想到，应邀前来的中国学生，竟是卸任不久的教育总长，按照研究项目和计划，他要求蔡、顾二人提供中国文明方面的文字资料。这样，蔡元培一边听课，一边撰写有关文稿，而由顾孟余译为德文。在莱比锡的治学生活仅仅持续了半年多一点的时间，就因国内发生"宋案"，应召回国而中断……

此时，蔡元培乘船行驶在一年前曾经走过的这条航线上，算来已是第三次赴欧了。他本想返回熟悉的莱比锡大学，继续那宁静的治学生活，可是受老友吴稚晖的劝导，这次行程的目的地却是法国巴黎。法兰西的灿烂文化和大革命时代形成的精神传统，对他是有吸引力的，何况，那里还汇集着李石曾等一班热情的朋友。行前，他与商务印书馆再次约定：在国外每日以半天时间撰译书稿，该馆每月致送200元稿酬用以维持生活。此外，教育部故旧蒋维乔、董鸿祎等亦设法筹集款项，助其旅欧。1913年10月中旬，蔡元培到达巴黎，与家人暂寓市郊科隆布镇的中华印字局内。前来迎接和款待他们的，正是老友李石曾。这位热心公益而办事疏阔的世家子弟，来法已近10年，他在此创办的豆腐公司闻名遐迩，成为旅法华人的聚会地。早在四五年前，蔡从齐寿山那里闻知李提倡素食的主张，深以为然，从此力行素食，坚持十余年之久。这一特殊的生活习性，使蔡、李二人相处颇为契合。来法之初，蔡家每日伙食即包于豆腐公司。然而，此处人员杂沓，应酬频繁，蔡元培设想的编书计划无从实行。到了12月下旬，他便举家迁入一法国人出租的房舍内，子女陆续进校就学，他一边编书，一边与黄夫人学习法语。其编著计划，拟先编《文字源流》《文法要略》和《中国文学史》三书，然后撰述哲学、心理等学科的著作。看来这些书目，既有蔡自选的，亦有商务指定的。由李石曾推荐的法语教师是性格开朗的欧思东先生，这位擅长音乐的比利时人，对教授法语似乎并不在行，既不用课本又不讲语法，只从文学书中随意摘录几段予以讲解而已，故而蔡自称："我们的法语学得不切实。"

在巴黎近郊居住的近 10 个月里，蔡元培参与了旅法学界的一些活动。相距不远的蒙塔尔纪城，聚集着百余名留法俭学生，他们是李石曾、吴稚晖等人于民国元年发起成立留法俭学会，设立留法预备学校以来陆续到达这里的。当时，蔡主政教育部，曾赞助其事。此刻，面对初具规模的留法俭学事业，作为教育家是颇感欣慰的。他与汪精卫、李石曾等人每星期轮流为俭学生们作有关中西学术问题的演讲，并为解决俭学生创办《农学杂志》的印行事宜，与在国内的王宠惠联系，请其推动中华书局承接此事。同时，蔡还与汪、李及张继诸人酝酿筹办一份刊物，面向旅欧华人，宣传新思想新学说，倡导俭学主张。刊名初为《民德报》，后定名《学风》杂志。蔡元培为此撰写了《发刊词》。他写道：当今时代实为全世界大交通之时代，人类社会应当通力合作，增进世界文化，其中最重要的内容是"完全世界主义"的科学和美术两项。他认为，以中国特有的诸多优越条件，本应为人类文明作更多贡献，但令人自愧的是，除了值得夸耀的古代成果外，近代的许多领域却大多为欧洲人越俎代庖。欲改变这一现实，只能像日本人那样，承认欧洲学术的价值，"奔逸绝尘以追之"，舍此别无出路。他强调，中国吸收外来文明，汉唐之际业已行之，佛学广涉诸学即是显证。然欧洲学术不似佛学的只限哲理，而已渗透于社会生活广大方面，欲学习欧洲学术，舍派员留学别无他途。历来留欧者甚少，倘以俭学行之，必可大为改观。这篇洋洋洒洒数千言的文章，广泛涉及中外古今的文化问题，极言学习西方近代学术文化的急切和必要，反映出作者"撷西洋之精华挽故国之衰敝"

的真诚心理。由此篇《发刊词》，当可想见蔡元培在蒙塔尔纪所作学术演讲的大致内容。

可是，随着1914年8月第一次世界大战隆隆炮火的响起，筹备多时的《学风》杂志不得不停办，蔡元培等人的旅欧生活也为战争的阴影所笼罩。首先受到冲击的是俭学生，由于学校关闭、国内汇款难以寄达，孤悬海外的俭学生面临困境，一些人主张辍学回国。为救助俭学生，李石曾等发起成立旅法学界西南维持会，蔡元培撰写该会通告，语重心长地劝导俭学生以学业为重，转入战火未及的法国西南部各校，继续求学。维持会代觅学校，提供救济，帮助俭学生们渡过了战争初期的难关。进入9月，德军迫近巴黎，法国政府迁往西南沿海城市波尔多，蔡、李等人亦于当月中旬举家避往西部乡间的谟觞村。这个人口不足千人的村庄，交通极不方便，但蔡元培却兴致勃勃地参观考察了邻近的许多学校，并与我国和日本的同类学校进行了比较。半个月后，他们又迁至附近的小镇圣多耐，蔡一家人住在一家帽店楼上，房东是相依为命的母女俩，她们对中国人的友情给蔡留下了深刻印象。不久，蔡、李等移居法国南部城市都鲁士，其生活才渐渐安定下来。在这频繁的迁徙之中，蔡元培并没有停止编著工作，他完成了《哲学大纲》一书的编译，并着手继续进行《石头记索隐》的考证。

1915年春，日本向中国提出的"二十一条"披露于报端，旅法学界闻悉群情激愤。汪精卫、李圣章、谭熙鸿等纷纷来到蔡元培的住处，共商对策。蔡依据众人的议论，草拟《华人御侮会会章》七条，供大家讨论。从这一文件看，所谓华人御侮会，是采取激烈手段抗御外侮的秘密爱国团体，会员应尽的责任分为"普通"与"特别"两种，诸如："见有敌人侮我同胞者击之，事变如有株连，则挺身任之；不租屋于敌人；不售地产于敌人；不服役于敌人；见有华人之助敌而侮我同胞者，诛之；入敌境而侦探之"等等。蔡元培拟组秘密团体的设想，没有被众人采纳，但国难当头显示出的忠勇气概,确非一般文弱书生可比,此举与他当年参与军国民教育会暗杀团的活动不无异曲同工之妙,足以显现其一以贯之的爱国激情。蔡元培等国民党人在海外的一些活动也曾断断续续甚或不无歪曲地反映于国内报刊之上。当万众瞩目"二十一"条的交涉、袁世凯政府内外交困之时,上海《新闻报》转发了一条消息,大意是说:孙文、蔡元培宣言,国危停止革命活动云云。姑且不论这一消息的可信度如何,但其受益者显然是袁氏政府。事实上,袁世凯、袁克定父子曾通过不同渠道软化和拉拢海外的国民党人,其中包括蔡元培。他们利用李石曾的故交朱芾煌,汇寄巨款予李石曾及汪精卫、蔡元培3人,言称:三君现状颇窘,以此相助。其后,朱又来函,说是"总统极器重三公,……深愿归国共襄危局"云云。此外,袁氏还经由他的法国顾问及驻法公使胡惟德转告于蔡、汪:"总统甚倚重二公,现在国事艰难,务请劝告党人勿再图内乱。"对于袁氏父子的"好意",蔡元培并不为所动,他在当时写给吴稚晖的信中即认为:"弟与袁世凯绝交,至分明。在彼亦不过笑弟为一迂儒,未必置于意中。……大约彼等总不肯放过精卫先生,而弟适与之同留法国,又二次革命时,适同时归国,适同发一电,劝退任,遂生出种种连带之关系。"(《复吴敬恒函》,《蔡元培全集》第2卷第389页—390页)蔡的分析自不无道理,但袁氏视其为温和派而与孙中山等人有所区别似亦是事实。

同年夏,蔡元培、李石曾等来到法国南部海滨的罗埃避暑,此后,蔡一家人便留居在这个风景秀丽的小城。这时,旅法华人的勤工俭学活动呈现活跃发展的态势,李广安、张秀波、齐云卿等人于6月组织起勤工俭学会,倡行"勤于工作而俭以求学"。此项活动的始作俑者其实是李石曾。他与齐竺山创办豆腐公司之初,从河北高阳招募许多乡人入厂,为使其适应生活环境,实行了以工兼学的方法,效果颇佳,随后逐渐推广,一些学生亦仿效实行。李石曾进而编印《勤工俭学传》,以富兰克林、卢梭等名人早年做工苦学的实例，宣扬勤工俭学的精神和效果，藉以推动旅法勤工俭学活动的广泛开展。蔡元培早先与吴稚晖参观法国地浃泊人造丝工厂时，就曾探讨过"学生做工，工余求学"的可能性。此刻，对李石曾等倡行勤工俭学尤为支持，乃应约为《勤工俭学传》撰序，以教育家的身份充分肯定和大力扶助这一可行的求学方式。

几乎与此同时，他与吴稚晖、李石曾、汪精卫等还正式组建世界社，使这一发起筹备了三四年之久的同人团体终于得以落实。列名发起人的尚有张人杰、褚民谊、谭熙鸿和陈璧君。由蔡元培起草的《世界社意趣》称："同人就学异国，感触较多，欲从各方面为促进教育之准备，爰有世界社之组织。"从该社社章来看，创办刊物、编译图书为其重要社务，故偶或亦称"世界编译社"。此外，推广和扶助留法勤工俭学亦被列为社务之一。就实质而言，这是一个文化教育性团体，尽管其发起人大多具有政治背景。世界社成立后，责成汪精卫在东南亚及上海筹资，是年秋，蔡元培、吴稚晖等又联名致函在美国的张继，请其作为该社代表在美洲募款。实际上，民国以来先后成立的进德会、留法俭学会、世界社之类团体，尽管名目各异，而核心人物不外乎李石曾、吴稚晖二人。蔡因为与他们的密切关系而置身其间，对于各项事务亦颇多助力。

旷日持久的战争，造成法国劳动力的严重短缺，于是有招募大批华工赴法之议。在此背景之下，1916年3月，中法两国教育界人士发起筹组华法教育会，旨在开展华工教育，推动双向文化交流。该会于6月正式成立，蔡元培与巴黎大学教授欧乐分任中方和法方会长，汪精卫与法国众议员穆岱分任副会长，李石曾、李圣章担任中方书记，吴玉章为中方会计。该会组建之后，即受法国有关部门之托，派员回国到西南各省招募华工。蔡、汪等人联名致函各省当局及教育机关，极言华工赴法的利益所在，即"扩张生计；输入实业知识；改良社会"，请其协同择取体健品端、略具知识而不染恶习之青壮年应募赴法。显然，蔡元培、李石曾等设想通过招募华工，吸收知识青年赴欧，力行其勤工俭学，进而达到变相留学的目的。这便是后来大规模留法勤工俭学运动的发动。

为了施行华工教育，华法教育会于4月初开办了略带师范性质的华工学校，蔡元培主持入学考试，并编写了德育、智育讲义40篇。其中德育30篇颇具特色，它特别注重辨别疑似，如："文明与奢侈、理信与迷信、循理与畏威、坚忍与顽固、自由与放纵、镇定与冷淡、热心与野心、尖锐与浮躁、果敢与鲁莽、精细与多疑、尚清与太洁、互助与依赖、爱情与淫欲、方正与拘泥、谨慎与畏葸、有恒与保守"等等，十分适宜面临多种价值观念的人们修养品性、判明良莠的需要，堪称难得的修身教材。8月，蔡元培与李石曾等编撰的《旅欧杂志》正式创刊，这个半月刊"以交换旅欧同人之知识，及传布西方文化于国内为宗旨"，是反映旅欧华人思想及活动的主要园地。在这个刊物上，蔡元培先后发表了《文明之消化》《对于送旧迎新二图之感想》两篇文章，足以代表这一时期他的文化主张和政治思想。

《文明之消化》一文的主旨是，学习和吸收西方文明，应当有所甄别，如同人体摄入养分，需要选择食物，倘囫囵吞之，必致消化不良。文章指出："欧洲文明，以学术为中坚，……而附属品之不可消化者，亦随而多歧。政潮之排荡、金力之劫持、宗教之拘忌，率皆为思想自由之障碍。……审慎于吸收之始勿为消化时代之障碍，此吾侪所当注意者也"。可见，蔡元培对于西方文明的认识，较之两年前撰写《学风》杂志发刊词时，已经深入冷静得多，这一前一后两篇文章颇有相辅相成之效，展示了蔡元培在学习西方文明问题上的思想发展轨迹。《对于送旧迎新二图之感想》一文，系写于袁世凯败亡归葬、黎元洪走马继任之时。文章认为，"袁氏之罪恶，非特个人之罪恶也，彼实代表吾国三种之旧社会：曰官僚、曰学究、曰方士……今袁氏去矣，而此三社会之流毒，果随之以俱去乎？"这确实是一个发人深省的问题。蔡元培理智地意识到，在袁氏专制劣迹的背后，存在着根深蒂固的政治、文化、社会诸方面的恶性基础，此乃造就历史丑角的温床。他不无感触地写道："中华民国约法，有责任内阁之制，而当时普通心理，乃不以为然。言统一，言集权，言强有力政府。于是为野心家所利用，而演出总统，又由总统制而演出帝制。此亦崇拜总统、依赖总统之心理有以养成之。"因此，革新政治，关键在于改造社会。正是基于这一认识，他在致友人的信函中明确表示：将来回国后，"必不投身政治之漩涡，而专在社会间效力。"（《复蒋维乔函》，《蔡元培全集》第 2 卷第 395 页）

旅居法国的三年，由于涉足社会公务，蔡元培在治学著述方面不像在德国时那样专注，与商务印书馆议定的编书计划亦大体未能完成。最先着手编写的《文字源流》，是一本"小学"入门著作，蔡原本精于此道，又颇有兴趣，但因缺乏必要的参考书，只得从《说文解字》中逐一钩稽，编成 20 课后便停顿下来。之后，转而编译《哲学大纲》一书。这本哲学导读性著作，是他参照德国李希脱尔《哲学导言》和泡尔生、冯特的《哲学入门》两书编译而成，其中除"历举各派之说"外，在"宗教思想"一节则阐发了他自己的独特见解。此书于 1915 年 1 月初版，至 30 年代初已出至十一版，是一本受读者欢迎的"引人研究哲学之作"。早在任职翰林院后期，蔡元培受前人徐时栋观点的启发，深信《红楼梦》为影射小说，乃开始考证工作。在法期间，他将疏证旧稿加以整理，又按商务编辑的提议作一结束语，辑成《石头记索隐》，于 1916 年上半年在《小说月报》的"名著"栏连载。蔡氏之说在红学研究领域引发争议，学术界乃以"索隐派"目之。其实，蔡的兴趣仍然集中于美学及美术方面，他自选题目，拟编《欧洲美学丛书》和《欧洲美术小史》，但直至回国之前，仅撰成《康德美学述》《赖斐尔》各一卷。其中《赖斐尔》于 1916 年 8 月在上海《东方杂志》刊出。

1916 年 6 月袁世凯死后，国内政局出现转机。7 月间，范源濂出任教育总长，他表示，要"切实实行（民国）元年所发表的教育方针"。其时，浙籍人士陈介石、马叙伦等提议迎请蔡元培回国担任北京大学校长，教育部专门教育司司长沈步洲亦极力促成此事，范源濂征得当局首肯，即致电给蔡。电文谓："国事渐平，教育宜急。现以首都最高学府，尤赖大贤主宰，师表群伦。海内人士，咸深景仰。用特专电敦请我公担任北京大学校长一席，务祈鉴允，早日归国，以慰瞻望。"（高平叔编《蔡元培年谱》第 35 页）对于蔡元培来说，这是一个历史性的机缘。推进祖国高等教育的抱负，以及从思想文化入手改良社会的夙愿，似乎均可藉此去施展，去实现！他没有理由推却这来自故土的召唤。

10 月，蔡元培启程回国。这位教育家一生中最辉煌的岁月即将来临。

第四章

北大风云（上）

改革最高学府

"兼容并包"

"五四"风潮

一、改革最高学府

纵观蔡元培一生，1917年至1923年间担任国立北京大学校长的这段经历，可谓其生命历程中最为辉煌璀璨的一个阶段，甚至不妨说，近世以来蔡元培之得以名世，主要缘于他在北大校长任内一番影响深远的作为。

1916年（民国五年）初冬时节，蔡元培回到上海。"二次革命"后流居海外的一班同志已经陆续归来，多数友人对他就职北京大学之事不甚赞同，认为北大腐败，颓风难挽，整顿不成，徒毁名誉。但有的朋友却主张不妨前往一试，即令失败，亦已尽力。后者的意见颇合蔡元培的心愿，遂于12月下旬北上进京。抵京之后，他与范源濂、沈步洲等商讨数次，觉得"北京大学虽声名狼藉，然改良之策，亦未尝不可一试，故允为担任"。

12月26日，大总统黎元洪正式任命蔡元培为北京大学校长，翌年1月4日，蔡到校视事。在其后不久写给尚在国外朋友的信中，他剖白心迹："在弟观察，吾人苟切实从教育入手，未尝不可使吾国转危为安。而在国外所经营之教育，又似不及在国内之切实。"这位笃信"教育救国"理想的教育家主观上认定，担任大学校长是办教育，而非做官。故而，到京之

北大校长任命状

北大红楼

初，他在接受"各政团招待时，竟老实揭出不涉政界之决心"。显然，他企望通过整顿教育达到改良社会的目的，而避免直接卷入政治，陷入纷扰。可以说，这至少是蔡元培出任北京大学校长之初所抱定的一个主旨。

创立已近20年的北京大学，对蔡元培来说，并不生疏。戊戌年间，作为变法新政之一的京师大学堂创办之时，他正在翰林院任职，其好友张元济即曾受命出任大学堂总办一职。八年之后，蔡担任大学堂所属译学馆的国文教习，并兼授西洋史，任教虽仅数月，却颇得学生推重。又过了六年，他主政教育部，改定大学名称，推荐校长人选（严复），变革学科设置，还亲临校内发表演说，倡明"大学为研究高尚学问之地"。他与先后主持该校的吴汝纶、马相伯等人亦均有交往。应当说，对于这所全国最高学府的兴废利弊，蔡元培大体上了然于心。

客观地讲，产生于清末"中西并用"时代的京师大学堂暨北京大学，经过张百熙、严复等主持人的努力，已经具备了一定的教学规模，尤其是进入民国之后，学生数量稳步增加，教学内容逐渐改进，呈现缓慢发展的势头。但是，与欧美近代大学相比，其校内体制、师生素质及学术风气等还存在相当一段距离。科举积习的流弊，晚清末世的颓风，深深浸染了这所处在历代帝都的学府。开办之初，学生均系京官，入学雇用差人，上课起居例称"老爷"，真心求学者寥若晨星，热衷功名利禄却趋之若鹜。名为学府，实与官衙无异。后来，虽历经嬗变，官僚政治的遗风终究难以革除。辛亥以后，学生视法科为升官发财的终南捷径，蜂拥报考，而理工等科则备受冷落。学风不正必然校纪松弛，一些师生甚而涉足风月场中，致使学校清名大受玷污。北大之腐败，深为一般社会所菲薄。蔡元培认为，北京大学"之所以不满人意者，一在学课之凌杂，二在风纪之败坏"。欲救其弊，关键是将大学改造为"纯粹研究学术之机关"。

蔡元培作为校长，来到北大第一天，校役们照例排列校门两旁深深行礼，以示欢迎。这位新任校长摘下礼帽，鞠躬还礼。向来不受重视的校役们对这一举动惊诧不已，不禁感到：这位平等待人的蔡校长与以往的校长大人似乎很有些不同。1917年1月9日，蔡元培在校内发表就职演说，他向全校一千余名学生提出三项要求："一、抱定宗旨，二、砥砺德行，三、敬爱师友。"其中，突出强调：大学乃研究高深学问之地，诸君须抱定宗旨，为求学而来；大学学生，当以研究学术为天职，不应以大学为升官发财之阶梯。这番讲话，将学术提到一个前所未有的高度，与他民国元年在此所作演说的精神实质完全相同。可是，在有的学生看来，以为不过是校长训诫学生的泛泛之谈而已，并没有立刻引起足够的重视。随后，蔡发布通告："以后学生对校长应用公函，不得再用呈文。"原来，学生有事与学校当局接洽，须写呈文，待校长批复之后，公诸告示牌上。革除这一近乎官衙的形式，使学生们隐约感到某种清新气象。1月中旬，主编《新青年》杂志、宣扬"德先生"与"赛先生"的陈独秀应蔡校长之邀来北大出任文科学长。

这一人事安排，使敏感的人们开始领悟到新校长整顿大学的决心和魄力。

办好一所大学，最重要的莫过于聘任有真才实学的高水平教师，以满足青年学生的求知欲望，进而诱发其研究学术的兴趣，这是培养良好校风、提高教学质量的不二法门。蔡元培深悉此理，以极大的精力从各个方面"广延积学而热心的教员"。他所聘任的教师，既有旧学根底深厚的老派学者，也有刚刚学成归国、出道未久的青年新锐；既有科举时代获得功名学衔者，亦有欧美近代大学毕业的博士、硕士，甚至还有并无正规学历而自学有成的特殊人才；既有政治上倾向民主共和的思想精英，也有留恋帝制、参与复辟，被视为"民国罪人"的国学名宿。特别值得关注的是，这些学者应聘进入北大之时，真正享有盛名者，寥寥可数，许多尚是无籍籍之名的学界新秀，他们日后在北大这方学术沃土成名成家，固然依凭个人实力和北大的特殊氛围，也得益于蔡元培校长超凡的眼光识力和兼容并包、不拘一格延揽人才的心胸气魄。

进京伊始，他便采纳汤尔和、沈尹默二人的提议，决定聘任倡导新文化运动的陈独秀为文科学长，以接替业已辞职的原文科学长夏锡祺。其时，陈独秀因事来京，客居前门附近旅舍。蔡往访数次，以诚相邀，并劝其将《新青年》杂志迁京续办，陈终于欣然应允，并向蔡推荐《新青年》投稿人、时在美国留学的胡适，蔡翻阅有关文稿后，嘱其促胡早日来校任教。

几乎与此同时，刚刚二十三四岁的自学青年梁漱溟通过范源濂介绍，慕名访谒蔡元培，并出示所撰《究元决疑论》一文请求指教。蔡从《东方杂志》上已读过此文，对作者的佛学造诣印象颇深。此刻，他便邀梁到北大开设印度哲学课程，梁大感意外，极力辞却。此后，蔡与陈独秀约梁商谈，多方劝导，梁终于同意任教，到1917年冬，这位并无大学学历的自学青年便以讲师身份走上了北大的讲坛。

同年4月初，经许寿裳和鲁迅的推荐，曾任绍兴教育会会长的周作人应聘来到北大，由于时逢学期中间，不宜开设新课，蔡元培先安排他在附设于大学的国史编纂处任职，到秋季新学期开始，便聘其为文科教授，讲授《欧洲文学史》等课程。7月间，曾经继严复之后被任命为北大校长而未到任的章士钊，应聘为文科教授，讲授逻辑学，并兼任学校图书馆主任。这期间，蔡元培还曾分别函请吴稚晖和汪精卫，希望他们来学校担任学监或教学工作，但均无结果，只有李石曾"惠然肯来"，出任生物学教授。

8月，学成归来，且因发表《文学改良刍议》而"爆得大名"的胡适应聘为文科教授，年仅26岁。9月以后，曾在北大代课的钱玄同和《新青年》撰稿人刘半农，相继应聘出任文科教授。11月，经章士钊提议，李大钊进入北大担任了原由章氏兼任的图书馆主任之职。这一年，蔡元培还聘请了因列名"筹安会"而潦倒于天津的国学大师刘师培为文科教授，主讲中国中古文学史。

新聘教师的同时，蔡元培对北大原有教师进行甄别，视其学术造诣的深浅，分别予以留聘或解聘。精通多种外语、擅长英国文学的辜鸿铭，尽管思想守旧，行为怪诞，仍留任教授之职。章太炎的大弟子黄侃，素来恃才傲物，狂放不羁，因其国学根底深厚，成果斐然，亦被留聘。此外，被留聘的知名学者还有：陈黻宸、陈汉章、康宝忠、沈尹默、马叙伦、沈兼士、马裕藻、朱希祖等。对于那些学业荒疏、滥竽充数的教师，蔡元培依照合同解除聘约，即使颇有些背景和来历的外国教师亦不例外。几位被裁汰的英、法籍教师扬言要与蔡诉诸法庭，此事甚至惊动了外交当局，北京政府外交总长亲自过问，英国公使竟然造访蔡元培，始而劝诱，继而威胁。然而，这些压力，都被蔡元培学术至上的凛然正气一一顶了回去。至于个别道德沦丧、毒化校风的学林败类，他则坚决予以除名，摈之于校园之外。

由于文科自北大创办以来即居于主干地位，故而蔡元培投入较大精力首先整顿和充实这一传统领域。而对学术规模相对薄弱的理科似乎有些无暇顾及。这一状况，曾引起留美学界的疑惑乃至不满。任鸿隽、朱经农曾先后致函胡适，认为，北大"尽管收罗文学、哲学的人才，那科学方面（物理、化学、生物等）却不见有扩充的影响，难道大学的宗旨，还是有了精细的玄谈和火辣的文学就算了事了吗？"甚至批评说："大学专重文科，把理工科看得无关紧要，这种眼界太偏浅了。"留美学界的尖锐意见，自然有其道理。不妨说，这多少反映了美国式的大学观念与蔡元培崇奉的德国大学观念的微妙分野。然而，公平地讲，蔡元培在理念上极为尊崇科学价值，平生倡导科学不遗余力。他主持北大，受到多方面的客观制约，科学落后的现实即其一，企望各个领域齐头并进，同时获取显著硕果，近乎有些苛求。这一时期北大的理科，在夏元瑮等原有教员的基础上，陆续从欧美毕业留学生中招聘了李四光、丁燮林、王抚五、颜任光、李书华、何杰、翁文灏、朱家骅等一批杰出学者，随着他们的来校任教，西方近代自然科学开始比较系统地输入我国文化教育领域，逐渐形成一种新知识体系。此外，法科教学也改变了先前主要由政府官员兼课的状况，马寅初、陶孟和、陈启修、周鲠生、王世杰等专业学者相继应聘而来，法律、经济及社会科学等学科逐渐独立和完善。

总之，蔡元培选聘教师，只有一个标准，那就是学术造诣，在这个神圣的标准之外，不曾有第二个标准。因此，国内各方面的名流硕学以及后起之秀逐步汇集于北京大学，很快便形成了崇尚学术的良好氛围，从而大大激发起青年学生的求知兴趣，衰颓的学风骤然为之改观。

在蔡元培主持北大的第一年，便出版了《北京大学日刊》，除发布校内各种规章、消息之外，还刊登师生们对于改进教学和管理工作的建议，并发表学术论文，引起论辩，活跃校内空气。鉴于北大学生彼此关系松弛、自由散漫成风的情况，蔡元培召集学生骨干，敦劝他们分别发起组织各类学会，广泛吸引学生参与，学校则在经费、设施等方面予以鼓励和赞助。随后，诸如画法研究会、新闻研究会、书法研究社、体育会、哲学研究会、数理学会、化学研究会、音乐会、技击会等各类学术团体相继成立，学生根据兴趣爱好，自由参加，充分表现，健康的追求逐渐取代了低级趣味。即以新闻研究会为例，蔡元培兼任会长，他以自己的办报体验和对新闻事业的独特见解，数次发表演说，从学理上阐发新闻与史学的异同。北大最年轻的教授徐宝璜为副会长，宣讲新闻理论及采编业务。该会还邀请著名报人、《京报》社长邵飘萍来校讲解他捕捉各类新闻的经验和技巧。凡此种种，使得教师与学生、知识与趣味融为一体，校园生活变得多彩多姿，丰富而充实。

1917年底，蔡元培与其他国立高等学校校长陈宝泉、汤尔和、金邦正、王家驹、张谨、洪镕等倡议组织"学术讲演会"，"以传布科学，引起研究兴趣为宗旨"。他们刊登启事称："我国近年所以士风日敝、民俗日偷者，其原因固甚复杂，而学术消沉，实为其重要之一因。教者以沿袭塞责，而不求新知；学者以资格为的，而不重心得。在教育界已奄奄无气如此，又安望其影响及于一般社会乎！同人有鉴于此，特仿外国平民大学之例，发起此会，请国立高等学校各教员，以其专门研究之学术，分期讲演，冀以唤起国人研究学术之兴趣，而力求进步。"该讲演会自1918年2月以后每星期日上午举行活动，其办事处即附设在北京大学校内。

蔡元培深知，大学教师要革除年年抄发旧讲义的陋习，而不断提高授课水平，就必须在教学之外从事必要的学术研究。到校一年之内，他便要求各学科成立相应的研究所，由专业教师和高年级学生共同研讨学术问题。最先创办并坚持开展活动的是国学研究所，其中的小说科由胡适、刘半农、周作人及两名学生组成。他们定期举行学术讨论，根据研究心得分别作了《论短篇小说》《中国之下等小说》《日本近代小说的发展》等专题报告，既浓厚了学术风气，也促进了各人研究问题的深度。当然，北大各学科研究机关的建立需要一个逐渐发展的过程，但蔡元培力主创办研究所的主张，使得素以完成教学为满足的中国大学增加了科学研究的成分，在一定程度上也改变了文化教育界固守已有知识不求进取的积习。

为使学者们的研究成果转化为社会文化，蔡元培与张元济商议，由商务印书馆印行"北京大学丛书"，分批出版北大教师的学术著作。1918年7月，张元济访问北京大学，与蔡元培、陈独秀、夏元瑮及各科教授座谈，商议丛书出版的具体事宜。两个月后，陈大齐的《心理学大纲》、陈映璜的《人类学》、周作人的《欧洲文学史》作为第一批北大丛书正式出版。对于某些立意新颖、方法独特的开创性学术专著，蔡元培极为欣赏，热情推荐，曾先后为胡适《中国古代哲学史大纲》、徐宝璜《新闻学大意》、黄右昌《罗马法》等书撰序，扶助青年学者迅速成长。1918年秋，蔡元培又提议创办《北京大学月刊》，作为师生发表学术论文的专刊，并为之撰写发刊词，系统阐发学术自由的宗旨，该刊成为我国最早的大学学报。

蔡元培这一系列举措，对于"振兴学术"产生了极大作用，史家吕思勉后来评述道："北京大学的几种杂志一出，若干种的书籍一经印行，而全国的风气，为之幡然一变。从此以后，研究学术的人，才渐有开口的余地。专门的高深的研究，才不为众所讥评，而反为其所称道。后生小子，也知道专讲肤浅的记诵，混饭吃的技术，不足以语于学术，而慨然有志于上进了。这真是孑民先生不朽的功绩。"

整饬北京大学的风纪，改变最高学府在社会上的腐败形象，是蔡元培出任校长之初即已确定的目标。当校内的学术风气开始初步确立之时，他便着手正面触及这个"难题"。1918年1月19日《北京大学日刊》发表了校长撰写的《进德会旨趣书》，随之，校方向师生们散发了参加该会的志愿书，一股"进德"之风迅即吹拂于校园之中。作为一个清正自守的知识分子，蔡元培对弥漫于清末民初社会的污浊风习十分反感，民国元年他列名发起"六不会"及"社会改良会"，希望矫正世风，但实效甚微。袁世凯当政时期，收买议员，鼓动帝制，挥霍公款，投机钻营，世风日下，谬种流传。蔡元培从法国归来，目睹江浙一带在教育、实业各界崭露头角者无不以嫖赌相应酬，内心倍觉伤感。及至北京，方知此风尤甚，官僚阶层姑且不论，堂堂最高学府内竟存在什么"探艳团""某公寓之赌窟"之类名目，一些师生打牌听戏捧坤角，致使学校成为"浮艳剧评花丛趣事之策源地"。尤其使他感到不可思议的是，"往昔昏浊之世，必有一部分之清流，与敝俗奋斗……而今则众浊独清之士，亦且踽踽独行，不敢集同志以矫末俗，洵千古未有之现象！"为此，他曾在南洋公学同学会和译学馆校友会等小范围内提议实行禁止嫖、赌、娶妾的"三不主义"。此刻，他确信，将进德会的主张行之于北大，乃"应时势之要求，而不能不从事矣"。

北大进德会的戒规类同于民国元年"六不会"的基本内容，但会员分甲、乙、丙三种，视遵守条件的多少而定。同年5月底，进德会正式成立，教职员及学生入会者近五百人，约占全校总人数的四分之一。经过通讯选举，蔡元培为会长，李大钊等三十余人为纠察员。陈独秀、夏元瑮、胡适、温宗禹、马寅初、傅斯年、罗家伦、张申府等知名教授和学生骨干均为会员。其实，北京大学的腐败，不过是社会恶浊风气的一个缩影，蔡元培力矫时弊，执着地开辟一块"净土"，其精神和境界，委实令人赞佩。进德会的一纸规范尽管不可能约束所有会员的行为，然而它在改变观念，扭转校风方面还是起到了应有的作用。

尽快使北京大学接近和赶上欧美近代大学的水平，乃是热衷高等教育的蔡元培奋力追求的大目标。为此，他对北大的教学体制和行政管理进行了一系列改革。这些改革的基本思路大体仿行德国的大学观念和体制，在某些方面也参照了美国大学的现行做法，其中心主旨，是学术至上和教授治校。蔡元培始终认为，大学是研究高深学问之地，应当偏重于学理。因而，他特别重视文、理两科，以此作为其他应用性学科的根本。还在民国元年，他起草的《大学令》中即明确规定："设法、商等学科而不设文科者，不得为大学；设医、工、农等科而不设理科者，亦不得为大学。"主持北大以后，他进而主张，大学只需设文、理两科，其他偏于"术"的应用学科可仿德国之制，另设专科性高等学校，其修业年限及毕业资格与大学相同。循此，他将北大原有的工科归并到天津北洋大学，以办工科的经费充实理科；取消商科，改为商业学门，归入法科。他原设想将法科分离出去，另建独立的专科学校，由于遭到多方反对，未能实行。鉴于预科自行其是，课程与本科不相衔接，遂将预科分别归属各本科，统一管理，以求一致。经过调整，北大以原有的经费，集中扩充文、理等科，使基础理论的教学和研究得到突出和加强。

其后，蔡元培又取消文、理界限，试行两科沟通式教学；并采纳留美教师的建议，以学分制取代年级制，促进教学质量的提高。在行政管理方面，蔡元培一改往昔校长独揽校政的传统，全面推行教授治校的体制：首先，成立由校长、各科学长及教授代表组成的校评议会，作为全校的最高决策机构，统领校政。评议员任期一年，由教授选举产生。随后，建立各学科（即学系）教授会，负责规划和组织各科教学活动，教授会主任亦经教授们选举产生，任期两年。后来又设立了教务长、总务长等职，均由教授出任。教授治校的实质，是校长将权力下放，交由教学及学术活动的主干人员自行管理，切实按照教学规律兴学办校。这一体制变革，在"五四"前后的北大产生了明显的积极作用，清末以来历久不衰的官衙习气得到了相当程度的抑制和克服，一个合乎近代大学规范的新型学校渐渐出现在世人面前。

二、"兼容并包"

　　正经历着深刻变化的北京大学，可以说是一个学派林立、任情抒发的"自由王国"。

　　《新青年》杂志离沪北迁不久，就成为事实上的北大同人刊物，其创办人陈独秀既没有开设课程，也没有单纯投入文科学长的公务，其活动重心仍是通过《新青年》的激扬文字推动新文化运动不断升温。在他身边聚拢而来的是一批同他一样崇奉科学和民主的激进学人，如胡适、陶孟和、钱玄同、刘半农、高一涵、李大钊、周树人、周作人、沈尹默等。他们提倡白话文，创作自由体新诗，传扬西方最新学说，力主个性解放；同时，抨击封建礼教，批判孔孟传统，痛诋"选学妖孽、桐城谬种"，甚至提议废除汉字……这些新派人物在知识界涌动起巨大波澜，形成辛亥革命以后意识形态领域除旧布新的强劲激流。

胡适

青年学生为老师们的大胆言论所鼓舞，起而效尤。傅斯年、罗家伦、徐彦之等人发起成立"新潮社"，创编《新潮》月刊，"专以介绍西洋近代思潮，批评中国现代学术上、社会上各问题为职司"。杨振声、俞平伯、汪敬熙、成舍我、康白情、顾颉刚、毛子水、谭平山等一批有才华的学生参与其间，他们以评论、诗歌、小说等形式，与《新青年》密切配合，颇有"青胜于蓝"之势。

视中华文化为最高价值的刘师培、黄侃、陈汉章、林损等国学教员，对《新青年》一派的激越高论大为不满，"慨然于国学沦夷"，他们商议续编清末民初曾经风行一时的《国粹学报》和《国粹丛编》，作为护卫古学的阵地。后来终于面世的《国故》月刊，"以昌明中国固有之学术为宗旨"，也确乎吸引了一些热心国学的教师和学生。那个曾宣称："进北大，除了替释迦、孔子发挥外，不做旁的事"的梁漱溟，对校内盛行新思潮，以致"谈到孔子羞涩不能出口"的气氛颇为抵触，同时，对于《国故》只"堆积一些陈旧古董"的做法亦有所保留，他独自在《北大日刊》上刊登启事，公开征求研究东方学的同道，并组成"孔子哲学研究会"，系统研讲儒家学说，与新派人物的批孔反其道而行之。

在激进与保守的两派之间，抱持调和观点的也大有人在。由易家钺、许德珩、黄日葵、段锡朋等北大学生组成的《国民》杂志社，在新、旧文化问题上便具有中性色彩。这一由学生救国会派生出的刊物，仍采用文言文，其政论文章启迪国人爱国意识，宣扬新观念，而学术论文则多采刘师培、马叙伦、陈仲凡等人的著述，其创刊之际，黄侃特为之撰写了祝词。在教员中，朱希祖等亦被外界舆论视为介于新、旧两派之间持中调和的人物。

各种不同的思想主张和学术观点在北大能够各行其道、尽情表现，恰恰反映了校长蔡元培所推行的办学原则和方针，那就是"思想自由，兼容并包"。这位长期在欧洲学习和生活的教育家，理性地接受了西方价值观念中的自由思想，同时，经过考察德、法等国的大学教育，确信学术自由乃各国大学之通例，不如此，便不会有发达的学术文化。他认为："近代思想自由之公例，既被公认，能完全实现之者，却惟大学。大学教员所发表之思想，不但不受任何宗教或政党之拘束，亦不受任何著名学者之牵掣。苟其确有所见，而言之成理，则虽在一校中，两相反对之学说，不妨同时并行，而任学生之比较而选择。此大学之所以为大也。"在他看来，大学乃囊括大典网罗众家之地，应当包容各类学问，各种观点，"无论何种学派，苟其言之成理，持之有故，尚不达自然淘汰之运命者，虽彼此相反，而悉听其自由发展。"他的这一思想，可谓根深蒂固，发之自然，并非出于某种功利性的策略考虑。

然而，在中国这块古老的土地上，虽说已进入民国时代，但自由民主的空气仍然十分稀薄，在思想文化领域内，人们习惯于那种定于一尊的固有秩序，相当多的读书人也未能革除"专己守残之陋见"。显然，社会政治的表层变革并不能替代文化心理的深层更新。蔡元培在民国元年提出世界观教育，"意在兼采周秦诸子，印度哲学及欧洲哲学，以打破两千年来墨守孔学的旧习"。但人们对他的这番用意并没有表现出足够的理解和赞同。经过袁世凯的祸殃，迟至的新文化运动思想启蒙才悄然发轫。正是在这样的历史契机中，蔡元培这位"自由主义者"，借助北京大学这方"圣土"，厉行兼容并包，将世界各大学的通例行之于孔孟之乡，在传统社会瞠目结舌、啧啧非难之中，迅速改变着最高学府的面貌。

"兼容并包"主张的最初阐释，是蔡元培为《北京大学月刊》撰写的发刊词中。他申明，大学乃共同研究学术之机关，而学术研究"非徒输入欧化，而必于欧化之中为更进之发明；非徒保存国粹，而必以科学方法，揭国粹之真相"。可以说，这是他对待中西两大文化系统所持的进取态度，也是实行兼容并包的目标引导。他尖锐批评学界存在着的株守一家之言而

北京大学 1918 级
哲学门毕业照

排斥其他学问的积习，指出："治文学者，恒蔑视科学，而不知近世文学，全以科学为基础；治一国文学者，恒不肯兼涉他国，不知文学之进步，亦有资于比较；治自然科学者，局守一门，而不肯稍涉哲学，而不知哲学即科学之归宿，其中如自然哲学一部，尤为科学家所需要；治哲学者，以能读古书为足用，不耐烦于科学之实验，而不知哲学之基础不外科学，即最超然之玄学，亦不能与科学全无关系。"要拓展学术视野，必须广设学科，增进交流，这便是实行兼容并包的现实需要。

他借用"万物并育而不相害，道并行而不相悖"的儒家古训，说明众家学说争鸣于大学之中，似相反而实相成。并进一步强调："各国大学，哲学之唯心论与唯物论，文学、美术之理想派与写实派，计学之干涉论与放任论，伦理学之动机论与功利论，宇宙论之乐天观与厌世观，常樊然并峙于其中，此思想自由之通则，而大学之所以为大也。"他期望通过《北京大学月刊》的印行，使外界了解"吾校兼容并收之主义，而不至于一道同风之旧习相绳"。借助国学经典，陈说世界通则，为兼容并包的办学方针在传统和时代两方面求得合理性，从而使中国的大学教育在开放、多元和自由选择的氛围中得到完善和发展。这便是蔡元培"兼容并包"主张的底蕴所在。

根据这样的办学宗旨，蔡元培在选聘教师、安排课程、丰富课外活动等方面充分体现了广泛的包容性。他意识到，陈独秀等人编撰的《新青年》杂志代表了辛亥革命以后思想文化界的进步潮流，足以指导青年学生步入一个前所未有的认知境界。因而将这些时代精英纳入北大的教师阵容。陈独秀进入北大之后，由于锐意推进新思潮，加之性格耿介而有时又细行不检，招致一些同人的不满和议论。蔡元培从大处着眼，对陈独秀极尽维护之力，尽力保障其启蒙事业不致夭折。

与此同时，许多在中国旧学方面研究有素的学者，也被蔡元培请入北大，并得到应有的重视。研治经学、造诣颇深的崔适，著有《春秋复始》等书，对《公羊春秋》详解有加，阐释甚明，蔡便邀请他开设课程，讲述研究心得。精通中国戏曲艺术的专家吴梅，擅长词曲，蔡请其担任国文系教授，从而使先前视为"淫词艳曲，有伤风化"的词曲艺术，被作为一门学问而占有一席之地。素以研究殷商甲骨文而著称于世的罗振玉、王国维，亦曾受到蔡的多次邀请，罗、王也一度应允担任北大研究所国学门的通信导师。诚如当年的北大学生顾颉刚所言，蔡先生聘任教师"不问人的政治意见，只问人的真实知识"。正因如此，像辜鸿铭、刘师培那样政治上保守的人物，因其确有学识，亦被延聘。

各类学者相继踏上北大讲坛，使这所大学的课程表空前博杂：在经学方面，既有主讲今文学派的崔适，也有古文学派的刘师培；在文字训诂方面，既有章太炎的弟子朱希祖、黄侃、马裕藻，也有其他学派的陈黻宸、陈汉章、马叙伦；在旧诗方面，主唐诗的沈尹默、尚宋诗的黄节、宗汉魏的黄侃，同时并存；在政法方面，有英美法系的王宠惠，又有大陆法系的张耀曾；在外语方面，也一改以往仅偏重英语的倾向，增设法、德、俄等国语言文学，甚至还将世界语列入选修课……在此基础上，蔡元培努力实践其"尚自然，展个性"的教育思想，"他希望人家发展个性，他鼓励人家自由思想，他惟恐人家不知天地之大，他惟恐人家成见之深，他要人多看多想多讨论"。在比较和选择中，确立青年学生的思想观念和学识基础；在比较和竞争中，自然完成对各种学派、各类观点的择优汰劣。无疑，"兼容并包"的办学方针，内含着发展教育和学术的客观逻辑法则，北京大学的变化和进步，证明了"兼容并包"方针的可行和有效。

其实，蔡元培提出并付诸实行的"兼容并包"主张，在很大程度上反映了他个人的教育背景、知识结构及其"融合中西文化"的思想。他早年饱读儒家经典，并登临科举阶梯的顶端，中年以后，激于时变转而涉猎西洋文化，以至数年旅居德、法，深入接触欧洲文明，充分感知西方人文的精神实质，从而形成了多元、立体的文化价值观念，认定"今世为东西文化融合时代"。他认识到：一个民族要对世界文化有所贡献，必须具备两项条件，"第一，以固有之文化为基础；第二，能吸收他民族文化以为滋养料"。这即是说，在并不毁弃中国传统文化价值的前提下，积极引入外来文化成果，通过并存与竞争，造就一个既有根基又不乏活力的适合时代的融合型文化。他认为，"教育家最重要的责任，就在创造文化，而创造新文化，往往发端于几种文化接触时代。"没有接触，便无融合、创造可言。这位矢志培育新文化的教育家，一方面"素来不赞成董仲舒罢黜百家独尊孔氏"的做法，另一方面，力主"对于新思潮要舍湮法，用导法，让它自由发展，定是有利无害"。因此，促使中西两种文化接触、融合的必由途径，便是实行"兼容并包"，舍此别无选择。就学术文化而言，蔡元培确信，"思想学术，则世界所公，本无国别"。他曾多次表明这样的观点：学术的派别是相对的，而不是绝对的，并非永远不相容的。即使产生了对立的观点也应作出正确的判断和合理的说明，避免混战。蔡元培实行的"兼容并包"，为旧学提供了求得更新发展的可能性，为新学开辟了立足和张扬的空间，这就使中国学术思想界出现了争奇斗艳、百家争鸣的活跃局面。"五四"新文化的空前繁盛与北京大学推行"兼容并包"办学方针有着显而易见的因缘关系。

蔡元培在北大实行的"兼容并包"，成为日后中国知识界津津乐道的一个话题。人们或以此印证学术文化自身发展的规律，或从中揣度蔡本人在"五四"新文化运动中的基本偏向，甚或藉此伸张文化压抑状态下扭曲的正当要求等，不一而足。即使当年新文化阵营中人对此的认识也并不一致。青年教授胡适认为："蔡老先生欲兼收并蓄，宗旨错了。"似乎在埋怨校长未能独力扶助新学。陈独秀则不同意这一看法，他在致胡适的信中写道："蔡先生对于新旧各派兼收并蓄，很有主义，很有分寸，是尊重讲学自由，是尊重新旧一切正当学术讨论的自由。……他是对于各种学说，无论新旧都有讨论的自由，不妨碍他们个性的发展；至于融合与否，乃听从客观的自然，并不是在主观上强求他们的融合。我想蔡先生的兼收并蓄的主义，大概总是如此。"二十多年后，陈独秀论及蔡元培仍赞叹道："这样容纳异己的雅量，尊重学术自由的卓见，在习于专制、好同恶异的东方人中实所罕有。"看来，在此问题上，陈独秀较之胡适更能理解"兼容并包"的深刻意义。曾经作为《新青年》重要成员之一的周作人，在其晚年撰写的回忆录中谈到"兼容并包"主张时却认为，"我以为是真正儒家，其与前人不同者，只是收容近世的西欧学问，使儒家本有的常识更益增强，持此以判断事物，以合理为止，所以即可目为唯理主义。"周氏一生思想起伏颇大，暮年冷寂深沉，所发议论不失独特精到之见。

梁漱溟曾以其特有的思维方式评析蔡元培的个性与兼容并包的关联，他在 40 年代初所写一篇文章中指出："蔡先生除了他意识到办北大需要如此之外，更要紧的乃在他天性上具有多方面的爱好、极广博的兴趣。意识到此一需要而后兼容并包，不免是人为的（伪的）；天性上喜欢如此，方是自然的（真的）。有意地兼容并包是可学的，出于性情之自然是不可学的。有意兼容并包，不一定包容得了。唯出于真爱好而后人家乃乐于为他所包容，而后尽管复杂却维系得住。——这才是真器局，真度量。"他认为，实行兼容并包乃蔡之至性所致，寻常人是不可企及的。这番论说，多少有些玄奥，然其知人论事的识见不可谓不深刻。当年的北大学生冯友兰在20世纪70年代后期口述自传时，忆述在北大的感受说："所谓'兼容并包'，在一个过渡时期，可能是为旧的东西保留地盘，也可能是为新的东西开辟道路。蔡元培的'兼容并包'在当时是为新的东西开辟道路的。"这一观点，目前在学术界具有相当普遍的代表性。

在中国漫长的历史编年中，思想文化的百家争鸣局面仅仅在短暂时期出现过几次。每一次百家争鸣局面的到来，都为人才涌流、思想创新和文化建设提供了无与伦比的优越环境，其观念定式往往影响后世的几代人。这种思想上的自由"狂欢"，常常让后人特别是知识分子珍念不已。"五四"之前方兴未艾的新文化运动，带着历史的启蒙使命，由实行"兼容并包"的北京大学辐射于九州方圆，形成近代中国第一次百家争鸣的活跃局面，学术文化风气由此为之改变。人们之所以高度评赞蔡元培"兼容并包"的做法，其根由或许就在于此。"兼容并包"主张的思想根基是学术至上和思想自由，蔡元培牢牢地把握住这两个原则尺度，不因一己的爱好和倾向而有所变通，从而在校内真正造就了一种学术民主空气，也在相当程度上赢得各方面的广泛敬重和拥戴。即使顽固守旧的辜鸿铭在校内也信服蔡校长的领导，在"五四"之后的"挽蔡"运动中同样维护其权威。固守旧学的黄侃甚至对人表示："余与蔡子民志不同，道不合，然蔡去余亦决不愿留。因环顾中国，除蔡子民外，亦无能用余之人。"当年北大的教师戏称蔡校长为"古今中外派"，颇为贴切地说明了蔡元培实行"兼容并包"方针所保持的"超然形象"。诚如梁漱溟所说:"因其器局大,识见远,所以对于主张不同,才品不同的种种人物,都能兼容并包,左引右援,盛极一时。后来其一种风气的开出,一大潮流的酿成,亦正孕育在此了。"

第一次世界大战协约国方面的胜利,美国总统威尔逊提出的"十四点建议",在中国知识界鼓荡起强烈的政治激情和对未来的乐观向往。人们欢庆"公理战胜强权",以为备受列强欺凌的中华民族从此可以摆脱厄运,踏上坦途。原先决计致力文化建设的学人们,再也抑制不住热衷社会政治问题的兴致,《新青年》杂志遂衍生出政论时评性质的刊物《每周评论》。这一对世界时势的浪漫估计和新文化运动的重心移动,构成"五四"运动得以勃发的潜在因素。

在此过程中,作为学界最具影响力的人物,蔡元培的言行引人瞩目。他目睹欧战爆发之初的惨烈景象,对战时欧洲亦颇多观感,随着战事的演变,他内心所接受的克鲁泡特金"互助论"的思想更加坚定了。他认为,"此次大战,德国是强权论代表;协商国,互相协商,抵抗德国,是互助论的代表。德国失败了,协商国胜利了。此后人人都信仰互助论,排斥强权论了"。自19世纪末年以来,由于严复《天演论》的影响,社会达尔文主义观念在中国知识社会中独领风骚,只有少数知识分子有幸接触西方其他社会学说,对"优胜劣败"一类观点有所修正。蔡元培即代表了思想界的这一动向。1918年11月,当北京城内完全沉浸在欢腾气氛之中时,他与北大同人及社会名流在天安门广场连续演讲,广泛宣扬其"生物进化,恃互助,不恃强权"的信念,为欧战结束后的乐观情绪注入了思想旨归。

中国虽然宣布参战,但派往战区的却是十多万华工,劳工们用艰辛和汗水,为祖国换得"战胜国"的名义。欢庆之际,蔡元培没有忘记劳工们的作用,特意发表了题为《劳工神圣》的著名演说。他以罕见的激情大声疾呼:"此后的世界,全是劳工的世界呵!……凡用自己的劳力作成有益

《劳工神圣》

他人的事业，不管他用的是体力，是脑力，都是劳工……我们要自己认识劳工的价值，劳工神圣！"这个给时人留下深刻印象的演说，反映了蔡元培"泛劳动"的激进平民思想，在同类场合的演说中别具一格，尽管还看不出它与一年前发生在俄国的工人革命有何直接关联，却为日后中国工农运动的兴起提供了某种思想养分。

从这时起，蔡元培开始明显涉足社会政治领域。自民国建立以后，对于国内政治争端，他基本倾向于和平解决，不赞成诉诸武力，即使对于高举护法旗帜的南方政府亦是如此。由于欧战结束，国内和平呼声大起，旨在终止南北分立的和平期成会、全国和平联合会、国民制宪倡导会等团体相继成立，蔡元培参与了上述团体的活动。1918 年 11 月 18 日，他致函孙中山，婉劝其赞同南北和平，提挈同志，共同营造民主政治的基础，"倘于实业、教育两方面确著成效，必足以博社会之信用，而立民治之基础，较之于议院占若干席，于国务院占若干员者，其成效当远胜也"。

孙中山于 12 月 4 日复函蔡元培，表示争取和平，应是有法律保障的和平，敷衍苟且，只会暂安久乱；欧战之后，公理大昌，要实现真正的共和政治，绝非少数暴戾军阀所能做到。因而要"贯彻初衷，以竟护法之全功，而期法治之实现"。显然，孙中山、蔡元培二人在解决国内政治问题上的具体主张并不一致。蔡倾向于维护一个公认的中央政府，在统一、和平的条件下，通过发展实业和教育，奠立共和政治的社会基础，逐步完善国家体制。孙则保持了一个革命家的本色，为了民主共和的目标，毫不妥协，执着地进行包括军事手段在内的政治抗争。他们二人的民主价值观大体相同，但外在表现形式在排除清廷之后却有某些不同。在国内和平问题上，二人基本上各行其道，谁也没有说服对方。

与此同时，蔡元培与教育界人士发起了"退款兴学"运动，促使西方列强退还庚子赔款，用以发展中国教育文化事业。同年12月，他与陈独秀、夏元瑮、黄炎培、沈恩孚、王兼善等人联名提出《请各国退还庚款供推广教育意见书》，吁请各界借助欧战结束后有利的国际环境，敦促各国将"此后每年赔款，悉数退还吾国，专为振兴教育之用度"。并进而提出"促成此事之方法"，上书行政当局，请其赞助；致函各国贤达人士，求得支持；发动国内外舆论，造成声势等等。此后，他开始与学界同人着手进行具体工作。同年底，梁启超、叶恭绰等赴欧洲考察，并旁听巴黎和平会议，蔡元培特意拜托他们，请其向各国宣传退款兴学主张，扩大影响。翌年4月，他又致函在法国的李石曾："运动赔款退还一事，已由北京及上海各教育机关推定先生及陶孟和、郭秉文二君在欧办理；郭、陶已到美洲，不久赴欧。对于英语各国，以郭为代表；对于法语诸国，则当请先生为代表。"其后，李、郭等人开始在英、法朝野进行退还庚款的游说，退款兴学运动自此发轫。至1921年，北京政府因参战而缓付庚款五年的期限已满，运动随之达到高潮。此后，有关的交涉持续进行，直到30年代初期方告结束。在此过程中，蔡元培精心擘画，多方奔走，始终是这一运动的核心人物。

北京大学的改革措施，尤其是陈独秀、胡适等人汇集北大之后，迭发抨击旧思想旧学术、倡行白话文的言论，在社会上引起很大反响。固守道统的人们对此类"离经叛道"言论大为不满，视蔡元培为造成这一状况的主要责任者。就蔡个人而言，对于《新青年》等刊物上的各种言论未必都能赞成，但在传扬科学的价值、反对独尊孔孟、使用白话文以改变国人"言文不一致"等方面，他与陈、胡一派的主张基本相同。而这些，正是新文化运动的实质内容。尽管他在相当大的程度上确实做到了容纳各方、兼收并蓄，但对陈独秀等人的扶持和保护亦十分明显。因此，他愈来愈感受到来自传统社会的压力。1919 年 2 月间，被人们称作桐城派古文家的林纾（字琴南）在上海《新申报》的"蠡叟丛谈"栏目中先后发表影射小说《荆生》《妖梦》，诋毁北京大学的革新力量。其中，以白话学堂校长元绪影射蔡元培，述其对校内教师毁伦常、倡白话之举动"点首称赏不已"，结果为阎罗妖所吞杀，化成一堆"臭不可近"的粪土。正如胡适所言，这类"游戏文字"，"很可以把当时的卫道先生们的心理和盘托出"。与此同时，林纾还在北京《公言报》开辟《劝世白话新乐府》一栏，以先前为《平报》撰写白话讽喻新乐府之例，"遇有关世道人心题目，即出一篇"。称言："琴南年垂七十，与世何争，既不为名，亦不为利，所争者名教耳。"当年曾以译述《巴黎茶花女遗事》《黑奴吁天录》《迦茵小传》等西洋文学作品而风靡一时的文坛骄子，此刻却成了新思潮反对派的代言人。上述影射攻击尚嫌不够，3 月 18 日，林纾在《公言报》公开发表《致蔡鹤卿元培太史书》，陈述他对学界前途的"悲悯之情"。

林、蔡二人均科举出身，先前曾有过交往。蔡出掌北大之后，有人提议聘林任教，蔡认为林的那套桐城古文已经过时，未予延揽。不久，一位名叫赵体孟的人，为出版明季遗老刘应秋的遗著，函请蔡元培向商务印书馆代为先容，并请其介绍梁启超、章太炎及林纾等名流为遗著题字。为此，蔡致函林氏，告知此事。林却借机发作，回复了这封公开信。信中写道：大学为全国师表，五常之所系属。但近来尽反常轨，侈为不经之谈，用以哗众，必以覆孔孟，铲伦常为快。且实行白话，尽废古书，则都下引车卖浆之徒，所操之语，按之皆有文法。更有甚者，所谓新道德者，斥父母为自感情欲，于己无恩，不图竟有用为讲学者。须知天下之理，不能就便而夺常，亦不能取快而滋弊。大凡为士林表率，须圆通广大，据中而立，方能率由无弊。切不可凭位分势利而施趋怪走奇之教育。"今全国父老以子弟托公，愿公留意，以守常为是。"很明显，林纾将蔡元培在北大实行的改革斥责为"尽反常轨，趋怪走奇"，对新文化倡导者们更是极尽诋毁，即使市井传言，亦宁信其有不信其无，辞令间充斥教训口吻，俨然一派"伸张正气"之概。《公言报》在刊载林氏公开信的同时，还发表一篇《请看北京学界思潮之变迁》的文章，此文貌似客观，指出，北大自蔡元培任校长后，气象丕变，尤以文科为甚；进而评述校内各学派及其主张，指责陈独秀、胡适提倡新学、否定传统，"其卤莽灭裂，实亦太过"。

面对传统社会的强劲挑战，蔡元培没有保持沉默或退缩，他于林氏公开信发表的当日，就写成《致公言报函并附答林琴南君函》，寄交《公言报》于4月1日发表。他首先表明，虽林纾原函称"不必示复"，而"鄙人为表示北京大学真相起见，不能不有所辨正"。他指出，林责备北大各项，多据外界纷传之谣言，并非真实情况，如此混淆真伪，实在有悖其爱惜大学的本意。其后，他论事说理，对林氏公开信中"覆孔孟，铲伦常"，"尽废古书，行用土语为文字"的指责进行有力的申辩。他写道：北大教员中开设涉及孔孟学说之课程者所在多有，其中尊孔之人亦非少数，岂有覆孔之虞？即使"《新青年》杂志中，偶有对于孔子学说之批评，然亦对孔教会等托孔子学说以攻击新学说者而发，初非直接与孔子为敌也"。校内所组织之进德会，增进道德风尚之意甚明，岂有铲除人类伦常之理？至于文言与白话，仅仅形式不同而已，并非势若水火，两不相立，谨严之文言，于授课之时，亦须通俗之白话讲解。善作白话文的胡适、钱玄同、周作人诸位，其古文根底甚深，有著述可资为证，并非以白话藏拙，逊于先人。最后，他重申自己办学的两种主张：一、对于学说，仿世界各大学通例，循"思想自由"原则，取兼容并包主义；二、对于教员，以学诣为主，因为"人才至为难得，若求全责备，则学校殆难成立"。他强调，教员授课，以"言之成理、持之有故，尚不达自然淘汰之命运"为界限，其校外之言行，本校既不过问，亦不能代负责任，况且，"公私之间，自有天然界限"，"革新一派，即偶有过激之论，苟于校课无涉，亦何必强以其责任归之于学校耶？"蔡氏的复函，分明是一篇为北京大学洗去"不白之冤"的辩护词，通篇平实深沉，重在说理，毫无意气轻浮之态，于细谨的辩白之中，申述坚定的办学主旨和革新意向，入情入理，不卑不亢，恰到好处地护卫了新思潮的生存权利，同时也避开与守旧顽固势力正面激烈冲突。

林、蔡二人的信函，一来一往，一攻一守，反映了"五四"前夕中国文化思想领域内的新旧对立。这种观念上的论争，有时也不免牵连某种政治背景的因素。刘半农就曾回忆道："卫道的林纾先生却要于作文反对之外，借助于实力——就是他的'荆生将军'，而我们称为小徐的徐树铮。这样，文字之狱的黑影就渐渐地向我们头上压迫而来，我们就无时无日不在栗栗危惧之中过活。"刘半农的追述或许不无夸张渲染之嫌，但蔡元培作为北京政府的简任官，显然更多感受到来自权力中枢的不安和干预。

大总统徐世昌几次召请蔡元培等学界人士，亲自过问"新旧两派冲突"之事；势焰正炽的安福系成员甚至提出撤销蔡的校长职务，整饬北大文科。一时间，各种谣言沸沸扬扬，不胫而走。3月26日，对北大的兴革尚能理解的教育总长傅增湘，也致函给蔡，对《新潮》杂志大胆批评传统社会的言论表示担忧："近顷所虑，乃在因批评而起辩难，因辩难而涉意气。倘稍逾学术范围之外，将益启党派新旧之争，此则不能不引为隐忧耳。"进而劝导说："凡事过于锐进，或大反乎恒情之所习，未有不立蹶者。时论纠纷，喜为抨击，设有悠悠之词，波及全体，尤为演进新机之累。"希望北大师生"遵循轨道"，稳健行事。对此，蔡元培表现出灵活性，对傅增湘来函所提要求基本予以合作，事实上这位教育总长同样承受很大的压力。

蔡元培此时正为北大新派内部的问题所困扰。高擎新文化大旗的陈独秀，以其明快的思想和洒脱的文笔，开辟出思想启蒙的崭新局面，成为众多新青年仰慕的偶像。可是由于他在个人生活方面不够检点，嫖娼丑闻被公诸报端，以致舆论哗然，议论骤起。反对派对此不无渲染，而新派人物则无以为辩。此事无疑使蔡元培陷于被动难堪境地。社会上反对新思潮的人扬言要将陈独秀逐出北大，而先前向蔡推荐陈的汤尔和、沈尹默等人此刻也坚决主张解聘其职。蔡欣赏陈的才干，辛亥之前从事反清革命时即对其苦撑局面、独力办报的精神产生"一种不忘的印象"，两年来的合作共事，尤其是《新青年》北迁之后在思想文化界开创的新格局，愈加使蔡感到这位新文化运动主将的不可或缺。面对压力，蔡元培最初并不让步，甚至不惜自己被革职。然而社会道德牵引下的公众舆论，力量强大，作为"进德会"的倡导者，蔡亦自有苦衷。几经商议，最后不得已采取变通方法免去陈独秀文科学长之职，留聘为教授，校方给假一年。显然，这是一个折中的处置办法，不难想象在此过程中蔡元培做出了怎样的努力。在新、旧思想尖锐对立情势下，陈独秀引发的风波早已超出了"私德"范围，而成为新旧较量的一个焦点。蔡元培执意将陈独秀留在北大，其用意可谓深远。

三、"五四"风潮

1919年春，正在巴黎举行的"和平会议"越来越成为国人关注的焦点，在"公理大昌"的心理作用下，人们期待中国外交获得前所未有的大成功。2月中旬，蔡元培与汪大燮、林长民、王宠惠、熊希龄等人组成国民外交协会，旨在作为政府外交的后援。他们致电出席"和会"的中国代表，要求其据理力争，一举收回先后被德国、日本侵占的山东主权。可是，随着夏季的临近，传来的竟是令人大失所望的讯息：会议决定将德国原在山东掠得的权益悉数让给日本，此决定分三条写入《凡尔赛和约》。5月的最初两天，上海《大陆报》和北京《晨报》分别披露了中国外交失败的惨讯。人们终于明白：强权依旧蔑视公理，贫弱的中国仍是列强的俎上肉，于是激愤的情绪开始蔓延。5月3日，蔡元培从汪大燮那里得知：北洋军阀操纵的钱能训内阁已密令中国代表签约。这是一个危急的时刻，他迅即召集学生代表，告知这一消息，同时与王宠惠、叶景莘以北京欧美同学会名义急电中国首席代表陆征祥，劝诫其切勿在和约上签字。北大学生闻风而动，当晚即在北河沿第三院礼堂召开大会，议决将原订5月7日"国耻日"举行的活动提前到翌日进行。5月4日下午，北大等校的三千多名学生走上街头游行示威，要求"外争国权，内惩国贼"，随即火烧曹汝霖住宅，痛殴章宗祥，而三十余名学生亦遭警方拘捕。

对于这一事件，蔡元培的内心颇为复杂，甚至矛盾。他个人认为，辛亥光复之后，全国学风应从热衷政治转为潜心学业，不鼓励学生涉及政事。"五四"前一年，北大学生因反对"中日军事协定"而前往总统府请愿，他曾出面劝阻，并一度辞职。但此次中国外交失败，令他痛心疾首，环顾国人，唯有热情明达的青年学生勇于率先表达民意，这在冷漠麻木的社会里尤显难能可贵。因此，得知学生将采取行动，他没有像一年前那样全力阻止，而是保持某种"放任"姿态。虽然当年北大学生的诸多回忆不乏相互矛盾的细节记述，但蔡内心同情乃至赞许学生的爱国举动是毫无疑问的。当然，由于爱国运动而停课是他所不愿意看到的，至于焚宅殴人的"越轨之举"更非意料所及。然而不管怎样，当学生与政府形成对立之后，他的处境变得十分困难。政府方面认定此次学生运动与北大平日提倡新思想有关，蔡随即成为众矢之的，安福系进而提出查封北大，惩办校长。在紧张

"五四"学生游行

严峻的形势下，他不慌不惧，一方面与政府周旋，减缓压力；一方面安抚学生，劝其复课。同时，与各国立学校校长奔走营救被捕学生，经过多次交涉，被捕学生获释。此时，"学生尚抱再接再厉的决心，政府亦持不作不休的态度"，身为校长置身其间，他感到已难有作为；而权力上层正拟议由马其昶取代他掌管北大。在此情况下，蔡元培于5月8日夜晚正式提交辞呈，第二天清晨便悄然离京。

校长辞职出走，北大师生既震惊又困惑。特别是对他离京前留下一纸启事中所引僻典"杀君马者道旁儿"一语颇为费解，甚至以为蔡校长有责备学生之意。10日午后，北大职员段子均从天津带回蔡校长致学生的一封信，内称："仆深信诸君本月4日之举，纯出于爱国之热诚。仆亦一国民，岂有不满于诸君之理。惟在校言校，为国立大学校长者，当然引咎辞职，仆所以不于5日提出辞呈者，以有少数学生被拘警署，不得不立于校长之地位，以为之尽力也。"这封信，道出了作为国民与作为国立大学校长的矛盾心理，也解释了何以事件发生数日后才辞职的因由。北大师生及北京教育界迅即发起"挽蔡"运动，要求政府明令挽留蔡校长。学界"挽蔡"出诸挚诚，而政府方面的所谓"慰留"则虚应故事，毫无真意。蔡元培在天津逗留数日，旋即南下远走沪杭，息影于西子湖畔。几年来在北大经历的风风雨雨，确乎使他感到疲惫，而北方社会浓重的官阶旧习更令人厌烦。置身湖光山色之中，返璞归真而惬意自如，辛劳奔波了大半生的蔡元培此刻确曾一度萌生摒除尘嚣，寄情山水，著书译书，就此终老的意念。他草拟了《不肯再任北大校长的宣言》稿，以惊人的率直倾诉了不愿再任"半官僚性质""不自由"的大学校长的心曲。其堂弟蔡元康显然认为这篇文字不宜发表，遂以自己的名义在《申报》刊出启事，称：家兄患病，遵医嘱摒绝外缘，俾得静养云云。这样，蔡元培便得到了一段相对宁静的"世外"生活。

命运似乎注定蔡元培不可能做"世外之人"。由青年学生发起的"五四"爱国运动，随着工商阶层的参与，终于实现了拒签和约，罢免曹、陆、章的目标，北京学界的"挽蔡"亦随之成功。6月下旬，沈尹默、马裕藻、狄福鼎等北大的师生代表相继南来，力劝蔡元培取消辞意，返校复职。北京政府教育部亦派员促驾。同时，各方面敦劝其复职的函电纷纷而至。众意难违，蔡乃于7月9日通电放弃辞职。然此时胃疾复发，难以即刻北上，他电请北大温宗禹教授继续代行校务，却被坚辞。这样，正在江苏教育会任干事长并主编《新教育》杂志的蒋梦麟便以蔡校长个人代表身份进入北大代理校政。此后，尽管安福系政客曾尝试以胡仁源、蒋智由取代蔡元培，但在北大师生的锐意抗争下均未得逞。不过，经历此番风潮的学生还能安心学业、服从管理吗？蔡的一些朋友担心此后学生"将遇事生风，不复用功了"。蔡本人对"五四"以后学生界的认识要积极、全面一些，但也认为有必要做些"善后"引导。他于返京之前与学生代表谈话或公开致书全国学生，均阐发了这样的观点：此次运动，学生唤醒国民，作用重大，然牺牲学业，代价不轻。青年救国，不可单凭热情，主要应靠学识才力，因而目前应当力学报国。由此，他提出"读书不忘救国，救国不忘读书"的口号。他十分赞赏北京学界关于"恢复五四以前教育现状"的主张，其中显然含有重建学校秩序、继续全力进行学术文化建设的用意。正是怀着这样的愿望，蔡元培于9月中旬回到北京，重主校政。

返校伊始，他便提出进一步完善校内体制，使之不因校长的去留而影响校务正常运转。为此，拟议组织行政会议和各专门委员会，负责日常校务。进校不久的蒋梦麟受命通盘规划，具体实施，这位美国哥伦比亚大学毕业的教育学博士组设总务、教务两个职能机构，并聘请各系教授充任财政等专门委员会委员，使北大行政方面的教授治校渐趋完备。此后，蒋作为总务长，成为蔡在北大后期最为倚重的助手，每每蔡离校远行，均由蒋代理校政。

"五四"之后的北京学界呈现更加自由活跃的局面，各种思想广为传播，各类团体大量涌现，蔡元培仍旧兼容并包，任其自由竞争。胡适、陶行知等簇拥他们的美国老师杜威博士四处讲学而久居北京，实用主义哲学

蔡元培与李大钊、胡适、蒋梦麟

和教育理论喧腾于一时；景仰俄国布尔什维主义的李大钊从 1920 年起兼任教授，其新颖的政治经济学观点和史学理念开始流行于青年中间；新文学运动中诞生的一代文豪鲁迅正式受聘在北大讲坛宣讲其独步一时的中国小说史；"只手打倒孔家店的老英雄"吴虞，也走出四川盆地来到最高学府，继续点评先秦诸子；就是那位从官场上被迫退出来而转向学术研究竟然成果斐然的梁任公，也不时涉足北大校园登台演说，阐发学理、与人论辩……这一时期，蔡元培仍以其信奉的互助论思想，对周作人积极倡导的"新村主义"颇感兴趣，曾在《新青年》杂志上撰文评论周氏所译日本新村倡办人武者小路实笃的著作，并对青年学生发起成立的工学互助团给予热情赞助。

蔡元培还在北大内部大力推行平民教育。他认为，"五四"运动带给学生的最大收益，是他们由此感受到启迪民智的极端必要性，从而能够以空前的热情利用课余举办平民夜校和星期演讲会，编印通俗刊物，这是极为可贵的行动。对此，他不仅高度赞许，而且从校方的角度提供财、物支持。1920 年 1 月 18 日，北大平民夜校开学，他发表演说，称这一天"是北京大学准许平民进去的第一日"。此前，悬挂在马神庙北大门前那块仿佛虎头牌一般的匾额被摘了下来，这无异象征性地撤除了横在最高学府与普通民众之间的一道传统屏障。这样，相当数量的校外旁听生便自由地"登堂入室"，选听课程，构成一派自由、开放办学的宏大气象。应当说，这气象来自蔡元培的教育理想，来自"五四"之后活跃舒展的社会文化氛围。

与此同时，北京大学这个事实上的"男子学校"也开始出现女生的身影。王兰、邓春兰等九位勇敢的女性先后以旁听生身份进入最高学府，同年暑假，她们通过入学考试成为北大的正式学生。为她们的入学敞开大门，开放绿灯的是蔡元培。当时有人责问他：招收女生是新法，为何不先请教育部核准？他回答道："教育部的大学令，并没有专收男生的规定，从前女生不来要求，所以没有女生，现在女生来要求，而程度又够得上，大学就没有拒绝的理。"三言两语，于轻描淡写之中，智巧地破除了传统束缚，开创出我国大学男女同校的先例。此举，对于封建守旧的中国社会不啻是一种挑战。

刚刚经过直皖战争而取代皖系控制北京政权的直、奉两系军阀首领曹锟、张作霖，在中央公园的一次宴会上，竟忽然谈起"姓蔡的闹得很凶"（指实行男女同校等举措），以至要"看管他起来"。这一动向，引起蔡及其朋友们的警惕，李石曾为了减缓矛盾，免生意外，遂鼓动政府派蔡赴欧美考察。1920年10月，蔡元培告别北大师生，陪同杜威和到华不久的英国哲学家罗素等人赴湖南进行学术讲演，他本人亦就文化、美学及教育等问题作了七次系列性演说。一个月后，他便束装启行，踏上赴欧美考察的漫长旅程。

第五章

北大风云（下）

倡导"教育独立"

"不合作主义"

辞离北大以后

一、倡导"教育独立"

　　1921 年 9 月 18 日，蔡元培回到北京。远行归来，环顾海内，依旧是扰攘不已的武人政治和兵戎相见的战乱纷争。在军阀主政的年月里，蔡元培深知苦撑教育残局的艰辛，然而目睹欧美各国教育、科学、文化的先进程度，出自一个教育家的天职和良知，他只能振奋自己，劝慰和勉励他人，共图国家民族的"百年大计"。在北大欢迎他归来的大会上，他劝勉师生们道：从事教育之人，无论遇到怎样的困苦，也不可自行放弃天职。他甚至认为，"罢课是一种极端非常的手段，其损失比'以第三院作监狱'及'新华门受伤'还要厉害得多"。（所谓"以第三院作监狱"，是指 1919 年"五四"事件之后，军警大肆拘捕游行示威的学生，并将其拘禁于北京大学第三院内。"新华门受伤"，是指 1921 年 6 月 3 日，北京大学等校教职员为索薪而在新华门向政府请愿时，被军警殴伤的事件。）这位抱定教育救国信念的大学校长期望师生们不为任何现实障碍所阻，潜心于传播知识和建设学术文化的神圣目标。

　　从这年 10 月始，蔡元培在北大开设美学课程，并着手编写《美学通论》一书。校长亲自授课，吸引了大批学生，据蒋复璁回忆："他教的是美学，声调不很高可是很清晰，讲到外国美术的时候，还带图画给我们看，所以我们听得很有味，把第一院的第二教室完全挤满了……挤的连台上也站满了人，于是没有法子，搬到第二院的大讲堂。"此种盛况，自然有益于校内浓厚教学空气，同时，也集中体现了蔡元培倡导美育的切实努力。还在出任北大校长之初，蔡元培在北京神州学会的一次演说中，将他自民国元年以来一直倡导的美育主张作了进一步伸展，提出"以美育代宗教说"。当时，一些人憾于我国无宗教，致使道德沦丧、国势衰颓，急于要引入基督教；而另一些人则尊孔子为教主，倡立孔教，以维系所谓的"世道人心"。蔡元培认为，在科学发展的近代社会，宗教早已失却了其蒙昧时代曾经发挥的作用，欲陶冶人类高尚美好的情操，莫如舍弃宗教而代之以纯粹之美育。因为宗教教义具有很大的排他性，往往强行令人遵从，而美的"普遍性"和"超越性"特点，可使人类心灵的寄托和纯洁情感的生成变为一个自然过程。他的这一演说词，于同年八九月间先后刊载在《新青年》杂志和《学艺》杂志上，令知识界有耳目一新之感，但人们对于这一主张不甚了然，热心响应者为数寥寥。

到1919年新文化运动处于高潮之际，蔡元培又在《晨报副刊》发表《文化运动不要忘了美育》一文，恳切提醒"致力于文化运动诸君"莫忘美育，他写道："文化不是简单，是复杂的；运动不是空谈，是要实行的。要透彻复杂的真相，应研究科学。要鼓励实行的兴会，应利用美术。……不用美育提起一种超越利害的兴趣，融合一种划分人我之偏见，保持一种永久平和的心境，单单凭那个性的冲动、环境的刺激，投入文化运动的潮流，终不免产生种种流弊。"在这篇文章中，蔡元培将美育与科学并提，视为新文化运动不可或缺的重要内容。到这时为止，至少在北大范围内，美育已在教学和课余生活中占据了一席之地。此后，他利用许多场合，系统宣讲美育的有关理论，出国考察前在湖南所作的七次演讲，竟有四次属于这类内容。他在北大及北京高等师范学校亲自开设课程，更推动了西方美学理论的传播。这些努力，引起教育界人士一定程度的关注和兴趣，主编《教育杂志》的李石岑请他撰文介绍实行美育的具体方法，蔡遂撰成《美育实施的方法》。

依照蔡元培的设想，实施美育须家庭、学校、社会三方面协调一致，从一个人孕育母体中的胎教，到接受各级学校教育，乃至社会生活环境，均注入精妙的美感教育，这不仅要使每一个社会成员具备自觉的"求美"

意识，还需要科学文化相应的发展水平和社会公益设施的充分完善。显然，他为人们勾画了一幅系统美育的理想图景，这绝非可以一蹴而就，却足以成为中国几代教育家追求不舍的长远目标。当然，这一绚丽的美育蓝图提出于 20 年代军阀混战、民生凋敝的时期，与灰暗的历史背景很不谐调，其明显的超前性似乎注定了它在很长一段时间里"曲高和寡"的命运。唯其如此，痴迷于重造国民精神的蔡元培才愈发执着地宣扬美育的价值和意义，并在可能的限度内大力扶植各类艺术教育，健全公共文化设施。蔡一生力倡美育，始终不懈，他基本做了两件事：一是全面介绍西方美学理论，使美育观念至少在知识界初步被接受；二是在中国奠立独立的艺术教育基础，培育了一批美术、音乐等方面的人才。不妨说，蔡的倡导美育，重心不是在构建新的理论体系方面，而主要表现于具体的教育实践。他努力实施的美育，实质上是一种"心育"，是造就高尚情操和完美道德的一种外在途径，是中国士人注重修身养性传统的近代表现形式。他所追求的是感乎于外、发乎于内的自觉的心理完善，而与一般社会倡行某种价值体系迫人就范的道德培养方法大异其趣，可以说这正是其"以美育代宗教"主张的底蕴所在。

通常以为，蔡元培奉行"兼容并包"宗旨无所不包。其实，也有例外，他对于宗教是不肯包容的。1922 年春天，世界基督教学生同盟在清华学校召开年会，引发上海、北京等地激烈的"非宗教运动"。蔡元培以极鲜明的立场，参加了北京非宗教大同盟的活动，并发表演说，指出："现今各种宗教，都是拘泥着陈腐主义，用诡诞的仪式，夸张的宣传，引起无知识人盲从的信仰，来维持传教人的生活。这完全是用外力侵入个人的精神世界，可算是侵犯人权的。"他尤其反对教会学校和青年会诱惑未成年的中国学生信仰基督教，主张"以传教为业的人，不必参与教育事业"。北大教授周作人、钱玄同、沈兼士、沈士远和马裕藻五人曾对非宗教运动表示异议，认为这有悖于"信仰自由"。蔡元培对他们的观点颇不以为然，强调信仰自由应包含信教与不信教的双重自由，实际上是为非宗教运动辩护。时隔数月之后，欧美派女学者陈衡哲致函蔡，对他无条件地赞成非宗教运动表示困惑，函称："观各处反对宗教之电文，几无一能持平心静气之态度者；而且所持之理由，又大率肤浅，不从历史上及学理上立论，但专事谩骂，此岂足以服敌方之心哉？"对于陈女士的抱怨，蔡复函答曰："'非宗教'，本为弟近年所提倡之一端，不过弟之本意，以自由选择的随时进步的哲学主义之信仰，代彼有仪式有作用而固然不变的宗教信仰耳。此次非宗教同盟发布各电，诚有不合论理之言。然矫枉终不免过正，我等不能不宽容之，不忍骤以折中派挫其锐气。"可见，蔡元培拒斥宗教，一以贯之，其中既有维护民族自尊的现实情感，又有出自学识理念的思想根由。

然而时势艰危，尽管蔡元培怀抱发展教育的真切愿望，但教育经费短绌的阴影始终驱之不散。连年的穷兵黩武，耗占了国家的大部分收入，划拨到教育项目上的经费仅为政府预算的百分之一。即使这些，还被经常拖欠，大学教员往往只能领取半月工资。20 年代初，北京"各校的教育经费比从前更加困迫，盼政府发款，像大旱的时候盼雨一样艰难。添聘教员没有钱，购买书籍没有钱，购买仪器没有钱，购买试验用的化学药品没有钱，乃至购买一切用品都没有钱。学生终日惶惶，觉得学校停闭就在旦夕，不能安心求学；教职员终日惶惶，迫于饥寒，没有法子维持生计，亦不能安心授课"。在如此窘迫的情状下，各校要求"教育经费独立"的呼声日渐高涨。蔡元培曾经设想发放教育公债，使"教育经费从由政府间接取得变成直接向国民取得"。

1922 年 3 月，当"教育独立"运动步入高潮之际，他发表了《教育独立议》一文，提出，"教育事业应当完全交与教育家，保有独立的资格，毫不受各派政党和各派教会的影响。"因为教育是百年树人的大计，谋求远效，而政党的政策追求近功，变化不定，将教育委之于政党，必然更变频仍，难有成效；至于教会，则保守成性，拘泥信条，与教育发展的自由规律格格不入。因此，教育事业不可不超然于各派政党和教会之外。那么，如何实行"超然的教育"呢？他的方案是：采用法国的教育体制，在全国划分若干大学区，每区建立一所大学，大学事务，由大学教授所组成的教育委员会主持，并推举校长；教育总长须经高等教育会议承认，不受政党内阁更迭的影响，各区教育经费仿美国的做法，从本区中直接抽税，贫困之区则由中央政府拨付税款补助之。蔡元培的"教育独立"主张及其方案，反映了北洋军阀统治时期中国教育界力图摆脱恶浊政治的困扰，从根本体制上为教育的生存和发展寻求出路的强烈愿望。这固然是历史时代的特有产物，但也是蔡元培这一代知识分子仿行西方教育制度所刻意追求的梦想。

实则，"教育独立"主张由来已久。清末，章太炎即提出教育独立的设想："学校者，使人知识精明，道行坚厉，不当隶政府，惟小学与海陆军学校属之，其他学校皆独立。"其主旨是摆脱清政府对中等以上学校的干预，保证学术教育的自由发展。与此同时，严复亦主张"政、学分途"，而王国维更明确强调："学术之发达，存乎其独立而已。"西方观念的启悟和中国书院的传统，使得上层知识界对学术和教育相对独立于政治已有了清晰意识。1912 年，蔡元培作为民国首任教育总长发表《对于新教育之意见》，其中论及政治家与教育家的区别：政治家是以谋现世幸福为其目的，而教育家则以人类的"终极关怀"为其追求；故而前者常常顾及现实，而后者往往虑及久远。因而他主张共和时代的教育应当"超轶于政治"。在民国肇始、党争甚烈的政治环境中，他组建北京教育部，全然不顾党派之分，请出教育专家、共和党人范源濂做次长，称："现在是国家教育创制的开始，要撇开个人的偏见、党派的立场，给教育立一个统一的智慧的百年大计。"

蔡元培认定大学教育对国家发展具有引领和校正作用，他服膺德国洪堡等人的大学教育思想，注重高深学理研究，信奉学术至上和大学自治，为此着力营造"思想自由"的氛围，力求避开党派干扰，建立一块学术净土，因而使得北京大学的改革成效显著。可是1919年后，北方的办学环境明显恶化，内战连年，政局动荡，国立各校经费奇缺，备受困扰，师生罢教罢课风潮迭起，大学教育面临生存危机。于是，教育界要求"独立"之声大起，从具体的教育经费独立，到进一步的教育体制独立，从而在知识界汇成一股"教育独立"风潮。

1922年初，《教育杂志》《新教育》先后刊发李石岑、周鲠生、郭梦良等人研讨"教育独立"的文章，其中蔡元培《教育独立议》堪称代表作。此时蔡主持北大已五年之久，又刚从欧美考察归来，他明确提出："教育事业应当完全交与教育家，保有独立的资格，毫不受各派政党或各派教会的影响。"因为政党要制造一种特别的群性，抹杀个性，又追求近功，与教育的长远目标不相宜，若将教育权交与政党，政党更迭，教育政策一变再变，教育即难有成效；教会信守教义，妨碍信仰和思想自由，若将教育权交与教会，教育难有活力。他主张仿行法国的大学区制，实施超然独立的教育体制。

对此，教育界人士多有回应，其中以胡适的态度最引人注目。这位"五四"时期的"典范人物"对蔡的主张极为赞成，同年5月他在燕京大学座谈时反复引述《教育独立议》的观点，奉为圭臬。直至1937年抗战之初，胡适参加庐山谈话会，议及教育，他老调重弹，申明"教育应该独立"的意见："其含义有三：一、现任官吏不得作公、私立大学校长、董事长；更不得滥用政治势力以国家公款津贴所长的学校。二、政治的势力（党派的势力）不得侵入学校。中小学校长的选择与中小学教员的聘任，皆不得受党派势力的影响。三、中央应禁止无知疆吏用他的偏见干涉教育，如提倡小学读经之类。"时值国难，胡适非但没有暂时收起"教育独立"主张，反而加倍强调，其用意是借抗战契机，革除国民党官僚肆意插手教育的流弊，以维护文教事业的命脉。

二、"不合作主义"

不过，"五四"时期的"教育独立"运动终于并无实质性成效，北大等国立高校依旧艰难度日。随着国内政局显现某种转机，蔡元培等学界人士开始企盼出现一个"好人政府"。同年四五月之间，第一次直奉战争在京、津附近爆发，双方的十余万兵力在近一个星期的时间里激烈厮杀。为保障学校安全，蔡元培提议组建北大保卫团，由李四光、丁燮林、雄远负责筹备，学生参加者达三百余人。此前，北大刚刚举办了中断六年之久的运动会，重视体育和"知识阶层武化"的现实需要，使这所最高学府破天荒地出现了"学生军"。后来蔡元培还约请军事家蒋百里等来校讲演，对学生进行军事教育。这些做法，与民国元年蔡元培的军国民教育思想是完全一致的。两派军阀的激战，以直系战胜奉系而告收场。此后的两年，直系军阀单独控制了北京政权。这个由英美等国支持的军阀集团，较之当时的皖、奉两系，似乎略具一点清名，特别是那位秀才出身的"常胜将军"吴佩孚颇得时人好感。直系当权，使不少期盼政治清明的人一度想入非非。

早在留学回国之初发誓"二十年不谈政治"的胡适，此时居然也"第一次作政论"，写了《我们的政治主张》一文，当他觉得"此文颇可用为一个公开的宣言"时，便约请北大的十余名同人及校外朋友在蔡元培寓所汇集，经众人讨论修订后，于5月14日联名发表。这篇"书生议政"的文字，主张好人应当站出来参与政治，组织一个为各方面均能接受的"好人政府"，推行政治改革：首先实现南北议和，召集民国六年被解散的国会，制定宪法，进而裁兵、裁官，使国内政治渐次步入正轨。应当说，这一宣言反映了欧美派知识分子和平改良现实政治的善良愿望，在当时舆论界引起一定程度的共鸣。蔡元培领衔发表该宣言，除了政治思想因素外，还与他深悉一般社会的心理趋向有关。故此，当直系政权完成"法统重光"之后，他便电请孙中山终止北伐，结束护法。尽管此举招致一些南方国民党人的严厉指责，但他我行我素，自信此举合乎民意。

在北大任职的几年间，蔡元培基本是作为社会名流涉足国内政治，而较少顾及自己的党派身份，从而在许多问题上表现出相当大的自由度。他与梁启超等"研究系"要员时相过从，以至林长民提议另组新党，拥蔡、梁二人为魁首。他与吴佩孚系统的孙丹林等要员亦曾多次聚首，畅论时局，在一段时间内，他像许多人一样对吴佩孚寄予期待。王宠惠、罗文干、汤尔和等好友终于进入"好人内阁"秉政之后，他与北大同人更几乎成为"院外集团"，定期议政，出谋划策，以致被时人视为北京政界"新清流"。而苏俄代表越飞抵京，他又隐然代表国民党出面与之晤谈。总之，蔡元培这一时期的政治活动虽非主要方面，却也显得颇为活跃和复杂。

这一年的暑假，国内教育界人士齐集济南，举行中华教育改进社第一次年会。蔡元培作为该社董事向大会致开幕词，会议重点是讨论修改学制问题。9月下旬，北京政府教育部召开学制会议，审议和通过学校系统改革草案等议案，蔡元培又以会议主席身份主持其事。随后公布的新学制（即壬戌学制），较之民国初年的"壬子癸丑学制"有了很大的改进：小学由七年缩短为六年，义务教育暂以四年为准；注意地方实际需要，不做硬性规定；重视学生的职业训练和补习教育；课程设置和使用教材侧重实用；实行选科制和分科教育，兼顾学生升学和就业两种需要。同时，新学制还确定了普通教育的"六三三"制。此次教育改革所确立的改革标准中有"发挥平民教育精神""谋个性之发展"等项，这与蔡元培平素的教育主张十分吻合，显然他为新学制的制定和实施做出了自己的努力。

蔡元培任职北大的最后一个学期，是在十分困难的境况下度过的。整个8月，他与北京其他七所国立高校的校长一起同政府进行顽强交涉，力求解决教育经费问题。他切感"解决经费困难，实一最大而最重要之事"。因为，"开学在即，不名一钱，积欠在五月以上"。向政府索要欠款的同时，北大在经费开支方面也采取相应措施，其中规定向学生征收讲义费。此举导致一场学生直接抵制学校当局的风波。10月17、18日学生代表数十人先后到会计课和校长室请愿，要求校方撤销征收讲义费的校令，蔡元培向学生耐心解释无效，双方形成僵局，学生意欲罢课，蔡则断然辞职。随后，北大其他行政人员亦连带辞职，校务陷于停顿。后经多方调解，蔡收回辞意，仍返校主政，历时一周的"北大讲义费风潮"始告平息。收费暂缓实行，学生冯省三却被开除。社会上对此次风潮议论纷纷，而个中情由及其苦楚，只有蔡元培等主要当事者体会最深切。在政治、经济状况不足以维持公益事业的社会环境里，求学难，办学尤难，人们大可不必苛求某一方面而任施褒贬。

　　1922年12月，北京大学创建二十四周年。17日，校内举行纪念会，蔡元培发表讲话，回顾和总结了这所最高学府的发展历程。他说：北大的二十四年可分三个时期。自开办至民国元年，为第一时期，在这十余年间，学校历经波折，其体制主要是模仿日本。开办之初，北京环境多为顽固派所包围，办学的人不敢过违社会上倾向，学校方针实行"中学为体，西学为用"。故教者、学者大都偏重旧学，西学方面不易请到好的教习，学的人也不很热心，很有点看作装饰品的样子。但是，中学方面参用书院旧法，考取有根底的学生，在教习指导之下，专研一门，这倒是有点研究院性质。自民国元年至民国六年，为第二时期，校长和学长多为西洋留学生，加之国体初更，百事务新，大有完全弃旧之概。教员、学生在自修室、休息室等地方，私人谈话也以口说西话为漂亮。那时，中学退在装饰品的地位了。

但当时的提倡西学，也还是贩卖的状况，没有注意到研究。自民国六年至今，是第三时期，校内提倡研究学理的风气，力求以专门学者为学校的主体，在课程方面也是谋求贯通中西，即如西洋发明的科学，固然用西洋方法来试验，就是中国固有的学问，也要用科学方法加以整理。这番讲话，概括地论述了北大的发展历史和各时期的特点，其中对他主持校政六年来学校所发生的变化也作了客观陈述。可以说，蔡元培对自己在北大的一番作为充满了自信。

在蔡元培发表上述讲话前一个月，北京发生了轰动一时的"罗文干案"。罗文干是北大兼职教员，曾在《我们的政治主张》上签名，时为所谓"好人政府"王宠惠内阁的财政总长。王宠惠内阁在政治上倾向于吴佩孚，招致直系军阀内部曹锟一派的不满，众议院议长吴景濂等迎合曹锟一派，诬指罗文干签订奥国借款展期合同有受贿行为，致使总统黎元洪下令将罗逮捕，造成内阁危机。经过近两个月的司法审理，1923 年 1 月 11 日，罗被无罪释放。但军阀政客集团不肯罢休，候任教育总长（提名人）彭允彝竟献计提出复议，致使罗再次蒙冤入狱。目睹这种种政治阴谋和卑劣行径，蔡元培已无法忍受，他认为彭氏此举是蹂躏人权献媚军阀的勾当，而在情谊上又深信罗的为人和操守，为其打抱不平。于是与汤尔和、邵飘萍、蒋梦麟等人商议此事，均认为应有所表示，蔡遂于 17 日愤然提出辞职。

他在辞呈说："数月以来，报章所记，耳目所及，举凡政治界所有最卑污之罪恶，最无耻之行为，无不呈现于国中。……元培目击时艰，痛心于政治清明之无望，不忍为同流合污之苟安，尤不忍于此种教育当局之下，支持教育残局，以招国人与天良之谴责。惟有奉身而退，以谢教育界及国人。"这可能是近代中国最直率、最能体现知识分子气节的一份辞职书。两天之后，他在各报刊出不再到校视事的启事，当即离开北京。随后，便发表了那篇著名的《不合作宣言》，向世人剖白心迹：

"我是一个比较的还可以研究学问的人，我的兴趣也完全在这一方面。自从任了半官式的国立大学校长以后，不知道一天要见多少不愿意见的人，说多少不愿意说的话，看多少不愿意看的信。想每天腾出一两点钟读读书，竟做不到，实在苦痛极了。而这个职务，又适在北京，是最高立法机关行政机关所在的地方。止见他们一天天的堕落：议员的投票，看津贴有无；阁员的位置，禀军阀意旨；法律是舞文的工具；选举是金钱的决赛；不计是非，只计利害；不要人格，只要权利。这种恶浊的空气，一天一天地浓厚起来，我实在不能再受了。"

在蔡元培看来，一个政府到了不可救药的地步，有德能的人便应离它而去，这即是不合作，持不合作立场的人多了，政府自然也就消亡了。他曾在不少场合宣扬这些高妙的道理，此刻则躬身实践其"不合作主义"了。这是一个正直的人在愤世嫉俗时所做的"自由主义"选择。不论外界舆论如何品评此举，北方的胡适撰文称赞也罢，南方的陈独秀指责其消极也罢，这一次，蔡元培是决心高蹈远引了。北大师生的"驱彭（允彝）挽蔡"、北京政府的被迫"慰留"，只不过使他又保留了几年校长的名义，而北京大学的"蔡元培时代"至此则是无可挽回地结束了。

三、辞离北大以后

在近代教育史上，一所大学对其校长的信任和依赖程度之深以至这个位置竟非他莫属的极端事例，似乎当属1923年初蔡元培辞去北京大学校长以后在他与北大师生之间就去留问题所进行的"周旋"了。此一过程迁延数年，横贯蔡氏"暂居校长之名"的整个时期，直到1927年夏季奉系军阀入主北京"整合"国立各校，蔡元培的校长名义才在事实上不复保留。这一事例本身固然凸显出蔡校长革新最高学府取得成功，赢得师生拥戴；

同时，也显现出蔡氏秉持"个体自主"理念，寻求自由空间而摆脱外力羁绊的一面。

蔡元培自 1923 年 1 月 18 日晨离京（前一日提出辞职），至 4 月 6 日晚乘海轮南下上海，其间在天津暂住了两个半月之久。尽管他已经"萌生去志"，但是断然辞职离京后，尚需要观察后续事态的发展，当然也希冀局面有所转圜，必要时返京交接职务以及筹谋未来的行止，这些应是他一度滞留津门的原因。

蔡元培的辞职，引来北大师生新一波挽留校长的抗争，学生们罢课请愿，教师们函电交驰，北京教育界"驱彭挽蔡"一时间颇具声势。大总统黎元洪的态度饶有意味，对蔡、彭二位均予"慰留"，彭氏进而正式履职。如此局面，使蔡元培返京之路被阻绝，至迟到 2 月底他便下定了远走欧洲的决心，随即向远洋客运公司询问赴欧的船期。这期间天津《益世报》也刊出《蔡子民将乘桴浮海，津门不愿久留》的消息。3 月下旬，北大总务长蒋梦麟、原教务长顾孟余等人来津与蔡元培面谈，显然他们的核心话题应是如何维持校长出走后的学校局面。不久，蔡离津赴沪，暂住科举同年、商务印书馆主持人张元济寓所。

上海蔡元培故居

在上海，蔡元培首先联络国民党内的同志，先后与汪精卫、胡汉民等人聚谈。此时，在广州的孙中山委托北大教授石瑛（国民党人）转致蔡元培一函，请他来穗翊赞军政要务。蔡复函以儿辈将赴欧洲留学需要照料、自己拟撰一书须赴欧收求资料为由婉言推脱，内中特别提及："现在军务倥偬，麾下所需要者，自是治军筹款之材，培于此两者，实无能为役。俟由欧返国，再图效力，当不为迟"。此刻，他婉言回绝孙中山的招请，显然仍是"自由人"的惯性在起作用。

在同盟会暨国民党内，蔡元培的资历和地位比较特殊，不过就人际关系而言，他与曾经旅居欧洲的吴稚晖、李石曾、汪精卫等人相对来往频密，在志趣上也有不少共同点。其中他与早期的汪精卫还建立起合家之好。蔡元培辞离北大来到上海，安顿下来后首先拜访的就是汪精卫夫妇，他回复孙中山的信函也是托汪转交。稍后，汪精卫给回绍兴家乡小住的蔡元培发来一信，内称："兹有恳者，蒋君介石，为十余年之同志，现任大本营参谋处处长。盖自六年以来，粤中军事计划，大半皆其手创，为中山先生军事辅佐之数一数二之人才也。去年丧母，曾托铭乞先生为作传略，铭迫于事，匆匆不果。今渠复申此请，铭前曾已为作墓志铭。以蒋君之为人，及其太夫人之贤行，似可不辱先生之笔墨。如承俯允撰就寄下，以便转交，不胜感荷。"蔡元培是否应汪氏所请为蒋母撰写了传略，如今已难以查考，但蔡开始知悉或留意党内"新秀"蒋介石其人，汪氏此信无疑起到了中介和提示的作用。蔡、汪何曾料想到，仅仅三年之后，他们的政治定位竟要以这位当年的"参谋处长"为其主要坐标了。不过，蒋氏"未发迹"时要透过汪向蔡老前辈讨"笔墨"，证明蔡、汪之间存在某种渊源关系，直至30年代中期汪精卫负气辞去行政院长避居青岛，蒋还求助蔡元培前往劝留，当然这已是后话。

在上海，蔡元培还访晤了国学大家王国维。4月末，蔡前往爱俪园访王不遇，留下一信，王见信来访，隔日蔡又回访，二人作一夕长谈。蔡日记载述："看静安，彼对于西洋文明很怀疑，以为不能自救（因我告以彼等已颇觉悟），又深以中国不能防止输入为虑。我询以对于佛学之意见，彼言素未研究。询以是否取孔学，彼说大体如此。彼以为西人之病根在贪不知止。彼以为科学只可作美术观，万不可应用于实际。"蔡的记载虽简略，却颇得精要。

同年晚些时候胡适也同王国维有一番深谈，胡适日记撮录王的观点与蔡所记相当地吻合。显然，王国维的西洋观与蔡、胡等"北大派"明显相左，但看重"学诣"的北大当局却从1918年始连续四年苦苦相邀，直至静安先生应允担任通讯导师。北大视王为纯正学者，其余在所不计；而王视北大为学术与政治的复合体，取舍两难，双方关系曲曲折折不甚自然，症结在此。蔡元培访晤王国维，固然是他"学术至上"理念的表现，也多少显现出蔡早年与罗振玉交好生发的情谊延展。

颇有意味的是，蔡元培这段时间游走于沪杭绍（兴）之间，为他的第三次婚姻和出国进行准备之际，已经向北大请长假而到南方修养的胡适又常常伴随其身边，蔡、胡交谊此时已经相当稳固。当然，如同历次负笈远行均需要商务印书馆在经费上施以援手一样，蔡元培计划中的欧洲之行，再次得到张元济预先支付的稿酬和薪水。

不过，北京大学师生挽留蔡校长的决心异乎寻常地坚定，来自北方的劝归活动始终如影随形地纠缠着企盼开始新生活的蔡元培。就在他离校的第二天，北大全体教职员大会通过决议：除蔡元培外，不承认任何人为北大校长。北大学生会更发表宣言称：倘若政府方面另行委派校长，"则唯有以极激烈之手段对付，誓以三千学子之热血，涤此大学历史之腥膻！"北大评议会对于走马上任的教育总长彭允彝采取了完全不合作的立场，"无日不以驱此恶物为职志"。据传，彭允彝曾先后试图由章太炎、章士钊、杨度等人取代蔡元培，却均未如愿。这一年的"五四"纪念游行，北大等校学生冲击并捣毁彭氏宅邸。面对如此"彪悍"的北大师生，政府当局只能"俯顺舆情"，保留蔡校长职务，不敢再有丝毫造次。

如此一来，留待解决的问题便是劝请蔡氏收回辞意，返校视事了。首要的急务是，在蔡回归之前如何维持校务？蔡元培辞职未获允准，对北大校政仍负有责任，也就不得不一再通过函电交代"善后"。4月间，他致电北大评议会，指定总务长蒋梦麟代理校长职务。蒋随即复电，坚称只肯作为蔡的个人代表留守校务，而"兹命代理，于学校、个人均感不易维持……惟长夜梦多，当求万全之计"。蒋梦麟显然不愿给政府方面以可乘之机，蔡只得同意。到了5月下旬，北大师生确切得知蔡元培将远走欧洲，又纷纷致电，恳切陈词，请其务必"打消游意"，甚至在电文中出现了"至万不得已时，则虽以实力阻先生之登舟亦有所不辞"。可见教职员和学生们挽留蔡校长的殷殷之情。

6月中旬，彭允彝终于去职，北大师生分别派出代表陈启修、李骏等人"到浙迎驾"，劝请蔡元培返校复职。面对时局的变化和师生代表的真情相劝，蔡元培本已坚定了的去意又呈现松动迹象，他表示"政局如有清明之端绪，则我于赴欧以前，一度进京亦无不可"。闻知此情，老友张元济迅即来函相劝："知兄将有北京之行……今之政府，万无可与合作之理，能则摧灭之，扫荡之，否则惟有避之而已。兄前此辞去北大，弟所深佩，甚望能终自坚持也。"张元济早先亦是政治中人，作为"戊戌孑遗"转而从事出版事业，身居沪上，与南方党人多有来往，对北方政局具有旁观之智。老友的提醒，促使蔡元培改变了主意。

此时，曹锟贿选丑剧徐徐启幕，贸然北返更非其时。于是，蔡只得违拗北大上上下下的好意，断然决定径直启程赴欧。张元济再来一函："我兄北京之行，业经作罢，闻之甚慰。此时都中只可谓之无政府，迁流所极，恐尚有不止于摧残教育者。狂澜既倒，固非只手所能障而挽之也。"蔡元培身边有张元济这样的政治观察家在，其影响力不可小觑。

启程赴欧之前，蔡元培接连致函北大教职员、北大学生和北京国立各校教职员联席会议，提出了他的"根本解决"方案："对于北大及其他北京国立各校之根本救济，鄙意宜与北京政府划断直接关系，而别组董事会以经营之……（北大方面）董事会未成立之前，拟请教务长、总务长与各组主任会设委员会，用合议制执行校长职务，并请委员会公推主席一人代表全权"，如此进行，"培一人之去，又何关轻重耶？"他告诫说："国立八校当此危险时代，若不急筹高等教育独立之良法，势必同归于尽。"而对于北大学生，他提出了十分具体的建议："北大校务，以诸教授为中心。大学教授由本校聘请，与北京政府无直接关系，但使经费有着，尽可独立进行"，应别组董事会以维持和发展校务，"但董事会未成立之前，不能责诸教授为无米之炊，似可以学生诸君暂任之。姑以两千五百人计，若每人任筹三百元，即可得七十五万……培以为电报政策、群众运动，在今日之中国均成弩末。诸君爱国爱校，均当表示实力，请于维持母校一试之"。

蔡元培对于北京政府的极度失望，导致了"教育独立"（具体表现为高等教育独立）的构想和诉求，其中固然有受到欧美教育理念影响的因素，但此时提出这样的设想，却是被逼无奈所致。作为国立大学而与政府划断关系，另组学校董事会，可谓相当大胆之举，具有教育家和革命家双重经历的蔡元培，此刻凸显出其"革命魄力"的一面。不过，独立运作的董事会究竟能否组成，"民间人士"如何独力支撑国立大学，实在也属"大胆的假设"而已。至于在董事会成立之前，由学生出资筹措大致每年七十余万的学校经常费，更属异想天开。殊不知，仅仅在半年前增收一元几角钱的讲义费尚酿成在社会上令北大当局尴尬不已的校内风潮，如今以"爱国爱校"相号召就能实现如此飞跃，而使诸教授可做"有米之炊"并保证校务运作如常？蔡先生一生理想色彩颇重，其成事在于此，其失败亦在于此。北大师生接获蔡校长的建议后作何感想，不得而知，但有了这番交代之后，蔡元培便于7月下旬"乘桴浮于海"，远走欧洲了。

蒋梦麟最初以蔡元培的个人代表身份代理校务，几个月过去，这种临时办法终不能没有期限。蔡在前述解决方案中提出用"合议制"代行校长权力，为他的北大同事们所不能接受，评议会决议：校长职务仍属蔡元培，蔡校长回校前，代理校长职责者，或由个人担任，或委诸集体负责，请蔡校长择其一决定之。蔡元培随即复函表态："元培愿取消前议（即合议制），主张请个人负责"，"仍请总务长蒋梦麟教授任之。蒋教授所任之总务长将满期，照章不能再连任。但现值危急之秋，骤易生手，必多窒碍。拟请修改校章，将总务长只准连任一次之条文删去。总务长代理校长期间，支校长薪俸。"北大评议会基本同意了蔡校长的主张，只是对校长薪俸作了如下决定：仍付蔡校长原薪六百元，而以其中三百二十元分给蒋梦麟教授。这样，蔡元培居校长之名、蒋梦麟代理校务的局面，就在"法度"和技术层面确定下来。

同年底，北京政府教育部发布部令："国立北京大学校长蔡元培在欧洲考察未回校以前，派蒋梦麟代理校长。"教育部以行政"追认"形式认可了北大的既成事实。其中蔡在欧洲考察一节，则是蒋梦麟运用行政智慧与教育部周旋"商洽"的结果，所援引的是北大教授连续任教五年可享受出国休假待遇的有关规定，其用心可谓良苦。蒋氏代理校长达两年半时间，适值政潮汹涌、办学艰难之时，梦麟虽无发展之力，却有维持之功，其间的繁难苦涩，不难想见。此段经历，造就了他日后连续担任北大校长达16年之久的厚重根基。

8月末，蔡元培偕同家人到达巴黎。这是他第五次踏上欧洲的土地，与前几次旅欧不同的是，"五四"以后北京大学到此留学的教师和毕业生几乎构成了一个小小的华人社会。罗家伦、傅斯年等留学生陪同他到德、英等国出席会议及活动。其时，刘半农、朱家骅、陈启修等北大教员均在欧洲研修，蔡元培几乎沉浸在海外北大人的眷顾之中。蔡元培还结识了两位不凡的留学生——陈寅恪和俞大维，并为二人办理了将来到北大执教的预任聘书。这期间，他还接受北京教育部的委托，赴荷兰、瑞典出席世界民族学大会。蔡元培晚年的学术兴趣已经集中到民族学研究上来，为此他采纳德国学者的建议，迁居到此项研究条件较好的汉堡拟作专心研究。

1924 年秋，北京政局发生激变，贿选总统曹锟黯然去职，与北大素有关系的黄郛出任总理并代行总统职权。北方政局出现转机，国内各派政治势力正在重新组合角逐政柄。随后，北大方面劝请蔡元培速归的函电便像雪片般飞来，蒋梦麟、顾孟余、李石曾等人及评议会力劝蔡校长返国。旅欧的北大师生也参加到这支劝归队伍之中，傅斯年、罗家伦均写来长信，刘半农则受命就近相劝。蔡元培只得以个人学术研究碍难中断为理由与之周旋延宕。他在回复傅、罗二人的信中相当坦率地剖白了心迹：

> 关于北大之问题，弟（蔡谦称，下同）自忖精力实不能胜此繁剧，若以梦麟、石曾诸君任之，实较为妥当。校中同人往往误以"天之功"一部分归诸弟，而视弟之进退为有重要之关系。在弟个人观察实并不如此，就既往历史而言，六七年前，国内除教会大学而外，财力较为雄厚者惟北大一校，且校由国立而住在首都，自然优秀之教员、优秀之学生较他校为多，重以时势所迫，刺激较多，遂有向各方面发展之势力。然弟始终注重在"研究学术"方面之提倡，于其他对外发展诸端，纯然由若干教员与若干学生随其个性所趋而自由申张，弟不过不加以阻力，非有所助力也。即就"研究学术"方面而论，弟旁通多，可实未曾为一种

有系统之研究，故亦不能遽有所建设。现在如国学研究所等，稍稍有"研究"之雏形者，仍恃有几许教员、几许学生循其个性所趋而自由申张，弟亦非有所助力也。然而弟对于研究学术之兴会，乃随年而增进。孔子曰："朝闻道夕死可矣"。无论有无成功，必欲尽一时期，一尝滋味。此次来欧，本已决脱北大关系而专心于此，后来因种种关系，不能不暂居其名。弟以为，既有其名，势不能闭门读书而不与外事，故对于教育事业或学术集会，不能不参与，事后思之深觉非计，自今以后，于此等关系亦将一概谢绝，惟对于北大居名而旷职，深为不安，当亦谋所以解决之，惟冀知我者能见谅而已。

这应是迄今所见蔡元培离开北大以后对自己的大学校长经历进行回顾的最早文字，亦是他几乎未作润饰的内心独白，为了说明自己不愿再回北大的理由，他甚至对在最高学府的一番"作为"也直言无隐地道出了内心的真实感受。他这番向自己最器重的两位北大弟子所作的"真情道白"，值得重视。

尽管蔡元培力求守护个人自由选择，但也不免陷入身不由己的困境，以至于不得不做些变通和妥协。到1925年初，他终于应允暑假临时回国返京一次，以处理蒋梦麟"深感束手"的种种难题，不过他提出附加条件：暑期后再"续假一年"。行期初订于5月间，后延至9月，又改为11月，最后动身返国已是12月中旬。从这个时间表可以窥知，北大方面望眼欲穿，锲而不舍，而蔡元培则一再延宕，进退两难。在回国路线的选择上，李大钊曾经建议蔡走陆路，顺便在苏联停留参观数日，并请苏方事先安排。蔡未予采纳，仍走海路，于1926年2月初返抵上海。

约一个月以后，上海《民国日报》披露了一则蔡给北京友人的电文："去国数年，一旦返籍度岁，甚觉愉快。目前时局愈形紧张，拟暂不北上。"

此时，南方国民党已准备兴兵北伐，南北关系自然"愈形紧张"。不久，吴佩孚在汉口接受英文《密勒氏评论报》主笔采访时称：中国有过激主义，始于孙文，北方则有蔡元培等人，年少之士被其所毒，必须加以遏制！此番言论经北京各报转载，似乎增加了蔡氏返京的难度。

不过，北大师生向蔡校长发出"促归"的声浪反而更高，连自称教课之外从不过问校事的周作人也致信蔡元培，对其滞留沪杭深表困惑，直言："北大近三年来，无日不在危疑困顿之中，……先生似亦不便坐视，况实际此刻已至途穷日暮乎！"值得注意的是，周的来信还提到："教授治校，此为北大之特长，使校长不妨暂离之原因。但以个人观之，成绩亦未可乐观，如教务长与总务长不能兼任，载在章程，最近改选教务长，乃即由现任总务长当选兼任，该项章程，在此次选举似已不发生效力，故北大法治之精神实已有疑问。不得不望先生之来而加以补救者也。"

这里就触及北大内部深层次的问题以至人事纠葛了。联想到前述蔡校长为了适应非常之需，而提议删去校章中总务长只能连任一次的条文之举，宽容民主如蔡先生尚且如此灵活地视现实需要而改动他自己主持制定的章程条文，他人又如何能够确保学校法规执行中的庄严与严肃呢？看来，中国大学的法治之路还相当漫长。北大"非蔡元培不可"的现象说明，所谓"教授治校"还仅仅处于萌芽状态，还未成熟。蔡元培以胃病发作暂难北上等语回复周作人。以后来的情形观察，周对蔡大失所望，以至两年后在北平大学区风潮中暗持"反蔡"立场。

感到失望的不仅周作人，胡适亦有同感。蔡元培回到上海不久，即与南来的胡适会面。胡适北返后，不断致函蔡元培，促其返校，又托丁文江就近催促，甚至以若迟迟不来将"丧失资格"相警示。这期间，北大方面曾以评议会名义函告蔡校长："本校经费，积欠已达十五阅月之久，最近三数月，校费之枯竭，尤为历来所无"，俄国退还庚款，为数甚巨，可用来接济国立各校，"先生为俄款委员会之委员长，如能及时北来，进行此款，益以蒋梦麟先生及其他本校同人之辅助，大概可望成功"。显然，北大同人此时迎请蔡元培回校，已经抱有具体目的：由他出面促成以俄款救济嗷嗷待哺的北大及国立各校。酝酿此事者，应当主要是蒋梦麟，胡适肯定亦参与其间。6月下旬，胡适再次致函蔡元培，"报告各难得教员纷纷他就之警讯"，其中钢和泰先生亦可能将一去不还，因此请蔡先生以"从井救人"的气度迅即北上。然而，蔡元培对于所谓"俄款委员会之委员长"一事并不了解内情，对蒋梦麟等人饥不择食过于热衷取得俄款也持保留态度，更为关键的是，北京政府又在谋划以他人取代北大校长位置，将蔡排入"先辞职"或"待免职"之列。故而，蔡元培采取主动，于该月末正式提出辞职。他给胡适的复信中申诉自己的主张，一再请"求恕弟之罪"，称："弟对于先生不敢不求谅解，而其他则毁誉听之，不愿与辩也。"从中可知，蔡氏再次辞职，原因复杂，使得北大一些人感到失望也是实情。

蔡元培的辞职，又一次使北大动荡起来，教职员代表钟观光、谭熙鸿专程南下坚请蔡取消辞意，北京教育部面对各方压力也只得表示"慰留"。最后竟形成这样的默契：蔡不再坚持辞职，而北大也不再催促蔡返校，北京教育部则不轻易触动北大校长这个"敏感地带"。如此这般，蔡元培"暂居校长之名"的状况又延续了一年……事实上，蔡元培此时的工作重心已经转移，奔走于江浙地区策应国民党北伐，重新回归其政治生涯。因而，有一种苛刻的说法认为蔡有"弃职北大之嫌"。然而，不论怎样，蔡元培虽然离开了北大，而他的治校精神却永远留在了北大，这是毫无疑问的。

当年章太炎曾评论说，蔡元培自民国以来，"国安则归为官吏，国危则去之欧洲"。近年人们的议论则表现出更多"同情之理解"：蔡先生乃理想主义者，他的抱负，大到济世明道，小到自己的学术志向，似乎挫折多于实现。他的屡屡去国归国，表明他与现实的痛苦关系，他的不断辞职而又辞不掉，像是进进退退的角色，则显现出某种双重命运，既是参与型的"行动人物"，又是超越型的"观念人物"。这种两难冲突，造成他难以摆脱的心理焦虑和岁月蹉跎。（吴方《世纪风铃：文化人素描》）他们的评论，或许有助于人们深度认知蔡元培之"本真"。

第六章

晚年：亦学亦政

元老参政

教育试验和科技事业

长眠香港

一、元老参政

1926 年 2 月蔡元培回到上海。初入国门，他便在沪上的沧州饭店接受《国闻周报》记者采访，就时局问题发表意见。关于教育，他明确表示，"今日学生界之浮嚣现象，余至不赞成"，一些学生的活动，是"由少数人操纵其间"，那种"强人以同，不惜出于恫吓无理之手段"，完全背离思想言论自由原则。关于共产主义，他说："共产主义，为余素所服膺者。盖生活平等、教育平等，实为最愉快、最太平之世界。然于如何达到此目的之手段，殊有研究、讨论之余地。以愚观之，克鲁泡特金所持之互助论，一方增进劳工之智识与地位，一方促进资本家之反省，双方互助，逐渐疏瀹，以使资本家渐有觉悟，以入作工之途，则社会不致发生急剧之变化，受暴烈之损失，实为最好之方法。若夫马克思所持之阶级斗争论，求效过速，为害无穷。"他认为，俄国的共产主义试验，徒凭理想，已"遭遇失败"，中国"既有前车之失，又何必重蹈覆辙"？这是他回国之后第二天表明的个人见解，足以说明他这一时期对国内问题的观察和立场。

回国之后，蔡元培面临着重要的政治抉择。是北上入京，像北大师生所盼望的那样，仍旧充任北京政府委任的大学校长，还是"不合作"到底，为南方政府即将开始的军事北伐做政治上的策应？他选择了后者。这既有他个人做出的决断，也有明察时局的朋友们劝导的因素。此后一年间，他参与了苏皖浙三省联合会工作，以"联省自治"反对占据东南五省的军阀"联帅"孙传芳，配合北伐军的军事行动。并且，与褚辅成、陈仪等在杭州宣布浙江自治，进而筹组浙江省政府。此时，北伐军总司令蒋介石函请蔡元培为浙江政治会议委员及政务委员会委员等职，并请其在张静江返浙之前，代理政治会议主席职务。可以说，这是蔡元培以元老身份涉足国民党政权的开始，也是他与蒋介石建立直接政治联系的最初阶段。由于东南局势的反复，蔡元培与马叙伦等人为躲避孙传芳的通缉，曾于1927年初避走福州、厦门等地。随着2月中旬北伐军进入杭州，他便开始正式代行浙江省政务。

北伐军进入长江流域以后，国民党内在对待共产党及其工农运动等问题上的分歧日益表面化。蒋介石在南昌自成中心，抗命武汉国民党中央。他在政治上的迅速"右转"，得到相当一些社会势力的支持。被称作国民党四位元老的蔡元培、吴稚晖、李石曾、张静江采取了一致拥蒋立场。蔡没有张、吴等人与蒋的那种渊源关系，此前他与党内这位"后起之秀"的接触也非常一般。蔡之倾向于蒋，除了江浙势力的连带影响之外，恐怕与对时局的共同认识不无关系。1927年4月间，蔡在上海与蒋频繁往来，成为这一时期该政治圈内的一个重要人物。蒋与"四老"及其他军政要员就"清党"和在南京建立政府的连日密商，蔡与闻其间；国民党中央监察委员会的部分委员数次开会，以中央监察委员会名义讨论和通过由吴稚晖提出、拟就的弹劾共产党的文告，蔡则作为会议主席主持会议并提出"取消共产党人在国民党党籍"的动议；蒋氏国民政府在南京成立，蔡代表国民党中央党部授印，同时发表演说，痛诋武汉政府为俄国人操纵之"破坏政府"。

1927年8月25在南京

此后，蔡元培在南京政府中一度出任要职，表面上看，这一时期成为他从政生涯的高峰。

国民党的"清党"，导致大批共产党人和进步青年的惨遭屠戮，血雨腥风使知识界为之震惊。上海商务印书馆的青年编辑胡愈之目睹发生在宝山路的惨状，遂起草一份抗议书，经郑振铎、章锡琛、周予同、李石岑等同人签名，"交给国民党中央委员中的文化界著名人士蔡元培、李石曾、吴稚晖"。远在北方的周作人也在他主编的《语丝》上先后发表《怎么说才好》《功臣》等文，抨击"清党"中的残虐行径，进而指出："最奇怪的是知识阶级的吴稚晖忽然会大发其杀人狂，而也是知识阶级的蔡（元培）、胡（适）诸君身在上海，又视若无睹……"他认为，"南方之事全败于清党"，而"吴、蔡诸元老"难卸其责。当年曾是国民党左派的柳亚子在后来忆及这段经历时写道："蔡先生一生和平敦厚，蔼然使人如坐春风，但在民国十六年上半年，却动了一些火气，参加清党运动。一纸用中央监察委员会名义发布的通缉名单，真是洋洋大观，连我也受影响。"显然，蔡元培参与"清党"，使得"五四"以来的一些知识分子曾产生失望情绪。蔡元培

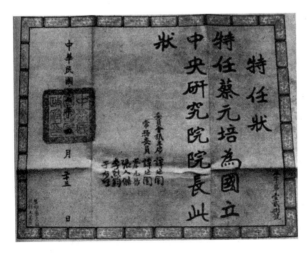

特任状（中央研究院院长）

参与"清党"，有其思想上的根由，前述其归国之初的言论，可知他反对俄国式阶级斗争的政治倾向；同时，他站在维护国民党的立场上，对吴稚晖所提"共党谋叛情形"及"苏俄的企图"抱有同感，因而很自然地投入到这场所谓"护党救国"的运动之中。但他毕竟仍是"书生从政"，在"清党"实施过程中，不赞成乱捕滥杀，希望将这种政治上的弹压纳入比较规范的"法治"程序。

从1927年"宁汉合流"到20世纪30年代中期这段时间，蔡元培在南京国民政府中的处境和作用比较微妙，他的政治取向似乎有较大幅度的摇摆，后人对他的认知也因立场视角的不同而存在不同"解说"。其实，蔡元培的活动重心仍在教育、科学和文化的行政管理方面，先是出任大学院院长，后又主持中央研究院。当然，六十岁以后的蔡元培曾经一度代理（兼任）司法部长、监察院长等职，并以元老身份调停国民党内各派之间的矛盾冲突，尽力维护统一平衡的政治格局。随着他对蒋介石统治集团失望和不满的增加，又开始与国民党内的左翼力量建立联系，在保障人权和推动抗日方面用力尤著。总之，这个时期蔡元培社会政治活动相对复杂，需要搜求更多的第一手资料加以梳理，力求作出合理的解说。

1928年8月，由于试行大学区制受挫，加之国民党内的派系倾轧，蔡元培提出辞去大学院院长和代理司法部长等本兼各职。10月，他致函蒋介石、胡汉民和谭延闿，表示："此后，愿以中央监察委员之资格，尽力于党务；以政治会议委员之资格，尽力于政务；以中央研究院院长之资格，尽力于教育、学术。"不妨说，这是蔡元培遭遇事业上的重大挫折之后，为自己在南京政府中所选择和确定的基本位置，从后来的活动看，他大抵是依此行事的。

对于1928年8月17日蔡元培辞职一事，后来被一些史家描述为关键性"转折"：蔡从此出都门而去定居沪上，极少来南京，进而与最高当局"决裂"云云。这样的叙述与史实颇有出入，至少是将后事前移了。辞职以后，蔡元培仍来往沪宁之间，从事公务，其行踪载于当时"京沪各报报端"。1929 年间，蔡元培的国务活动颇为频繁，他与蒋介石等高层人士的相互往来也时有所见。1930 年以后，蔡到南京的次数逐渐减少，不过应该看到，上海始终是南京之外的另一政治舞台，一些"党国大老"聚居于此，国民党及国民政府的一些幕后活动常常在此酝酿生成，蔡元培作为国民党政治集团中的重要一员自然参与其间，其在宁、在沪，不应成为判断其政治立场的主要标尺。

在蔡元培晚年"从政高峰"期间，他的一个重要使命，便是平息学潮、弥合党内派系纷争，实际上是一个救火者兼"和事佬"的角色。北京大学师生为反对北平大学区发生风潮，蔡责无旁贷地出面平息，并一度兼任北大校长，使北大安然渡过"多事期"。交通大学出现校长危机，蔡亦暂时兼领，以求平稳过渡。国民政府的"首都大学"中央大学连续发生学潮，拒绝和殴伤校长，政府强令解散该大学，其后成立"中央大学整理委员会"，蔡再次救火，出任该委员会的委员长，亲到南京，与学校师生代表沟通，讨论学校经费和甄别学生事宜，尤其为合适的校长人选几经周折，终于为中央大学此后的发展奠定了一个稳固基础。

同时，对于国民党内层出不穷的派系之争，蔡以元老身份尽力排解，力求化干戈为玉帛，维系政治统一，此种努力在"九一八"事变后国难深重关头尤其具有特别的意义。1929 年 3 月，蒋介石与桂系矛盾加剧，桂系主持的武汉政治分会擅自罢免唯蒋命是从的湖南省主席鲁涤平，酿成"湘案"。蒋请蔡等人"查办"此事。为了缓解宁汉冲突，蔡苦心孤诣，奔走调停，力避武力解决。然而这种种努力终归无效，蒋桂战事随即发生。两个月后，作为蒋桂战事的延长，粤桂战争又爆发在即，蔡急电李宗仁，劝其"即释兵柄，暂避海外"，以求"两粤得以息争"。1931 年 2 月，蒋介石软禁胡汉民，致使宁粤分裂。"九一八"事变后，蔡的任务艰巨，与张继、陈铭枢南下广东，谈判议和，促成"和平统一会议"在沪举行，实现了国难之际的"举党一致"，开启了"蒋汪合作"局面。蔡元培的上述政治活动，尽管是代表南京方面进行的，但他的行动主旨是免除分裂、消弭内战，谋求一个和平、建设的局面，实则乃党内对峙的调停人，他的"超然"立场，曾经一度引来蒋介石的极端不满。

不过，蔡元培也曾经历风险。同年 12 月 15 日，北平各校南下示威学生与南京本地学生数百人在中央党部门前示威请援，一时间群情激奋。蔡元培与陈铭枢被委派出来接见学生，蔡未及数语，即被学生拖下殴打，陈则被学生用木棍猛击头部，当场昏厥。据报载："蔡年事已高，右臂为学生所强执，推行半里，头部亦受击颇重，后被解救送往医院，所幸无大碍。"这就是后来被有些记者所渲染的"蔡元培遭绑架"事件。蔡事后对新闻界发表谈话说，他理解学生忧患国难的情绪，但对"学风沦替"也深感忧虑云云。此次"历险"，对于曾经作为"五四"精神领袖的蔡元培而言，似也不无某种吊诡意味。

可是，一般的党政国务活动的"超然"姿态，并不意味着内心深处全无评判，更不等于对现存秩序的麻木和迁就。蔡元培本来即是一个是非心极强的知识分子，置身政治舞台，对于自己周围的"党内同志"也自有一番观察和评判，只不过此种"自由议论"不轻易向外人道及而已。实际上，这个时期，蔡元培与蒋介石的关系已经发生着变化。蒋的刚愎自用、专断独裁，与蔡格格不入；其滥杀青年，诛锄异己，尤为蔡所反感。南京国民政府成立以来，内争频仍，战事连年，建设乏力，推进"宪政"缓慢，蔡的内心失望亦不难想见。因此，当蒋介石第一次下野后谋求复职时，蔡并不积极助力；蒋、冯、阎中原大战爆发之际，蔡致力于和平息争，曾有意促蒋去职。这些，无疑招致了蒋的不满乃至忌恨。从 1930 年开始，邓演达、宋庆龄等左派人士逐渐与蔡元培建立了合作联系，他们之间至少在争取民主、捍卫人权方面有着相当的一致性，其活动显然带有反蒋的性质。1931年"九一八"事变，东北大片国土沦丧，不久，"一·二八"事变爆发，日本侵略军在上海狂轰滥炸，形势危急。此刻，蔡元培忧心如焚，郁积胸中的不满终于在1932年2月初中央研究院的一次活动中宣泄出来：

蔡元培在中央研究院纪念周做时局报告时"先说明他前次留在南京维持危局的苦衷，后来又表示对国民党前途的悲观。他第一个指斥的是宋子文，他说当美国劝阻日军进占锦州时，日军暂按兵不动，那时宋子文便邀拉西曼氏纵酒狂欢，庆祝胜利，谁知不久，日军便进占锦州了。这些地方便表现出宋子文是怎样的幼稚，宋少不更事，固不足论。最可怪的要算所谓党国的领袖第一，胡展堂那位先生，在和会以前满口承认合作，对于既往概不追究，而在和会时，他便首先作梗；在和会以后，他又负气不到南京，自己在广州组织起三个委员会来。其次要讲到蒋介石，他的专横独裁，实为古今中外罕有，只要看他的政府，一切措施无不出自私心，财政部长辞职时，他可以将一切事务官完全引跑了，他们的薪水非但分文不欠，并且他们临走的时候，还每人发干薪两月，而其他各部人员的薪水都欠几个月，教育竟积欠几百万。蒋临走的时候，还请了三位军人做省政府主席，他的合作精神及和平诚意，已可见一斑。蔡个人表示时局艰难，政治尤一无办法，言下不胜唏嘘。"（《文艺新闻》1928年2月8日。参见王世儒编撰《蔡元培先生年谱》第727—728页）这段议论，可谓如鲠在喉，不吐不快，从其中涉及的对日外交内幕、宁粤和谈经过、蒋氏二次下野前的部署等细节来看，非局内之人难以道及。蔡氏在中央研究院内部发言中的此番抱怨，吐露了其内心的不满、无奈和担忧，与其后来同最高当局的离心倾向相对应，具有相当的可信度。同时，也可借以观察蔡氏充当救火者和"和事佬"表面活动的实际内心感受。

蔡元培晚年与蒋介石的关系可谓变幻莫测，颇为微妙。从目前可以见到的零散资料推断，他们之间既合作又对立，其表现形式相当隐晦。蒋氏的军人作风和厉行集权的倾向与蔡元培固有的"自由"性情之间原本就存在抵触，在具体事项上则不免各行其道，可是二人之间的政治合作多在高层进行，外间一般难窥堂奥。有些记述一味夸大蔡、蒋对立，甚至将蔡元培视为反蒋斗士，多少有些牵强。蒋需要借助蔡在党内特有的声望和影响去疏通化解内部危机，譬如在处理与汪精卫的关系时便是如此；而蔡本人不管私下如何反感集权趋势和不满对日外交的软弱，至少在国民党内还是采取合作姿态，维持大局，始终不曾破裂。准确测度蔡、蒋之间的关系，限于资料阙如等因素尚有困难，但观察蔡氏与其他军政领袖的离合，则略可窥知内中的基本情状。应当说，蔡元培本质上是一个自由主义者，他与知识分子群体合作共事颇得心应手，相互间尽可协商讨论，而一旦置身复杂的政治局面当中，需要统一思想意志时，蔡的真实性格便会显露出来，其不能适应的一面也就难以掩饰了。毋庸讳言，蔡元培具有无政府主义倾向，对于权威似乎存在一种本能的抗拒心理，他在政治气氛较为自由的环境下可以有所作为，而在权力相对集中甚至强调集权的情况下，反而无从施展其抱负。蔡元培实乃是一位"有党籍"的自由主义者，此种角色与中国特定的政治规则不甚吻合，难免被排除于主流权力之外。蔡氏虽位列党国元老，但在多数情形下，只能充任政治配角，位高而难有切实的作为，也就不足为奇了。

随着"九一八"和"一·二八"两大事变相继发生，民族危机的阴影再次笼罩国人心头，蔡元培的政治活动也明显地超出党派的局限，主要着眼于国家民族的根本利益。1932年12月，他与宋庆龄、杨杏佛、黎照寰、林语堂等发起成立的中国民权保障同盟，即是由社会、文化等各界知名人士组成的一个民间性组织。该同盟宣言称："各先进国家皆有保障民权之世界组织，由爱因斯坦、觉雷塞、杜威、罗素及罗兰之流为之领导，此种组织之主要宗旨，在保障人类生命与社会进化所必需之思想自由与社会自由。"

12月30日，民权保障同盟正式成立，宋庆龄为主席，蔡元培为副主席，杨杏佛为总干事。同日，蔡向中外记者发表"个人感想"说："我等所愿意保障的是人权。我等的对象就是人。即同是人，就有一种共同应受保障的普遍人权。"他提出，保障民权，第一，无党派的成见，"决无专为一党一派的人效力，而不顾其他的"；第二，无国家的界限；第三，对于已定罪或未定罪的人，亦无甚区别。他特别强调，"希望诸君，对于普遍人权的保障，能超越国家党派的关系，以下判断"。

中国民权保障同盟的实质性工作是营救被国民党当局拘捕的政治犯，在其存在的半年时间里，先后营救了许德珩、侯外庐、罗登贤、廖承志、陈赓、丁玲、潘梓年等各方面人士。同时，调查监狱情形，要求改善狱中待遇；抗议军政当局杀害作家应修人和记者刘煜生的暴行，等等。蔡元培积极参与这些活动，发挥了重要作用。但是，客观地分析，他与宋庆龄等左派人士在从事民权保障的内在动机上还是存在某种差别。1933年2月，蔡元培在上海八仙桥青年会发表题为《保障民权》的演讲时提出，保障民权是"国民党训政时期的需要"，也是"国难时期的需要"，况且，"各种事业，均感人才缺乏；若有为之才，偶因言论稍涉偏激，或辗转连带的嫌疑，而辄加逮捕，甚至处死，则益将感为事择人之困难，而无术以救国"。珍惜人才，为国家和民族保留元气，是他作为爱国教育家所秉持的一贯主旨，也是他参加民权保障同盟的基本动因，诚如鲁迅所说："他同情革命者，也不过是为了民族而已。"6月18日，杨杏佛被刺身亡。这是对中国民权保障同盟的致命打击，它在蔡元培心里留下了深深的创伤。杨杏佛是蔡晚年事业上的主要助手，也是他从事政治活动所倚重的谋士和联络人，杨的遇难，表明国民党当权者在向蔡等人示警。此后，民权保障同盟终止了活动，蔡元培则仍以个人身份进行一些力所能及的保障民权的活动。

作为"党国元老"，蔡元培晚年的心境似乎有些悲戚，他平生追求的许多理想非但没有变为现实，国家和民族的现状却日非一日。1934年，辛亥革命二十三周年纪念日，他在青岛发表演说流露了这种心绪。他说："辛亥革命，建立民国，本图实行三民主义，以造福于人民。乃二十三年来，人民生计，未能多大改良，不特水旱偏灾，频年不免；而工业不兴，外货倾销，农村有破产之虑，都市多失业之辈，是民生主义尚未能实现也。民权实行，以一省中各县能自治、一国中各省大多数能自治为条件，而今日，不特各省，即各县中能达到孙先生所举自治标准者，殆尚无一也。是民权主义亦未能实现也。至于民族主义，则不但次殖民地之资格未能提高，而九一八以来，连失东北四省，至今不敢言恢复。"忧愤之中，隐含着对于当权者的失望和不满。

蔡元培自谓："性近于学术而不宜于政治"。大体来说，蔡乃学界中人，而非政治中人，虽然参政，然主要精力还是投入在教育、科学、文化方面，成为世所公认的学界领袖。

二、教育试验和科技事业

南京国民政府的建立，全国形式上的政治统一，为国民党内热心教育改革和文化建设的有志之士提供了施展其抱负的现实可能。蔡元培即是这部分人的突出代表。多年来追求的"教育独立"构想终于获得了一次全面试行的机会，而系统发展中国科学事业的夙愿，显然也到了付诸实行的阶段。他的这一判断，激奋地促使他投身南京政府初期的一系列重要活动。蔡元培指望政治上的变动能够有助于教育文化上的革新。有人评论说："蔡先生之进于庙堂，是为了实行他的主张。"

在南京政府成立不到两个月的时间里，蔡元培以中央教育行政委员会委员身份，先后领衔提出设立大学院和试行大学区的改革措施。早先成立于广东南方政府时期的中央教育行政委员会，只是一个临时机构，全国性政权创建后，按照政府体制，应当设立教育部。但是，蔡元培等人"筹议再三，以为近来官僚化之教育部，实有改革之必要"。于是，他们创设了大学院，作为管理全国学术及教育行政的最高机关。为何要以所谓大学院取代教育部呢？蔡元培的考虑是：民国建立后的"十余年来，教育部处于北京腐败空气之中，受其他各部之熏染，长部者又时有不知学术教育为何物，而专骛营私植党之人，声应气求，积渐腐化，遂使教育部名词与腐化官僚亦为密切之联想"，欲改官僚化为学术化，莫若改教育部为大学院。名称上的变动却有深义蕴含其中：北洋政府教育部留下的腐败形象必须予清除，一个新兴政权推出革故鼎新举措亦在情理之中。大学院凸显学术化，反对官僚化，其内部设置的大学委员会，由学术权威组成，负责"议决全国学术教育上一切重要问题"，这使得大学院较之一般政府部门具有明显的自主性，透露出"教育独立"的倾向。大学院全称"中华民国大学院"，而不称国民政府大学院，当时就有许多议论，甚至被指为欲独立于政府之外。蔡元培希望从体制上将教育交给教育家管理，减少非学术因素的干扰。

与创设大学院相并行的是试行大学区制。这一取自法国的教育行政制度，是将全国划分为若干个大学区，通常以省为单位，区内各级教育全部委诸作为教育学术中心的大学校负责，其校长综理大学区内全部教育行政。以大学区为教育行政单元，从而取代了各省、区的教育厅、局，从事教育的学者直接管理地方教育，排除官员干涉学界的弊端。蔡元培设想通过大学区内组建的评议会和研究院，突出"以学术化代替官僚化"的宗旨，从体制上改变"吾国年来大学教育之纷乱与一般教育之不振"的状况。仿行法国的大学区制，是蔡元培多年来执着追寻的一个梦想，在他看来，这样做不仅使"教育独立"能够实现，还将促进各省高等教育的发展，为学术和教育的振兴注入活力。

在触及从中央到地方的教育改革问题上，蔡元培与李石曾、吴稚晖，甚至张静江，均采取了一致的积极主动立场，从而使国民党的中央政治会议于1927年6月先后通过了他们提出的呈文和议案。同时，任命蔡元培为大学院院长，并决定首先在江苏、浙江两省试办大学区。同年10月，蔡元培在南京正式就任大学院长。他随即提出"使教育科学化、劳动化、艺术化"的主张，作为制定教育方针的基本内容。他具体解释说："一、提倡科学教育，一方面从事科学上高深之研究，一方面推广民众的科学训练，使科学方法为国内一般社会所运用；二、养成全国人民劳动的习惯，使劳心者亦出其力以分工农之劳，而劳力者亦可减少工作时间，而得研求学识机会，人人皆须致力于生产事业，人人皆得领略优美的文化；三、提起全国人民对于艺术的兴趣，以养成高尚、纯洁、舍己为群之思想。"

在大学院，蔡元培力谋教育经费得到充分保障，他深知，经费支绌，再好的教育计划亦无法落实。为此，曾设想筹备教育银行，划拨各项附税，充作基金，作为教育事业之用。12月，他与孙科联名提出《教育经费独立案》，拟请"通令全国财政机关，嗣后所有各省学校专款，及各种教育附税，暨一切教育收入，永远悉数拨归教育机关保管，实行教育会计独立制度，不准丝毫拖欠，亦不准擅自截留挪用……如此，则教育经费与军政经费完全划分，经济公开，金融巩固，全国教育永无废弛停顿之虞"。这项议案在国民政府第十六次会议上获得通过，但仅仅数月后，随着"财政统一"措施的推行，教育经费问题又陷入"有待讨论"的境地。

蔡元培主持大学院，为时仅仅十个月。这期间，大学院在南京举行了全国教育会议，与会的各方代表和专家八十余人，审议议案近四百件。会上，蔡元培重申了"教育科学化、劳动化、艺术化"的主张，强调此三项乃"今后亟须努力进行者"。大学院先后在上海和杭州创办了劳动大学、音乐院和西湖艺术院，这具体体现了蔡元培的教育主张。同时，大学院还通令全国：废止春秋祀孔旧典；在中小学校倡行语体文。在破除独尊孔子问题上，蔡元培确乎做到了前后一贯。大学院还设置特约著作员，聘请国内在学术上贡献突出而无职务收入者担任，听其自由著作，每月致送补助费。吴稚晖、李石曾、鲁迅、刘海粟等均曾受聘。

大学院创设之初，仅下设秘书处和教育行政处。蔡元培力主简化内部组织，提高办事效能。然而，随着实际工作的展开，这种状况反而有碍于高效率的管理，不得不先后两次修改大学院组织法。一方面扩充职能机构，实行对口管理，另一方面增设一名副院长，主持日常事务。如此一来，大学院的内部机构设置便颇近似于以往的教育部。本来对大学院持怀疑态度的人，提出恢复教育部，以与国民政府其他各部相一致。教育界的一些人士亦对大学区制易于忽略普通教育提出反对意见，而实际工作中出现的混乱更增加了反对大学院和大学区制的声浪。尤其是在试行大学区制的中央大学区（江苏）内，问题和矛盾十分突出，在很大程度上非但未能实现教育行政的学术化，反而助长了官僚化的恶性蔓延，因而招致教育界的极大不满。蔡元培显然承受着很大的压力，他曾利用不同场合，说明"大学院本为一草创之新组织，无日不在试验之中"，而大学区制的试行更须逐步见效。但是，来自国民党内和教育界的反对意见颇为尖锐，蔡元培作为始作俑者处于被动境地。1928 年 8 月，国民党五中全会依据孙中山《建国大纲》确立了政治体制，其中包括在行政院设立教育部。这样，大学院的取消便只是个时间问题。就在此时，蔡元培和李石曾这两位积极倡行大学区制的教育界耆宿，在北平大学区问题上发生意见分歧，蔡的主张未被多数人采纳。在此情况下，他于 8 月 17 日提出辞去大学院长等本兼各职。10 月，大学院恢复为教育部，一年之后，大学区制的试验亦以失败而告终。

其实，在民国初年的教育管理体系中，一直存在大学区这个概念和实际划分。袁世凯时期制定《教育纲要》，拟议将全国分为四个大学区，汤化龙出任教育总长后，改为六个大学区，民国七年范源濂任教育总长时，又增至七个大学区，如第一大学区为直、鲁、豫三省，分科大学设在北京。如此划分似是作为一种区域管理设想，尚未真正实施。不过，1922 年 6 月胡适与北大同人讨论高等教育时曾提议："第一大学区（北京）国立各校合并。"可知，大学区的划分在教育界得到某种认可，同时也显示，1927年后试行大学区制并非毫无基础。

当然，大学区制的底本主要取自法国制，少量参用美国、德国制。据蔡元培在《教育独立议》中设想："分全国为若干大学区，每区立一大学，凡中等以上各专门学校都可设在大学里面，一区以内的中小学校教育，与学校以外的社会教育，都由大学办理。大学事务，由大学教授所组织的教育委员会主持。大学校长，也由委员会选出。由各大学校长组成高等教育会议，办理各大学区间的事务。教育部，专办理高等教育会议所议决事务之有关系于中央政府者，及其他全国教育统计与报告等等，不得干涉各大学区事务。教育总长必经高等教育会议承认，不受政党内阁更迭影响。各区教育经费，从本区中抽税充用，较为贫乏的区，经高等教育会议议决后，得由中央政府拨国家税补助。"其核心是由教育家办教育，排除行政系统的干预，实现"教育独立"。

可是，大学区制一旦移植到中国的土地上，迅即成为"逾淮之橘"。试办的浙江大学区尚差强人意，而江苏大学区则风潮迭起，无日不在扰攘之中。人们批评大学区促使大学教育畸形发展，偏重学术而忽视教育，行政效率极低，且被少数人操纵，不仅不能使政治学术化，反而使教育官僚化。江苏大学区中等学校教职员联合会发表宣言称："盖以现社会实情言之，则学术之空气未浓，而官僚之积习方深。以学术机关与政治机关相混，遂使清高学府，反一变而为竞争逐鹿之场。"此种情况大大出乎蔡元培的意料，当李石曾执意试办更大的北平大学区时，他主张审慎行事，与李发生分歧。北平大学区引发更大的风潮，影响甚烈，国民政府于1929年夏宣布停办大学区，大学院随即也改为教育部，蔡、李的改制以失败结束。

胡适曾经预言"法国式之不易行于中国（蔡先生的主张是法国式的）"，结果被他言中了。后人分析其失败原因认为：1.模仿失当，变更太骤；2.政治不稳，基础未固；3.留学派别之争，主要是留日派势力大，反对激烈；4.蔡元培与李石曾等发生裂痕，失去支持；5.教育独立与"党化教育"不符；6.经费不足。显然，蔡、李诸人未能细致考量大学区制在中国的可行性，未免凭想当然行事，预备不足；且选择试办区域缺乏策略，以致一地失败，全盘皆输。更为重要的是，此番"教育独立"试验是在中国政治由分权向权力重新整合的短暂过渡期内进行的，其自由化主旨与集权趋势格格不入，势难长久。具体来说，国民党推行"党化教育"，要将教育纳入以党治国范围，如何能容许教育家完全自行其是？当然，此番试验也暴露出过分偏重大学教育而对基础教育重视不足的偏颇，反对大学区制最激烈的主要是中小学教职员。这一现象，在已往的研究中被忽略了，实则这是一股持论合理、数量众多的反对力量，完全以学界派别之争视之，未免模糊了问题的实质。

蔡元培谈及大学院时曾提到："当时国民政府方以全力应付军事，对于教育事业，尚无具体计划。"因此，蔡等一班元老提议试行大学区制时，未遇任何阻力。一年之后，军事行动大体结束，而改革试验则步履维艰，国民政府进入正轨运转，教育界"独往独来"局面随即终止。可见大学区制只是特殊时期的一次局部试验。

离开大学院之后，蔡元培表示，"愿以余生，专研学术"，从此，中央研究院成为其晚年主要的事业寄托。中央研究院是遵照孙中山的遗愿于1928年创办的，蔡元培负责筹备建院，并出任院长。该院最初归属大学院，后直接隶属国民政府。组建国家级科学研究机构，是孙中山和国民党早已确定的施政目标之一，必将在较短时间内集中全国科技精英，从事各学科的理论和应用性研究，加快推进近代化进程。中央研究院的建立，也在相当程度上促进了知识分子重新组合，中央研究院合文、理、工、医等学科门类于一体，其综合优势非其他机构可比。

"国立中央研究院"，作为"中华民国最高学术研究机关"，其职责为"实行科学研究，并指导、联络、奖励全国研究事业"。按照蔡元培的说明，该院乃"综合先进国之中央研究院、国家学会及全国研究会议各种意义而成……其组织分行政、研究、评议三部，而研究为其中坚"。到1929年初，中央研究院先后建立了物理、化学、地质、天文、气象、动植物、心理、工程、历史语言、社会科学等十个研究所，分布于南京、上海、北平等地。担任这些研究所所长职务的，均为在各学科领域具有高深造诣的科学家和学者，诸如丁燮林、庄长恭、李四光、余青松、竺可桢、王家楫、汪敬熙、周仁、傅斯年、陶孟和等。据1931年的统计：中央研究院的专职研究人员约为170人，其中研究员50人，助理研究员120人。此外，兼职或特约研究员尚有49人。可以说，中央研究院的科研阵容达到了前所未有的规模，确实做到了极一时之选。许多知名学者都曾先后在这一研究机构任职，如翁文灏、涂长望、严济慈、胡刚复、吴有训、陈遵妫、伍献文、唐钺、赵元任、王小徐、陈垣、李济、王云五、陈寅恪、林语堂、周鲠生、杨端六、陈翰笙、吴定良等。中央研究院的总办事处设在南京，同时设有上海办事处，行政人员总计二十余人，全院行政事务由总干事负责。在蔡元培主持中央研究院期间，先后担任或代理总干事一职的有杨杏佛、丁燮林、丁文江、朱家骅、傅斯年和任鸿隽。其中，以杨杏佛、丁文江二人的成绩最为突出。

中央研究院的第一任总干事是杨杏佛，在民国元年南京临时政府时期曾担任临时大总统孙中山的秘书，此后，被稽勋局派往美国公费留学，先后在康乃尔大学和哈佛大学攻读机械以及工商经济专业，恰与胡适等人同学，曾与任鸿隽等共同发起成立中国科学社。杨杏佛乃学工商管理出身，不仅学理清晰，还具有极强的办事能力，为胡适等所自愧不如。不过，杨杏佛具有国民党的政治背景和人际关系，他返国后在南方的学校教书，北伐开始前后其政治活动明显加强，随即进入国民党政权机关。大学院成立后，他担任教育行政处处长，随后出任副院长，是蔡元培的得力助手。蔡自述："我在大学院的时候，请杨君杏佛相助。我素来宽容而迁缓，杨君精悍而机警，正可以他之长补我之短。"该院草创之时，百事待举，杨杏佛协助蔡元培筹划落实，充分展现了他多才多艺、处世干练的管理才能。杨氏办事干练，遇事敢于决断，但也不免有些武断，以致引起组织机构内部的龃龉和矛盾，有时蔡元培不得不出面承担责任，为之圆场。大学院为教育部所取代，杨杏佛跟随蔡元培致力于中央研究院的筹建和完善工作，在很多情况下，杨几乎成为中央研究院的常务主持人。1933年初，蔡元培与上海的一批知名知识分子加入"中国民权保障同盟"，在此过程中，杨杏佛应是关键人物。杨杏佛遇刺后，蔡元培顿失股肱，颇为悲愤。随后聘请丁文江担任中央研究院总干事。

丁文江是中国近代地质学的主要开拓者之一，同时又在古生物学、人类学和军事历史等方面有所建树。蔡元培任北大校长期间，丁文江可谓北方教育界一个活跃分子，亦是北大地质系的骨干教授，蔡对于丁的了解正是在彼此供职于北大的这段时期。丁文江在民国知识界是颇具特点的人物，他早年先后留学日本、英国等国家，既接触了人文教育的熏陶，又深入自然科学领域，受到西方近代科学的训练，逐渐成为一个较为全面的有思想、有主张，也有能力、有技能的知识精英。同时，他还多少带有传统士大夫的社会责任感和道义心，故而被胡适称为他们一群人（欧美派）中可"出将入相"的人物。丁文江的社会活动空间较之其同类知识分子要宽广得多，他既是官方性质的地质调查所所长，又兼任北大地质学教授，后来又暂时脱离学界，出任北票煤矿总经理，不久又当上"五省联帅"孙传芳辖区的淞沪商埠督办（相当于上海市长）之职，显示出很强的管理能力和决策魄力。正因后一原因，当国民党控制政权后，丁文江一度受到通缉，不得不避居大连，一时间也是风声鹤唳，颇为紧张。好在南京国民政府并未十分纠缠"历史问题"，加之丁文江确为有学问、有专长的学者，此后仍然活跃于教育文化领域。中央研究院总干事一职选定丁文江，当时在知识界颇受欢迎。

丁文江在蔡元培的全力支持下，组织评议会，成立基金保管委员会，制定各研究所预算标准，为该院日后的发展做了重要的基础性工作。尤其是组建评议会，意义甚大。由于种种复杂的关系，中央研究院创立之后，拟议中的评议会迟迟难以组成，延宕七八年之久。丁文江到院后，广泛与各方协商，拟订条例，在不长的时间内即组织起全面代表国内各类研究机构和高等学校的评议会，使之成为全国学术机关的联席会议，十分有利于学术联络和合作，也大大拓展了中央研究院的工作范围，增强了其权威性。与此同时，丁文江还针对院内的实际情况提议将研究工作分为三类：一、属于常规或永久性质的研究，如天文、气象、地质等；二、利用科学方法研究本国的原料及生产，以解决各种实业问题；三、纯粹科学研究及与文化有关的历史、语言、人种和考古学。这种分类，使科研工作层次清晰，易于管理，并具有广泛的适应性。蔡元培对丁文江的工作给予高度评价，称其"为本院定百年大计"，值得"特笔大书"。

那么，在精英荟萃、群龙聚首的中央研究院，蔡元培如何实施领导以发挥其各自的特长呢？翁文灏记述到："蔡先生主持中央研究院的主要办法，是挑选纯正有为的学者做各研究所的所长，用有科学知识并有领导能力的人做总干事，延聘科学人才，推进研究工作。他自身则因德望素孚，人心悦服，自然成为全院的中心。不过他只总持大体不务琐屑干涉，所以总干事、各所长以及干部人员，均能行其应有职权，发挥所长。对于学术研究，蔡先生更充分尊重各学者的意见，使其自行发扬，以寻求真理。因此种种，所以中央研究院虽然经费并不甚多，却能于短时期内，得到若干引起世界学者注目的成绩。"

蔡元培领导中央研究院，奉行的是尊重人才和学术自由，以及理论性科研与应用性科研相互兼顾的办院方针。倡导科学研究的自由精神，实行西方通行的"学院的自由"，即在保证重点研究项目的同时，充分尊重研究者在合理范围内凭自己的兴趣与见解选择和决定研究方向、研究项目，而不受他人的限制。因为"学院自由，正是学术进步之基础"。蔡主持制订的《中央研究院进行工作大纲》中强调："纯粹科学研究之结果，因多为应用科学之基础，而应用科学之致力亦每为纯粹科学提示问题，兼供给工具之方便。故此，二事必兼顾然后兼得，若偏废或竟成遍废。"这就为在中国开展有组织的系统学术研究确立了正确的指导原则。

然而，在当时的社会历史条件下，组织和进行具有一定规模的科学研究工作面临重重困难。即以经费来说，便使蔡元培焦思苦虑，举步维艰。1929年7月，中央研究院正式创建已经一年，但"并未领有建筑费及设备费。各研究所及图书馆、博物馆筹备处，均于每月经常费中提出大部分，以供设备之需"。草创阶段的这个"全国最高学术研究机关"，只能就现有经费"截长补短，逐渐布置"。国民政府规定，每月由财政部门拨付10万元，作为中央研究院经常费用，但实际上由于连年内战，耗费巨资，经费拖欠严重。1930年10月，蔡元培在院务报告中抱怨道："本院经费经常支绌。以经常费数目而论，用之办理一二研究所，尚嫌不足，现本院已成立之研究所、处、馆等计有十一处之多，虽平时尽量从事节省，而欲求计划之实现，颇感困难。"这种状况，显然大大限制了中央研究院工作的全面展开。蔡元培以"非求速成，而常精进"之语恳切勉励院中同人在艰难时世中创造一番业绩。同时，他利用自己在国民党内的影响，尽力为研究院创造一个适宜的生存发展环境。

从 20 世纪 20 年代末到 30 年代中期，国立中央研究院逐渐完善，在短短数年之内形成了一定的学术规模，并在天文、气象、地质和考古发掘领域取得可观成绩。其中，南京紫金山天文台的建立，全国范围内地层结构和矿物资源的调查，以及对河南安阳小屯殷墟遗址的发掘，都具有十分重要的意义。比之具体的研究成果更为重要的是，蔡元培主持的中央研究院，为中国形成独立的科学研究体系初步奠定了根基，相当一批科学技术研究人才得以组织起来，从事专业性学术工作，发挥其特长，这便造就了一个对于科技落后的中国来说弥足珍贵的科技人员群体。"五四"新文化运动中大力提倡的"赛先生"（科学）终于在这个东方古国有了安身立命的固定场地。自 19 世纪末叶以来，中国人一味译介转述西方科学成果的状况，到中央研究院独自进行科学研究工作时，方告结束。不论中央研究院曾怎样受到时局因素的影响和制约，它的成立及其工作，都是中国"五四"以来新文化建设的一件大事，其在中国学术发展史上所具有的转折性意义以及对国人知识价值的更新作用均是不可低估的。如果说，蔡元培改革北京大学，开创了"学术至上、自由竞争"的一代风气，那么，他所主持的中央研究院则为学术科学化进程打通了道路。

在领导国立中央研究院的同时，蔡元培还兼任了与学术文化有关的许多或属名誉或系实质的职务。1929 年始，他被选为中华教育文化基金董事会的董事长，主持管理和支用美国退还的庚子赔款。运用这笔款项，他着力扶持科学研究事业和各项文化教育设施，并资助了有志于科学技术的莘莘学子。他还分别兼任国立北平图书馆馆长、故宫博物院理事长、全国国语教育促进会会长等职。众多的学术教育文化方面的兼职，说明了蔡元培在中国学界所受到的高度尊敬和推崇。1935 年秋天，蒋梦麟、胡适、丁燮林、王星拱、赵太侔、罗家伦等人，提议集资为蔡元培营造一处住宅，作为庆祝他七十寿辰的献礼。此举立即得到数百人的热烈响应。建屋计划虽因中日战事而流产，但人们心中已筑成的"公共纪念坊"，将会铭记这位近代中国学术建设的先驱者所立下的开拓之功。

三、长眠香港

自杨杏佛遇害、中国民权保障同盟被迫停止活动后，蔡元培的社会政治活动明显沉寂下来。随着年老体衰，他试图从繁杂的事务纷扰中摆脱出来，静心做点自己的事情。1935 年 7 月，他印发了一个启事，宣布从 8 月起，辞去一切兼职，停止接受写件，停止介绍职业。其中所辞兼职多达二十三个，主要是些教育文化机关的名誉职务。也正是在此前后，蔡元培写了一些回忆性文章，如《我在北京大学的经历》《我青年时代的读书生活》《我所受旧教育的回忆》《我在教育界的经验》等，开始对自己的生平经历作文字追述。或许是接受了胡适的屡屡劝说，蔡元培果真准备撰写个人的传记——《自写年谱》。奔波了几十年的蔡元培，真的步入了晚境。

1936 年 1 月 11 日，蔡元培在最寒冷的季节里迎来了自己 70 岁的生日。家人置办的小型寿宴亲情融融自不必说，文化教育界的朋友和学生没有忘记利用这一机会来表达对这位忠厚长者的由衷敬意，却使他感奋不已。在中国科学社为他举行的庆寿会上，马君武代表该社理事会致祝词说："人生七十以后，实为最好的服务时期……希望蔡先生在七十岁以后，领导全国科学家，本着苦干精神，为国奋斗。"蔡元培在答词中多少有些调侃地借用孔子 70 岁时的生命自述来观照自己的人生历程，其中广征博引、雅趣横生。他说："人生在世，一百二十岁为上寿，一百岁为中寿，八十岁才称下寿。只有社会的寿最长，可以祝万岁。中国科学社到现在虽只有二十多年的年龄，但外国学会在百年以上者很多，法兰西学院已到三百年，故学会也是万寿无疆的。今以长寿的团体来祝个人，真是荣幸。"于幽默中透出哲人的旷达。不久，画家刘海粟和钱新之、张寿镛等在上海国际饭店发起举行盛大活动，庆祝蔡元培七旬寿辰。在刘海粟看来，先前的庆寿场面太小、太冷清，"同蔡先生的历史地位和贡献太不相称了"，因此，"决计要大庆一番"。（刘海粟《忆蔡元培先生》，《蔡元培先生纪念集》第 217 页）前来祝寿的多达千人，其中颇多知名人士，诸如沈钧儒、沈恩孚、黄炎培、陈树人、马寅初、许寿裳、于右任、梅兰芳、李金发、林风眠、林语堂、朱屺瞻、顾树森、朱孔阳、叶恭绰、张学良、雷震、王济远、谢海燕、黄自、肖友梅、王昆仑、俞剑华、李四光、丁西林等。其中既有政界要人，又有金融界巨头，更多的是文化教育科学界人士。蔡元培不愿如此张扬，曾极力推辞，但又拗不过众人的盛意，遂欣然到会。面对为他举行的盛大庆寿场面，这位生性恬淡的学界巨子内心欢愉而又感慨万端。在答词中，他不无激动地表示：

"鄙人是一个拿笔杆的人，所敢夸口的也只能在笔杆上多尽点力。'假我数年'，鄙人想把刘（海粟）先生寿文中道及的'以美育代宗教'的主张，著一本书；还想编一本美学，编一本比较民族学，编一本'乌托邦'；胡适之先生常常劝鄙人写自传，如时间允许，鄙人也想写一本。愿心许得太多了，不敢再说下去了……"（《蔡元培全集》第 7 卷第 19 页）

祝大寿而许宏愿，本是一种习俗或惯例，但反映的则是人的内心企望和追求。蔡元培的这席话，除了那本"乌托邦"令人不解其意之外，其余各项差不多都是他平生治学的主要兴趣所在。显然，这些愿望萦绕心中多年，至古稀尚未实现，抱憾之心应所难免。唯其如此，他才申明这些夙愿，借以回复朋辈的热望，实在也是一种自励心理。蔡元培一生奔走国事，投身文化教育的组织领导工作，在国内几乎很少有充裕时间静心从事著述。然而，对中西学术长期求索而形成的独到见解积蕴于心，不发不快；中国文人又素有著书立说、"立言"传世的职业传统。人入晚境，回首往昔，世事纷扰，以有生之年力求补偿，该是一种进取的心境。他在前述"辞去一切兼职"的启示中即曾表白道："以元培之年龄及能力，聚精会神，专治一事，犹恐不免陨越，若再散漫应付，必将一事无成。"看来，晚年蔡元培确实想摆脱尘嚣，专心著述，完成未竟之业。从是年2月始，他开始撰写《自写年谱》。

可是，这年冬天，蔡元培患了一场大病，几乎一病不起。只是由于诊治得当，调养有方，才终于转危为安。然而，从此这位老人病魔缠身，精力大衰。半年之后，他才稍稍恢复一些工作，参加在南京召开的中央研究院评议会第三次年会，并撰写了《记宗仰上人轶事》《世界短篇小说大系序》等有数几篇文字。1937年6月，蒋介石致电蔡元培，电云："本年暑期庐山训练，甚望先生莅临训导。"蔡复电称："培大病后，尚需调养，近日亦曾发热，一时未克启行。拟于七月中旬再定行止。"（《蔡元培全集》

蔡元培与周夫人

第 7 卷第 183—184 页）此时，中日战争一触即发，全民一致抗战已成大势，国共两党尚且再度合作，蔡元培对党内当权者的怨艾似亦不会全然不变。不过，病体孱弱，心有余力不支，应是基本的事实。因此，抗日战火燃起后，蔡元培除了以其名望呼吁世人谴责日寇外，不可能有更多作为。同年11 月底，蔡元培由丁西林等人陪同离开上海，到达香港，一个月以后，周夫人亦携子女抵港。蔡一家人先借住在香港商务印书馆宿舍，主要由王云五照料，其后租定九龙柯士甸道 156 号居住。蔡元培移居港九，显然是为避难养病，香港沦陷之前，曾是国内人士奔赴西南内地或放洋出国的海路中转站，蔡居此调养，使今后的行止具有较大的灵活性。

此后的两年，蔡元培化名周子余隐居港九。他深居简出，静心养病，绝少公开活动。唯一分其心力者，是中央研究院的战时运作问题。1938 年2 月下旬，他在香港酒店主持了中央研究院院务会议，总干事朱家骅和各所所长均抵港与会，会议议决了七项议案。此时，中央研究院的各研究机构已迁到重庆、昆明等地，在极其困难的战时条件下，尽力维持科研工作。不久，因朱家骅"为党国要务所羁绊"，无法履行总干事职责，代行此职的傅斯年又提出坚辞。蔡元培在香港与已到内地的朱、傅及王世杰等人频致函电，磋商办法，最后终于推定任鸿隽继任总干事一职，以保证中央研究院的日常转运。据载：张静江经香港赴美国，邀请蔡元培同行。蔡当面辞谢了这位老友的好意，其理由是"以身负中央研究院职责，文化学术工作，关系国家百年大计，未可一日停顿，实不能远离"。（余天民《蔡先师港居侍侧记》，孙常炜编《蔡元培先生全集》第 1673 页，台湾商务印书馆1968 年）从蔡元培居港的日记中亦可知，这位风烛残年的老人始终关注中央研究院在西南大后方的情况，每有相关函电必载入日记。在他去世前数日，先后收到翁文灏、任鸿隽、竺可桢等人的来信，对其中有关中央研究院评议会改选一事仍甚为关心。蔡晚年摈除外务，希求静心养病和写作，但对于他视为"百年大计"的中央研究院的工作则是一个例外。

在香港的这段平静而又寂寥的日子里，蔡元培静养之余，便是阅读和写作。他阅览的书目主要有：王闿运《湘绮楼日记》、傅东华泽《比较文学史》、郭沫若《石鼓文研究》、张元济《校史随笔》、李玄伯译《希腊罗马古代社会研究》以及《五十年来的德国学术》等。此外，他还设法从香港商务印书馆借书来读，王云五考虑到他的视力较差，特意找来大字本，其中有《王阳明全集》《陆放翁全集》和《游志汇编》。同时，他应约为一些书籍撰写序文，如《鲁迅全集》序、肖瑜《居友学说评论》序、李宗侗《中国古代社会新研究初稿》序、任鸿隽《古青诗存》跋等。这期间，他的一项经常性写作，便是那部《自写年谱》。此谱自 1936 年 2 月 14 日开始动笔撰述，直到 1940 年 2 月底逝世前卧病时辍笔，系用商务印书馆印制的毛边纸绿行"记事珠"稿本三册，以毛笔书写。因为此谱是一部未完之作，故只有四万余字。所叙自家世、出生直至 1921 年赴欧美考察为止。该谱用白话文写作，文字简洁清丽，对家世、少年时代、科举考试及读书、供职北京翰林院、回乡从事教育、在上海的活动、留德四年及其后旅居法国的生活均作翔实记述；许多细节颇为生动感人，从中可以探知蔡思想人格的形成环境和过程。其中有关民国政坛的记述，不乏史料价值，惜之所记较略。至于出长北京大学以后的记载，则殊少新意。总之，这部没有完成的《自写年谱》给人的印象是：年谱的体例，自传的笔法；前半部分翔实，后半部分相对简略。看来，最初动笔撰写时，蔡颇为严谨投入，以后为病患所扰，不免力不从心。蔡元培较早谈及这部《自写年谱》，是在 1938 年 11 月 7 日复高平叔的信函中。高受蔡嘱托，编订《子民文存》，来函切望蔡所撰"自传"能冠于文存卷首。蔡答曰："自传因头绪颇繁，不适于旅行中之准备（参考书既不完全，工作亦时时中辍），故照年谱体写之，现已得三万言左右（写成时至少五万言）。"由于字数太多，且距写完时尚远等因，"故不适宜于冠'文存'之上。"（《蔡元培全集》第 7 卷第 230 页）从中当可知晓蔡元培此项写作的一些设想及其写作情形。

深怀民族大义，充满爱国情感，是自古以来中国知识分子的优良传统。蔡元培秉承这一传统，其报国之志老而不衰。他虽病居香港，却心系天下。在港期间，他唯一的一次公开活动，是 1938 年 5 月 20 日应保卫中国大同盟和香港国防医药筹赈会之邀，出席在圣约翰大礼堂举行的美术展览，并发表演说。在包括香港总督罗富国在内的众多来宾面前，他讲道：抗战时期需要人人具有宁静而强毅的精神，不论是前方冲锋陷阵的将士，还是后方供给军需、救护伤兵、拯济难民的人员，以及其他从事于不能停顿之学术或事业者，有了这种精神，便能免于疏忽错乱散漫等过失，从而在全民抗战中担当起一份任务。他强调，推广美育，便是养成这种精神的一种方法。这位美育的热心倡导者此时将他深信不疑的精神陶冶法运用到了抗战大计之中，不论外界如何评论，蔡本人是十分认真的。正是基于这样一种精神，他对抗战胜利充满信心。在纪念北京大学成立四十周年的题词里，他勉励北大师生"他日山河还我，重返故乡，再接再厉，一定有特殊之进步"。在抗战初期的困难时刻，蔡元培对未来表现出一种自信的乐观豪情。当然，战争使家国残破、生灵涂炭，这不能不使人心绪沉重，而面对敌寇的猖狂，又时时鼓荡起铁马金戈的壮烈情怀。这种思绪，在蔡元培的诗作中有强烈的表现。他写给陆丹林的红叶诗其三云："枫叶荻花瑟瑟秋，江州司马感牢愁。而今痛苦何时已，白骨皑皑战血流。"他为张一麐《八一三纪事诗》所题七绝云："世号诗史杜工部，亘古男儿陆渭南。不作楚囚相对态，时闻谔谔展雄谈。"看来，病居香港的蔡元培既有"江州司马"的愁怀，又思慕那"亘古男儿"的大丈夫气概。一个人内心世界的激情岂是病弱的肉体所能框限？最能说明蔡元培"壮心不已"的文字，莫过于他为国际反侵略大会中国分会所作的会歌词。这首著名的《满江红》词有云："公理昭彰，战胜强权在今日……文化同肩维护任，武装合组抵抗术……我中华，泱泱国。爱和平，御强敌。……独立宁辞经百战，众擎无愧参全责。与友邦共奏凯旋歌，显成绩！"

国内外各方人士并未因战乱而忘记病居港九的蔡元培。1939年7月，国际反侵略运动大会中国分会推举他为名誉主席。不少海外友人亦不断来函，请他移居新加坡或菲律宾等地，但都被他婉言谢绝。蔡元培曾向王云五等人透露过转赴昆明的意向，因为中央研究院若干机构迁置于此，大概是病体不支，到底没有成行。初来香港之时，他还由家人和朋友陪同游览浅水湾、香港仔、道风山等处风景，后来就几乎足不出户了。时相过从的除王云五之外，还有一位张一麐先生。张曾任北洋时代政要，与蔡又属同辈，二老聚在一起，忆及前尘往事，平添几多逸趣。蔡寓居的柯士甸路一带，居民大多为江浙人，人们对这位儒雅和蔼的"周子余"老先生十分敬重，每有幼儿取名号之事，必来拜请，蔡来者不拒，谨为选字，邻人皆满意而去。蔡一生起居并无嗜好，独喜绍兴黄酒，几乎每餐必饮。晚年大病之后，周夫人严加限制，用餐仅供一杯，老人无奈，只得遵命行事。在病居香港的寂寞岁月里，蔡元培与周夫人相依为命，夫妻间依旧不断作诗唱和，周夫人五十寿诞，蔡赠诗相贺，家中一派融融之气。1939年4月4日，是一年一度的儿童节，蔡氏夫妇在家中为他们的三个幼年子女举行庆祝活动，女作家沙菲（陈衡哲）携儿女参加，科学家何尚平也赶来庆贺。蔡元培郑重其事地致辞，来宾亦分别演说，最后则是孩子们的精彩表演，或歌或舞或讲童话或做游戏。这是老教育家度过的最后一个欢快的儿童节。然而，在这欢快的背后，蔡家经济状况却堪忧。蔡有限的公职收入越来越难以抵付因兑换港币及物价上扬而骤然增多的支出，本来即俭朴的生活不得不加以节缩。知悉蔡家内情的蔡的秘书兼家庭教师余天民即认为，蔡先生晚年多病与营养不佳有关。蔡一生清廉自守，至最后的岁月仍不能摆脱贫病的厄运。悲哉！

1940 年 3 月 3 日清晨，蔡元培在寓所起床时，忽觉头晕目眩，摔倒在地，随即口吐鲜血。经医生诊治，疑为胃溃疡，建议住院治疗。翌日，住进香港养和医院，不久即大量排血，陷入昏迷状态。虽经中外医师精心救治，施以输血手术，仍归无效。延至 5 日上午九时三刻逝世，终年 74 岁。医生认为，其失足仆地，伤及内部，导致胃瘤出血，乃不治之因。蔡元培的遗体后被安葬在香港仔华人公墓。

蔡元培逝世后，全国各地举行悼念活动，多家报刊发表社论或专文，称誉他的功德，各主要党派和团体及其领导人也纷纷致电吊唁。蔡元培逝世当日，国民党总裁、军事委员会委员长蒋介石发来唁电："香港蔡夫人暨无忌世兄礼鉴：惊悉孑民先生遽归道山，老成殂谢，痛悼无任。务望节哀顺变，善绍先志，用慰九原。谨电致唁。蒋中正叩。"3 月 7 日，中国共产党领袖毛泽东自陕北发来唁电："香港九龙奥士甸道蔡孑民先生家属礼鉴：孑民先生，学界泰斗，人世楷模，遽归道山，震悼曷极，谨电驰唁，尚祈节哀。毛泽东叩。"3 月 16 日，国民政府自重庆发出对蔡元培的褒扬令："国民政府委员蔡元培，道德文章，夙孚时望。早岁志存匡复，远历重瀛，研贯中西学术。回国后，锐意以作育人才，促进民治为己任。先后任教育总长、北京大学校长及大学院院长，推行主义，启导新规，士气昌明，万流景仰。近掌中央研究院，提倡文化事业，绩效弥彰。方期辅翊中枢，裁成后进，年年硕学，永为党国仪型；乃以旧疾未瘳，滞居岭表。遽闻溘逝，震悼良深！着给治丧费一万元，派许委员崇智前往致祭，生平事迹，存备宣付史馆，用示崇重勋耆之至意。"3 月 24 日，国民政府的行都重庆在美术专科学校礼堂举行公祭和追悼会，蒋介石等在渝党政大员出席公祭，敬献花圈；于右任、邵力子、沈钧儒、黄炎培、张伯苓、马寅初、张澜、左舜生、朱家骅等五百余人参加追悼会。张继首先致辞："蔡先生是全国的表范、师长，国家为了对他致敬，已通令各省市同时开追悼会。"继由吴稚晖报告，他评论道："蔡先生是个伟大的书生，是一个开风气的学者。但是他的伟大，却更在于有着'无所不容，有所不为'的精神。"（以上电文、报道等，均参阅高平叔编著《蔡元培年谱长编》下（二）第526—530页，人民教育出版社1998年）此后，包括延安在内的全国多个城市举行了各种形式的悼念活动。重庆《中央日报》于追悼会举行的同日刊发"纪念蔡先生专刊"，刊载蒋梦麟、邵力子、吴稚晖、陈独秀、马寅初、王世杰、任鸿隽、翁文灏、傅斯年、罗家伦、段锡朋、汪敬熙、陈立夫、蒋复璁、陈西滢等人追怀蔡先生的文章。全国各地及香港、上海孤岛的报刊也纷纷发表纪念社评和专文，人们同声赞扬蔡元培的品德和事功及他开一代学风的巨大影响。从这时起，"一代宗师""人世楷模"等赞誉之词与蔡元培的名字紧紧连在了一起。

悼念期间，各界人士所送挽联，蔚为大观，后有《哀挽录》印行于世。这些挽联从不同角度概论蔡元培的一生，颇为精到。姑录数联于后：

《哀挽录》中的一联云："打开思想牢狱，解放千年知识囚徒，主将美育承宗教；推转时代巨轮，成功一世人民哲匠，却尊自由为学风。"

陈友仁的挽联云："薄元首而不为亮节高风千秋曾有几辈；容百家之并起宏模雅量当代只见斯人。"

周恩来的挽联云："从排满到抗日战争，先生之志在民族革命；从五四到人权同盟，先生之行在民主自由。"

第七章

平生著述

著述概况

《中国伦理学史》

哲学兴趣

红学情怀

扶植民族学

一、著述概况

蔡元培一生主要从事教育、科学、文化事业的组织和领导工作，其学术方面的著译大体是在欧洲留学期间完成的，就他的总体活动而言，属于第二位的工作。但蔡本人主观上始终以钻研学术研究为职志和夙愿，只要条件允许，便锲而不舍、乐此不疲。这便使得他对于近代学术的发展现状和趋势，以及学术自身的内在规律有着广泛而深切的体验，可以说，他在近代中国文化学术进程中的作为和建树，基本得力于此。蔡元培的学术兴趣相当广泛，几乎达到了"以一事不知为耻"的程度，因而在中西学术方面涉猎的学科十分庞杂。然而认真考察也不难发现，他所特别感兴趣的学科基本衍生于哲学这一门类。从19世纪末开始阅读西方文化典籍，到20世纪最初几年，他对哲学问题产生浓厚兴趣。他选择到德国留学，主要是出于德国乃近代哲学诞生地之考虑。他曾先后翻译多本哲学导论性质的著作，向国人介绍西方哲学流派及观点。后来上海《申报》馆庆祝建馆五十周年而出版《最近五十年之中国》特刊，蔡特为之撰写《五十年来中国之哲学》一文，反映了他对哲学问题的长期关注和深刻见解。由对哲学的偏好，而发展为在伦理学、美学乃至美育等方面的研究兴致，形成相关学术成果，并产生一定的社会影响。不妨说，由哲学而伦理学而美学，是蔡元培生平治学的主要轨迹。

当然，也有例外。蔡氏晚年笃好民族学，多次撰文介绍该学科及其研究方法，在一定程度上表现出一种兴趣性跳跃。至于其秉承中国旧学余脉而展现于学术成果者，则是那部实际尚未完成的《石头记索隐》。

蔡元培研治学术，有着十分明显的一些特点。首先，其治学大体是为其教育实践供给理论依据和养分，不论是伦理学译著，还是介绍美学和倡导美育，均与近代中国新教育的发展息息相关。其次，刻意追求使中西学术文化精华合于一体，即是说，在学术观念上无中西优劣之抽象评判，但取各自合理成分而融合之。再次，其治学方法尚未摆脱清代学者之窠臼，除一般介绍西洋学术之外，以科学方法整理国故的设想难以形成学术实绩，故学术影响终于局限不彰。

清朝末年，欧风美雨袭入华夏古国，千古不易的伦理道德观念开始受到西洋思想的强劲挑战。社会道德在多元价值观的作用下呈现失衡状态，首先在知识界和青年中传统伦理道德与欧美价值观念发生碰撞，人们深感困惑和迷惘。有鉴于此，文化教育界有识之士力谋构架新的道德体系，以适应时代变迁。1899 年，戊戌变法失败后退居上海的张元济曾与来华访问的日本学者内藤湖南有过一次晤谈。这两位东方学者一致认识到：要培养人才，首先必须兴办学堂，在形成知识分子的伦理道德方面，则应首先关注学校里的学生。其后，张元济投身商务印书馆，在编辑出版新式学堂教科书方面，尤其注重修身教科书的编写和出版。此时，正在从事教育工作的蔡元培与张元济抱有同样志向，他甚至具体地提出将西洋的自由平等观念与中国传统道德中的可取成分加以有机结合，他这个时期编选的《文变》一书，实际上就体现了上述宗旨。故而，蔡元培、张元济等人共同承担了商务印书馆的修身教科书编写工作。可以说，这是蔡元培涉足近代伦理学的外在诱因。

蔡元培负责编撰的《中学修身教科书》共计五册，是他先后在国内和德国写成的，于 1907 和 1908 两年陆续出齐。这套修身教科书"悉本我国古圣贤道德之原理，旁及东西伦理学大家之说，斟酌取舍，以求适合于今日之社会"。全书分为上、下两篇：上篇计有修己、家族、社会、国家、职业五章，侧重于实践伦理的阐释；下篇则重点介绍西方近代伦理学理论，诸如良心论、理想论、本务论、道德论等。从内容上看，这部成书于清代末年的修身课本，仍大体上贯穿了儒家伦理实践的传统，在修身齐家、交友处世诸多方面向人们提供了古道可风的君子仪范。值得注意的是，在论及个人与国家的关系时，蔡元培引入了西方近代国家观念，强调个人对于国家既有应尽之义务，也有应享受之权利，"人之权利，本无等差"，"国家者，非一人之国家"。这里"天赋人权"的平等观念和否定专制政体的强烈意识是显而易见的。书中还大力张扬"博爱"思想，反复申述："博爱者，人生最贵之道德也。人之所以能为人者以此。""博爱者，人生至高之道德。"并且，以儒家经典中早已为世人熟稔的格言古训比附证明，使这一思想易于为国人所接受，以此作为统率人际关系的原则。书中还提出了一些十分新颖的伦理道德观念，例如该书开篇即揭明："凡道德以修己为本，而修己之道，又以体育为本。"如此重视体育的作用，在已往的修身教育中尚不多见。蔡元培《中学修身教科书》在清末乃至民国初期曾为各类学校广泛采用，书中所体现的混合型伦理观念对新、旧过渡时代的中国社会还是颇为适宜的。

继《中学修身教科书》之后面世的《伦理学原理》一书，是蔡元培向国人系统介绍西方近代伦理学理论的一部有影响的译著。该书著者是德国近代著名哲学家、伦理学家和教育学家弗里德里希·泡尔生（1846—1908年），这位一生大部分时间在柏林大学从事教学和著述的学者，以其《伦理学体系》一书而扬名近代伦理学界。该书共分四编，第一编为人生观与道德哲学的历史纲要；第二编阐释伦理学体系的基本概念和原则；第三编为德性与义务论；第四编为国家和社会理论纲要，主要论述作者的社会学和政治学观点及其对合理的社会生活方式的见解。这部著作问世不久，美国、日本等国便先后出版了节译本。蔡元培留学德国期间，参照日译本和德文原著，将其中的绪论和第二编译为中文，是为《伦理学原理》一书。蔡元培选译此书，是信服著者在动机论和功利论这两种观点之间所持的折中立场，以及该书阐发学理的"平实风格"。《伦理学原理》一书较为系统地阐释了西洋近代伦理学的基本概念和原理，对诸如善恶、目的论与形式论、快乐主义和自我实现、悲观主义、灾难与神佑、义务与良心、利己主义与利他主义、道德与宗教以及意志自由等理论问题作了深入浅出的论述，堪称近代中国人了解西洋伦理学观念的精良读物。著名学者和教育家杨昌济在长沙第一师范学校执教时即将这部译著作为教科书，青年毛泽东获读此书，曾写下万余言的笔记。可知，《伦理学原理》一书在清末民初的中国学界颇受重视。

在翻译泡尔生的伦理学著作之后，蔡元培又译述了日本人木村鹰太郎的《东西洋伦理学史》一书。他发现，日本学者在论及中国伦理思想史时有不够准确和错讹之处，而自古伦理观念素称发达的中国，竟没有一部伦理学史，这不能不令人引为憾事，于是决定自己动手编撰《中国伦理学史》。他在这部书的前言中称："吾国夙重伦理学，而至今顾尚无伦理学史。迩际伦理学界怀疑时代之托始，异方学说之分道而输入者，如檠如烛，几有互相冲突之势。苟不得吾族固有之思想系以相为衡准，则益将旁皇于歧路。盖此事之亟如此。"的确，古代中国的伦理观念早在《尚书》中即有记载。此后，儒家学说占据主导，一套相当完备的伦理观念系统便随之渗入人文民俗之中，历代学者不断阐发己见，不同流派贯通衍替，伦理道德之说在两千余年的历史中长盛不衰。这方面的文字材料可谓汗牛充栋，俯拾即是。然而，中国学术分科宽泛，伦理思想主要附归于哲学、政治学之中，从未独立分科，自成体系。建立独立的伦理学科，显系受西洋学术的影响和启示。重视道德教育而又对中国旧学谙熟于心的蔡元培，在欧洲学术文化的强烈影响下，首先来挖掘和梳理祖国伦理思想素材，进行开发性尝试。需要指出的是，在异国伦理学说相继涌入的情势下，蔡元培非但没有舍弃中国固有的传统文化道德，反而视整理民族伦理遗产为当务之急，不如此便难以救助一代青年"徬徨于歧路"的困扰。在他看来，"近二十年间，斯宾塞尔的进化功利论，卢骚之天赋人权论，尼采之主人道德论，输入我国学界。青年社会，以新奇之嗜好欢迎之，颇若有新旧学说互相冲突之状态"。而他所做的工作，实质上是通过梳理传统伦理素材，以证明中国固有的伦理道德在很大程度上与近代西方的价值观念具有相通性，从而融合、折中中西伦理观念，构建适应新时代的道德体系。这应当是蔡元培编撰《中国伦理学史》的深层动机。

二、《中国伦理学史》

《中国伦理学史》一书计有十余万字，它从"唐虞三代伦理思想之萌芽"写起，一直介绍到清季中期戴震、俞正燮等人"渐脱有宋以来理学之羁绊，是殆为自由思想之先声"为止。其间，将中国伦理思想的发展历程分为三个时期，即先秦创始时代、汉唐继承时代和宋明理学时代。蔡元培认为，中国古代文化暨传统伦理观念在周季即已十分完备，诸子各家所分别阐释的伦理道德观实从不同侧面反映了唐虞三代以来由实践伦理向理论伦理的归趋和飞跃。这些人伦理想的集中展示，便是儒家学说的不断成熟和系统化，因为这派学说在当时"足以代表吾民族之根本理想"。汉代以降至唐，虽然出现不少思想家，但基本是演释儒家学说之大义，独立的创见并不多。魏晋时期的"玄学清谈"明显地具有佛老色彩，但并不能撼动儒家独尊的地位。总观汉唐时期的伦理学，"学风最为颓靡，其能立一家言，占价值于伦理学界者无几焉"。关于宋明理学时代，蔡元培认为，这时的学者已受到佛老二家闳大幽渺之教义的濡染，他们虽已对齐梁以来的靡丽文风生厌，但并没回复到汉儒解经的传统之中，而是在遵从儒家大义的基础上，另辟新径，"竟趋于心性之理论，而理学由是盛焉"。以实践伦理论之，至宋明理学产生，儒家的道德规范才最终凝练为"普及的宗教"，具有了一种难以悖逆的思想威势，后代虽不乏博学明敏之士，却大多难以挣脱理学范围，这种限制思想发展的负面作用，在很大程度上削减了中国社会的内部活力。此种情状，进入清代以后才渐趋弱化，戴震等学者忤逆道理学的言论，昭示着中国伦理思想将进入一个新的发展时代。

《中国伦理学史》简明概略地介绍了中国历代伦理思想家的生平和学说，并十分重视处于相同时代的思想家之间的比较和联系。书中较为集中反映作者观点的部分，是对每位历史人物及其观点概括介绍之后所写的"结论"。可以说，各章节后面的"结论"是该书的特色和精华所在。当记述先秦时代伦理思想尚处于萌芽阶段时，蔡元培敏锐地注意到，"家长制度"在中国伦理社会中的基源作用。他写到："家长制度者，实行尊重秩序之道，自家庭始，而推暨之以及于一切社会也。一家之中，父为家长，在兄弟姊妹又以长幼之序别之。以是而推之于宗族，若乡党，以及国家。君为民之父，臣民为君之子……各位不同，而各有适于其时其地之道德。"正是由家长制度而衍生出先秦时期的尊卑秩序，决定了人们相应的道德规范和社会政治伦理关系。当然，这种社会伦理在特殊状态下亦有例外，其明显的一例便是"汤武革命"。蔡元培认为："夏、殷、周之间，伦理界之变象，莫大于汤武之革命。其事虽与尊崇秩序之习惯若不甚合，然古人号君曰天子，本有以天统君之义，而天之聪明明威，皆托于民……故获罪于民者，即获罪于天。汤武之革命，谓之顺乎天而应乎民，与古昔伦理，君臣有义之教，不相背也。"在这里，蔡元培不仅一般地揭示了古昔的伦理观念，而且突出强调了儒家的"民本"思想。

在评述先秦诸子各家的伦理观念时，蔡元培从历史的角度对儒家的社会伦理观持基本肯定态度，他尤其赞赏儒家学说在实践伦理方面采取的调和折中立场。他认为，儒家学说，虽其哲学之阔深，不及道家；法理之精核，不及法家；人类平等之观念，不及墨家。但儒家之言，本诸周公遗义，又兼采唐虞夏商之古义而调理之，在实践上抱持折中主义。如"推本性道，以励志士，先制恒产，乃教凡民，此折中于动机论与功利论之间者也；以礼节奢，以乐易俗，此折中于文质之间者也；子为父隐，而吏不挠法，此折中于公德私德之间者也；人民之道德，禀承于政府，而政府之变置，则又标准于民心，此折中于政府人民之间者也；敬恭祭祖而不言神怪，此折中于人鬼之间也。"儒家学说的广泛适应性及其理性特征，成为社会多数人可以接受的思想观念，而终于成为"吾族伦理界不祧之宗"。蔡元培对于儒家伦理观中折中性的肯定，并非只限于清末时期的一时认识，至20世纪30年代，他在《中华民族与中庸之道》一文中更加突出了上述观点，该文中称："在儒家成立的时代，与他同时并立的，有极右派的法家，断言性恶，取极端干涉论；又有极左派的道家，崇尚自然，取极端放任论。但法家的政策试于秦而秦灭；道家的风气，试于晋而晋亡……（至汉）武帝，即罢黜百家，专尊孔子，直沿用至清季。可见极右派与极左派，均与中华民族性不适宜，只有儒家的中庸之道，最为契合，所以沿用至两千年。"姑且不论蔡文中的现实含义所指，只就其论史而言，可知他在伦理学史中对儒家所具折中性的肯定性评价是前后一致，具有思想根基的。这一点，在蔡元培的学术思想研究中颇值得重视。

当然，具体到先秦诸子，蔡元培的评论是比较客观的。他认为，孔子是将中国的伦理思想全面加以总结、阐发的"集大成者"，但对其某些思想则仍需分析鉴别。他指出："孔子之言忠恕，有消极、积极两方面，施诸己而不愿，亦勿施于人。此消极之忠恕，揭以严格之命令者也。仁者，己欲立而立人，己欲达而达人。此积极之忠恕，行以自由之理想者也。"可见，蔡氏论及孔子学说，是抱着分析的态度，并非统而赞之。《中国伦理学史》对于老子及道家学派，评价不高，蔡元培认为，"老子之学说，多偏激，故能刺冲思想界，而开后世思想家之先导。然其说与进化之理相背驰，故不能久行于普通健全之社会，其盛行之者，惟在不健全之时代，如魏、晋以降六朝之间是已。"他还认为，老子以至巧之策而精于处世之法，"此其所以为权谋术数所自出，而后世法术家皆奉为先河也"。至于墨子，蔡元培则从近代价值尺度给予充分评价，他称墨子为科学家、实利家，其兼爱而法天，颇近于西方的基督教，其所言名数质力诸理，多合于近世科学，"墨子偏尚质实，而不知美术有陶养性情之作用，故非乐，是其蔽也。其兼爱主义则无可非者，孟子斥为无父，则门户之见而已"。关于法家，蔡元培认为，法家之言，"以道为体，以儒为用"，开启法家学脉的管仲，首先揭明道德与生计的关系，对于伦理学界有重大价值。法家之集大成者韩非以法律统摄道德，不复留有余地，"故韩非子之说，虽有可取，然其根本主义，则直不容于伦理界者也"。

在总结先秦时代的各家伦理思想时，蔡元培从理论伦理角度做了一个概论，他写道："老子苦礼法之拘，而言大道，始立动机论，而其所持柔弱胜刚强之见，则犹未能脱功利论之范围也。商君、韩非子承管子之说，而立纯粹之功利论，庄子承老子之说，而立纯粹之动机论。是为周代伦理学界之大革命家。"然而，"其时学说，循历史之流委而组织之者，惟儒、墨二家"。显然，这是中国人接触西方近代伦理学说以后，对自己的思想祖先所作的首次学理上的分类，尽管在某些方面还嫌简略笼统，但中国古代伦理思想毕竟藉此而有了一个可资人们考鉴的认识体系，这不能不说是近代文化建设中的一桩益事。

《中国伦理学史》对汉代以后伦理思想的发展脉络进行了描述，其中写道：汉代学者，为先秦诸子之余波，唐代学者，则为宋代理学之椎轮；宋代程颢、程颐兄弟虽师法于周敦颐，然其学派亦有分野，"盖明道者，粹然孟子学派；伊川者，虽亦依违孟学，而实荀子之学派也。其后由明道而递演之，则为象山、阳明；由伊川而递演之，则为晦庵。"（明道，即程颢；伊川，即程颐；象山，即陆九渊；晦庵，即朱熹。以下之横渠，即张载；濂溪，即周敦颐。）蔡元培还特别比较了程氏兄弟以及朱熹与陆九渊之间在个人性情、理气观念等方面的异同。论及朱熹，他指出，"朱子偏于道问学，尚墨守古义，近于荀子。……朱学平实，能使社会中各种阶级修私德，安名分，故当其及身，虽尝受攻讦，而自明以后，顿为政治家所提倡，其势力或弥漫全国，然承学者之思想，卒不敢溢于其范围之外。"他进一步分析说："晦庵学术，近以横渠、伊川为本，而附益之以濂溪、明道。远以荀卿为本，而用语则多取孟子。于是用以训释孔子之言，而成立有宋以后之孔教。"故此，宋之有朱熹，犹周之有孔子，"皆吾族道德之集成者"。蔡元培认为，朱熹的学说，承袭了中国往昔思想的主流，与我族大多数之习惯相投合，尤其适于权势者利用，因而依凭科举制度盛行于明代以后。然而，"朱学近于经验论，而其所谓经验者，不在事实，而在古书，故其末流，不免依傍圣贤而流于独断"。及至清代，士人热衷考据，"其实仍朱学尊经笃古之流派，惟益缩其范围，而专研诂训名物"。到这时，新思想的产生益加困难，传统伦理观念已接近于定型和僵化。因此蔡元培对于众多的清代学者，只选取了黄宗羲、戴震和俞正燮三人加以评介。

清季以来，黄宗羲、戴震二人的思想颇有特色和影响。人们对此已有相当的关注。蔡元培依据黄氏《明夷待访录》中《原君》《原臣》二篇，评价黄为唐以后正确阐发君臣大义之第一人；关于戴震，则指明其所著《原善》《孟子字义疏证》涉及伦理学的内容，而戴氏之"特识，在窥破宋学流弊，而又能以伦理学之方式证明之"。多少有些不寻常的是，蔡元培将清代中期学者俞正燮特别列出，而与举世公认的两位思想大家并提，这适足体现了蔡元培编著《中国伦理学史》所具有的价值取向。

俞正燮，字理初，安徽黟县人，生于清乾隆四十年（1775年），卒于道光二十年（1840年）。他生长于书香门第，自幼聪颖好学，"性强记，经目不忘"，二十余岁时离乡出游，足迹遍及黄河两岸、大江南北。这位博学强记、见多识广而又性格耿介的学者，属于乾嘉考据学派的晚流，其学术成就没有前期考据大师的恢宏博大，但其考据范围较前人广泛，其考据的细密程度亦更为精深。所以梁启超说他"长于局部考证"。俞正燮经历了清王朝由盛转衰的社会变化，饱读经史的学力和"足迹半天下"的阅历，使他对种种社会弊端具有清楚认识。从其所著《癸巳类稿》及存稿中考证题目的选择和直抒胸臆的真知灼见便充分证明了这一点。这样，他的治学态度就从纯粹"汉学家"的立场发生一定程度的游离，多少带些"经世致用"的色彩，清人张穆就曾赞他既有"宏通淹雅之才"，又有"陈古刺今之识"。在俞氏《癸巳类稿》及存稿中，关于妇女问题的考证和议论十分引人注意，其中的男女平等思想及为妇女鸣不平的许多见解与封建伦理道德大相径庭，被视为是"发千载之覆"的议论。鲁迅曾经在《病后杂谈之余》中写道：有史以来，中国人身受过非人类所能忍受的苦难，"每一考查，真叫人觉得不像活在人间。俞正燮看过野史，正是一个因此觉得义愤填膺的人"。俞正燮在《节妇说》《贞女说》《妒非女人恶德论》《女子称谓贵重》《女吊婿驳义》《尼庵议》《娣姒义》《书旧唐书舆服志后》等篇中，对千百年来歧视妇女的道德、风俗、观念等大胆提出异议，用精严的考证说明上古时代男女平等的事实，从人道的角度论证理学道德规范的不合理和"非人性"，启迪人们改变此种不公平的社会现象。

蔡元培认为，"凡此种种问题，皆前人所不经意。至理初，始以其至公平之见，博考而慎断之。虽其所论，尚未能为根本之解决，而亦未能组成学理之系统，然要不得不节取其意见，而认为至有价值之学说矣。"因此，在《中国伦理学史》中，他将历来不被世人注意的俞氏言论予以介绍，做了十分可贵的思想资料的挖掘和充分评价。蔡晚年回忆自己青年时期的读书生活时指出："自《易经》时代以至清儒朴学时代，都守着男尊女卑的成见，即偶有一二文人，稍稍为女子鸣不平，总也含有玩弄的意味。俞先生作《女子称谓贵重》……等篇，从各方面证明男女平等的理想。……我至今还觉得有表彰的必要。"蔡元培对于俞正燮的推崇，主要是因为他认为俞氏能够"认识人权，认识时代"，勇于突破宋代理学的思想樊篱，其思想底蕴已颇接近于近代西洋伦理价值观念，在茫茫中国古代思想界堪称凤毛麟角。虽然，俞氏仅仅发出了一些就事论事的独特议论，思想深度和理论体系均还谈不上，但他所表现出的鲜明倾向，却具有十分可贵的伦理价值，代表了中国社会的一种理性的人道主义认识。蔡元培在《中国伦理学史》中特予记述，恰恰表明了他与俞氏在思想上的一致性。蔡元培生平致力于女权的提倡，奋力推进中国的男女平等进程，与他受到俞正燮伦理思想的影响大有关联。

在《中国伦理学史》的结尾处，蔡元培不无感慨地论述到包括伦理思想在内的中国学术文化的长期停滞、难以与时俱进的问题。在他看来，"我国伦理学说，以先秦为极盛，与西洋学说之滥觞于希腊无异"。此后，西洋学术文化不断发展，其成就已远非古人所能及。而中国自汉以后，思想之"大旨"不能超出儒家的范围，即使以朱熹的勤学，陆九渊、王阳明的敏悟，戴震的精思，其学术所得亦不过尔尔，终难有突破性创见。他认为，产生这种现象的原因有四："一、无自然科学以为之基础；二、无论理学以为思想言论之规则；三、政治宗教学之结合；四、无异国之学说以相比较。"印度的佛教虽闳深，但其厌世出家之法，与我国通行的实践伦理不甚相合，因而不能产生根本性影响。蔡元培预计，随着西方学说的传入，思想自由的空气不断浓厚，中国传统思想与新观念的碰撞和融合，将会造就出新的伦理学说，这是毋庸置疑的。

《中国伦理学史》是一部开发性著作，它以近代西方伦理学观点为主导，对中国两千余年的思想史料进行了提纲挈领的整理和论述，成为清末民初中国新文化建设中一件颇有意义的工作。1937 年商务印书馆将此书列入"中国文化史丛书"第二辑，重新印行。在很长一段时间里，这部著作是中国伦理学研究方面的唯一成果。诚然，该书以日本学者的著作为蓝本，在一些地方留有编译的痕迹，但蔡元培作为中国旧学的饱学之士，又有机会充分接触西洋伦理学说，因而该书青出于蓝而胜于蓝，不仅修正了日本学者所著书中的错讹，而且对古代思想学说点评比较，又有所充实，具备了自己的特点。正因如此，1941 年日本学者将该书译成日文，在日本出版。蔡元培当年编撰这本《中国伦理学史》，是为学校伦理教学提供参考书，"故至约至简"。今天看来，该书只是相当粗略地描摹了中国伦理思想的发展脉络，但它确乎为此后的有关研究开辟了一条路径。

三、哲学兴趣

在蔡元培一生所发表的较为系统的文字中，有关哲学的内容最多，其中主要是译述。如果说，他的关于伦理学方面的著述还只是集中在民国之前完成的话，那么，对于西方哲学的介绍和对中国哲学的阐释则贯串于他的中年和晚年，即令在其对于美学的兴致极高之时，也不曾中断对于哲学问题的关注，垂暮之年，他还兴致勃勃地为青年刊物撰写《怎样研究哲学》的文章。本来，不论是伦理学抑或美学理论，均涵盖于哲学范畴，离不开哲学这个学科基础。因此，说蔡元培平生学术的根基是哲学，大致是不错的。

引发蔡元培对于哲学问题产生兴趣的，应当是他早年"寝馈其间"的中国旧学经典。自中年之后，大量阅读西学译本书，使他对于近代西洋哲学萌生倾慕之心。追本寻源的求知热望，推动着他谋求留学德国的机缘。他所翻译印行的第一本书便是德国学者科培尔的《哲学要领》，其时，他正在青岛躲避"苏报案"的风波并准备赴德求学。

为什么要译述这本书？蔡元培在该书序言中谈到他的本意时说：时当新旧过渡，各类学说樊然并峙，哲学方面自有不同流派，倘断章取义，难免误入迷津。"初学者不得正宗之说以导之，将言唯物而诋纯正哲学之蹈空、言唯心而嗤物质文明之为幻，言有神而遂局古代宗教之范围，言无神而又以一切宗教为仇敌。门径既误，成见自封，知之进步，于焉窒矣。"有鉴于此，他选译了德国科培尔在日本文科大学的授课笔记。在他看来，科氏所言，"皆以最近哲学大家康德、黑格尔、哈尔妥门诸家之言为基本，非特唯物、唯心两派之折中而已。其所言神秘状态，实有见于哲学、宗教同源之故。而于古代哲学，提要钩元，又足以示学者研究之法，诚斯学之门径书也"。

20世纪初，西洋哲学在中国还属相当生疏的新学，即使在开新较早的上海学界，对于诸多哲学概念、学说及其相互关系亦处于一知半解的朦胧状态。要使国人较为全面了解西方哲学的历史和现状，提供一部相对严谨而通俗的入门书无疑十分必要，蔡元培适时地做了这项工作。《哲学要领》一书比较系统地介绍了西方哲学的基本理念、学术类别、研究方法及派别体系，从古希腊哲学家的学说到近世欧洲哲学的各种理论，均作论列，其中尤其详述归纳法、类推法、演绎法和辩证法的各自特点，对学习和研究西洋哲学颇有助力。蔡元培最初译述此书虽较为粗糙，但后来经过修订，由商务印书馆先后出至七版，可见该书还是受到社会欢迎的。

此后，蔡元培还翻译了一部分量颇大的学术著作，这就是日本学者井上圆了的《妖怪学讲义》。井上圆了曾在日本创办一所哲学学校，潜心致力于哲学研究和教学活动。他的著述比较适合东方民族的求知心理，其著作在20世纪初的中国读书界颇为流行。《妖怪学讲义》采用近代科学原理解释自然界种种奇异现象，又通过生理学和心理学的知识说明人类的各种异常精神感觉，将人们视为"妖怪"的现象逐一求得科学解释，堪称一部新奇之书。虽然此书并非哲学专著，但其内容涉及人类的认知心理和过程，与哲学问题有不少联系。蔡元培奋力翻译了该书总共八大卷中的绝大部分，交杜亚泉在上海开办的亚泉学馆付梓。不意因学馆失火，书稿大部被焚，仅先行排印的总论部分得以保存，遂改由商务印书馆出版，这便是1906年8月印行的《妖怪学讲义总论》。值得一提的是，井上圆了此书在当时有多种中译本，章太炎、何琪等人亦曾对此书进行翻译，可见该书受重视的程度。蔡元培对此书的译述，是他赴德国留学之前所进行的一项重要文字工作。

进入民国以后，蔡元培还曾应商务印书馆之约，先后编译了两本哲学导论性书籍，作为师范学校的教科书。一本是1915年出版的《哲学大纲》，一本是1924年出版的《简易哲学纲要》。两书均是蔡元培旅居欧洲时所完成，而依据的蓝本又都是德国哲学家的著作。在德国四年的留学生活，以及后来数次旅居欧洲，使蔡元培的学术视野大为拓展，广泛接触西方哲学著述和学者，使他对现代哲学的认识和理解不断深化，在借鉴和比较中，开始形成自己的某些固定见解。这些，都不同程度地反映在上述两本书中。

《哲学大纲》和《简易哲学纲要》虽然主要是依据李希脱尔、泡尔生、冯特和文德尔班四人的有关著作编译而成，但蔡元培同时兼采的其他哲学著述却相当广泛，在论述过程中又往往加入他自己的观点，故而，可以说这两本书所体现的学术水平和素养，与先前译述的《哲学要领》一书已不可同日而语，尽管它们均以哲学入门书的形式出现。《哲学大纲》中"宗教思想"一节，蔡元培便表达了他那"真正之宗教，不过信仰心。……凡现在有仪式有信条之宗教，将来必被淘汰"的宗教观。在《简易哲学纲要》"自序"中，他告诫"初学哲学的人，最忌的是先存成见，以为某事某事，早已不成问题了。又最忌的是知道了一派的学说，就奉为金科玉律，以为什么问题，都可以照他的说法去解决；其余的学说都可以置之不顾了。入门的时候，要先知道前人所提出的，已经有哪几个问题？要知道前人的各种解答，还有疑点在哪里？自己应该怎样解答他？这一本书，大半是提出问题与提出答案中疑点的，或者不至引人到独断论上去"。可见，这两本书确乎是"引人研究哲学之作"。两书的章节框架大体相同，但由于其所据底本出版时间相隔约20年，故学术观点的时代性还是存在一定差异的，这也反映出蔡元培治学的进取精神。

那么，蔡元培何以要一而再再而三地编写哲学入门读物呢？这与他对中国近代学术的总体认识有关。在他看来，宋代以后，中国的哲学思想便渐趋僵化，到清代，几乎无哲学思辨可言。这种学术状况，是导致近代中国全面落后的要因之一。欲救此弊，便应学习西方先进的学术成果，创造中西合璧的新文化。因此，大力介绍西洋哲学即成为至关重要的急务。20世纪20年代初，《民铎》杂志出版"柏格森专号"，集中向国人介绍这位西方哲学大师的生平和学说，蔡元培特为之译述《柏格森哲学导言》，表现出很高的热情。完全可以说，在传播西方近代哲学方面，蔡元培做了许多必不可少的基础工作。

在广泛接触西方哲学思想过程中，蔡元培深受德国哲学家的影响，其中尤以康德为甚。蔡几乎没有保留地接受了康德学说中有关"现象世界"与"实体世界"的思想，并将之运用到他的教育实践中。他首次在国人面前演绎这一哲学观念，是民国元年发表的那篇知名度颇高的《对于教育方针之意见》。在这篇阐释民国教育方针的文章中，蔡元培所受康德哲学的影响充分显现了出来。在论及政治家与教育家的不同之处时，他搬出了哲学依据："盖世界有两方面，一如纸之有表里：一为现象，一为实体。现象世界之事为政治，故以造成现世幸福为鹄的；实体世界之事为宗教，故以摆脱现世幸福为作用。而教育者，则立于现象世界，而有事于实体世界者也。"那么，所谓"现象世界"和"实体世界"二者区别何在？蔡元培解释道："前者相对，而后者绝对；前者范围于因果律，而后者超轶于因果律；前者与空间时间有不可离之关系，而后者无空间时间可言；前者可以经验而后者全恃直观。"他指出，"实体世界"，难以名状，"或谓之道，或谓之太极，或谓之神，或谓之黑暗之意识，或谓之无识之意志。其名可以万殊，而观念则一"。在这多少有些玄奥神秘的论述中，人们不难看到康德"心物二元论"的思想成分，也似乎感受到某种略带宗教色彩的高妙与超然。在蔡元培几十年的教育生涯中，倡导"教育独立"，提倡美感教育与心灵陶冶，追求"完全之人格"，都蕴含着这个哲学意识作为其理念根基。虽然，他没有能够撰成专著，阐发其哲学思想，但在为数可观的文章、演说中，康德哲学所给予他的影响一再表露，并且间或掺杂着叔本华等人的思想成分，这些确乎构成他庞杂的哲学思想的中坚部分。

蔡元培对于使用科学方法整理中国传统学术甚为热心，大力提倡。他曾为胡适的《中国古代哲学史大纲》以及《自由哲学》《逻辑学》《佛法与科学比较之研究》《哲学辞典》《中国思想研究法》等多种专著作序，热情推广新的学术研究成果。对于中国近代以来思想界的变迁，他也予以高度关注，并有精到评论。这集中体现在他撰写的《五十年来中国之哲学》一文中。这篇写作于1922年的三万字的长文，详述清末民初几十年间中国哲学领域的学者及其学说、特点，并适当进行评价。他写道："最近五十年，虽然渐渐输入欧洲的哲学，但是还没有独创的哲学。所以严格地讲起来，'五十年来中国之哲学'一语，实在不能成立。现在只能讲讲这五十年中，中国人与哲学的关系，可分为西洋哲学的介绍与古代哲学的整理两方面。"关于西洋哲学的介绍，他高度赞许严复译介西方人文社会学说的贡献，指出："严氏介绍西洋哲学的旨趣，虽然不很彻底，但是他每译一书，必有一番用意。译得很慎重，常常加入纠正的或证明的按语，都是很难得的。"

蔡元培以很大的篇幅详细评述了王国维介绍德国哲学的学术活动，他评论说："王氏介绍叔本华与尼采的学说，固然很能扼要；他对于哲学的观察，也不是同时人所能及的。"关于中国旧学的整理，他认为，近年整理国故的人，不是受西洋哲学影响，就是受印度哲学影响，在孔子学派上想做出一个"文艺复兴"运动的，是康有为，康是把进化论的理论应用于《公羊春秋》的"三世说"和《小戴礼记》"礼运"篇的小康大同上面，仿效其路径的还有谭嗣同。蔡元培特别提及，与康、谭同时的宋恕、夏曾佑两人都有哲学家的资格，宋也是反对宋、元烦琐哲学，要在儒学里面做"文艺复兴"的运动；而夏则是一个专门研究宗教的人。他同样以相当数量的文字评述了宋、夏二人的著述和观点。

在这篇总结性文字中，蔡元培以十分突出的笔触论及章太炎的学术成果，他写道："这时代的国学大家里面，认真研究哲学，得到一个标准，来批评各家哲学的，是余杭章炳麟。"他认为，章氏对于佛教各宗，除密宗、净土宗外，虽皆所不弃，而所注重的是法相。章以齐物论为作用，又时取"随顺有边"之法。看国内基督教的流布，在日本时，见彼方学者稗贩欧化的无聊，所以发矫枉的议论。章氏《检论》中订孔、道本、道微、原墨、通程、议王、正颜诸篇，都可当哲学的材料。其中说王阳明是"剀切"，不是"玄远"；说颜元"所学务得皮肤，而总揽之用微"，都是卓见。其《菿汉微言》上半卷，用"唯识"证明《易》《论语》《孟子》中的玄言，也都很有理致，并非随意附会。蔡元培也对胡适、梁启超、梁漱溟等人的著述有所论列。他从哲学史的角度概括道："凡一时期的哲学，常是前一时期的反动，或是再前一时期的复活，或是前几个时期的综合。"蔡元培《五十年来中国之哲学》一文，是中国学术界对清末民初几十年间思想学术成果的首次全面回顾和总结，他那平实的叙述和精到的点评，不仅帮助时人进行了一次学术巡礼，也为后代留下了宝贵的学术思想史料。

在广泛涉猎西方哲学和社会科学理论过程中，蔡元培对美学产生浓厚兴趣。从他在德国留学的活动来看，对欧洲民族艺术的欣赏是促使他研究美学的触媒。然而，几乎从一开始，他所从事的美学研究便含有一种社会功利的动机，即通过美来陶冶心灵、净化社会。这样，蔡元培对于美学理论的兴趣和钟爱就主要不是进行理论体系的架构，而是致力于对大众的感化——美育。蔡元培在民国以后的二十余年里。曾经写过不少有关美学的文章，诸如《美术的起源》《美术的进化》《美学的进化》《美学的研究法》《美学讲稿》《美学的趋向》《美学的对象》，等等。其中，除了运用西方人类学材料探讨艺术与审美的起源具有明显的学术研究性质以外，大部分是对西方美学理论（尤以康德美学观点为中心）所作的转述性介绍，偶或亦掺有蔡的个人见解。

是否可以这样说，在美学方面，蔡元培向国人所做的普及工作远远甚于理论研究。这便是人们所遗憾地看到的：他的美学观点既不系统（缺乏思辨性），又在许多方面显得浮泛。的确，在美学理论的研究方面，蔡元培不如同时代的王国维。与此形成对照的是，蔡元培在其教育生涯中力倡美育，不论是民国元年首次将美育列入教育方针，还是就任北京大学校长伊始即提出"以美育代宗教"的鲜明主张，甚或在"五四"新文化运动高潮中大声疾呼"文化运动不要忘了美育"，都不同程度地在学界产生了影响。相形之下，他探讨美术起源的学术文章，在湖南教育界所连续进行的关于美学的演说，以及以校长身份在北大等校讲授美学课程，似乎都是为使国人认同和接受美育所做的一种必要的基础性工作。从这个意义上认识蔡元培的美学研究与美育实践的关系，才有可能真正地理解他研治美学的"入世"倾向。

无疑，蔡元培是中国提倡美育最力的第一人。王国维、鲁迅等人虽在理论或某些实践方面有所建树，可是不足以与蔡元培的影响相比较。在时间的长久、范围的广泛和提倡的力度上，蔡堪称中国近代美育之父。他自称："美育者，孑民在德国受有极深之印象，而愿出全力以提倡之者也。"然而早在1900年3月他手订的《夫妇公约》中，就已经能够找到与后来的《美育实施的方法》几乎相同的一些内容。那时，其美育主张即已初露端倪。这一主张的正式提出是在民国元年，"针对当时疲惫的人心，动乱的社会，极力倡导美育"。这个时期，正是中国知识界深切关注国民性问题，进行反思和探索之际。美育的提出，实质上是蔡元培从进取的方面，为重新塑造合于近代文明标准的完美国民性所提出的设想。他认为，要使国人从蒙昧状态中彻底觉醒，非"扩充其知识，高尚其道德，纯洁其品性，必难幸致"。其中心是培养"完全人格"的道德教化，而"世之重道德者，无不有赖乎美术及科学，如车之有两轮，鸟之有两翼"。科学与美育，在他看来是人类文化活动的两个支点："文化是意志活动的现象，意志的活动，有两种能力：一是推理力，以概念为出发点，演成种种科学；一是想象力，以直观为出发点，演成种种文艺。"基于此，他在大力推行科学教育的同时，连篇累牍地撰写文章，并多次发表演说，以一种虔诚而激切的心理向国人宣讲美育的作用和价值，同时，设立艺术院校，开展美育活动。这样做，显然是从陶冶人的性情入手，改变国民的生活和心理环境，使整个民族具备一种内在的优美气质，从而达到改造国民性的目的。

改变文化人的精神面貌，是推行美育的重要一步。蔡元培多次指出，"专治科学，太偏于概念，太偏于分析，太偏于机械的作用了。"应当"求知识以外，兼养感情，就是治科学以外兼治美术"。这里的所谓"美术"是指文学、艺术的广义概念。内在精神的变革常常是最重要的变革，蔡元培的美育主张是深得此要领的。鲁迅亦曾讲过类似的话："盖使举世惟知识是崇，人生必大归于枯寂，如是既久，则美上之感情漓，明敏之思想失。"

显然，充溢优美气质的民族，必定是有生气而富于创造力的。蔡元培曾就第一次世界大战德、法两国交战，谈起美育与国民素质的关系，佐证了其以美育改造国民性的深层动机。

然而，这个良好愿望在条件不充分具备的历史时代，毕竟显得大大"超前"了。人们抱怨这种来自上流社会书房或客厅的一厢情愿的理想，并非毫无道理。蔡元培也不无遗憾地回顾："我以前曾经很费了些心血去写过些文章，提倡人民对于美育的注意。当时有许多人加入讨论，结果无非是纸上空谈。"事实确实如此，当20世纪20年代初，蔡元培力倡美育之时，文化教育界颇有人应和。刘伯明、李石岑、吕澂、孟宪承、张竞生等都曾发表文章或演说，赞成实行美育。甚至梁启超在上海美术专科学校演讲，亦以《美术与生活》为题，力言美育之作用。但是，实际社会成果则寥寥无几。当然，美育在人类生活中有一个伴随环境变化而逐渐被接受的过程，由于蔡元培的大力提倡，在中国人的教育观念中毕竟已占据了一个位置。

不能不指出的是，蔡元培在美学理论上的薄弱，使他在提倡美育时常常处于论据不充分的境地。"以美育代宗教说"提出后的二十年中，虽被反复重申和强调，但终因这一命题缺乏足够的理论论证而难以为社会认可和接受。仅仅单纯传扬西方美学理论，不做细密的理论再创造，这一欠缺在很大程度上限制了美育的社会普及进程。如果不是苛求的话，这或许是蔡元培力倡美育而成效不彰的一个主观因素。

四、红学情怀

蔡元培著述中引起学术界特别关注，以至引发一场争论的，是那部《石头记索隐》。由此，蔡氏得到了旧红学家索隐派的名号。

对于红楼梦的研究兴趣，蔡元培是受到陈康祺《郎潜纪闻二笔》中所述徐时栋观点的启发，徐氏认为，《石头记》中十二金钗皆清初巨宦明珠食客，其中以薛宝钗影射高澹人（士奇）、妙玉影射姜西溟。蔡元培开始作《红楼梦》疏证，是在1898年或这之前。他在该年的日记中曾有如下记述："前曾刺康熙朝士轶事，疏证《石头记》，十得四五，近又有所闻，杂志左方，以资印证。"如"林黛玉（朱竹垞）、薛宝钗（高澹人）……宝玉（纳兰容若）、刘姥姥（安三）"。此时，蔡元培正在北京翰林院供职。以后，他又接触到清人《乘光舍笔记》等书，其中关于红楼梦小说中女人皆指汉人、男人皆指满人的说法，使他感到"尤与鄙见相合"。

循此思路，蔡元培在此后十多年的时间里陆续考证出十余则，但他自忖这项红楼梦疏证的工作尚不成熟和完备，并未出版。不过，他对于这部文学巨著的研究在其朋辈中该是有所了解的。因此，1914年，蔡元培在法国将《红楼梦疏证》（《石头记索隐》初名）基本定稿之后，上海商务印书馆的张元济便建议他加一结束语，尽快发表。蔡氏《石头记索隐》首次面世是1916年1—6月在商务印书馆的《小说月报》上连载，出版者特辟"名著"一栏，以示重视。依照蔡元培原来的想法，刊载后本不急于将此稿结集出书，而愿进一步修订增补，以成全璧，至少在内容上要更加充实。可是同年秋，他将出任北京大学校长，旋即回国。同时，上海出版界已经刊出王梦阮、沈瓶庵《红楼梦索隐》一书的发行广告。故此，张元济函劝蔡元培："……若大著此时不即出版，恐将来销路必为所占。且驾既回国，料亦未必再有余闲加以润饰，似不如即时出版为便。"这样，蔡元培的《石头记索隐》遂于1917年9月由商务印书馆正式出版单行本。

长篇小说《红楼梦》问世后，从清季乾隆年间至民国初年，一直为历代文人所津津乐道。围绕这部内容宏大、构思奇巧的文学巨著，人们曾进行热烈的评论和多方面的猜度、探讨。其间，仁者见仁，智者见智，莫衷一是。自清光绪初年，便出现"红学"这一专门概念，有人甚至不无调侃地将"红学"与"经学"相提并论,小说家俨然步入了大雅之堂。进入民国以后,对于《红楼梦》的研究有增无减,一些有分量的红学研究专著相继问世,学术界似乎正酝酿着一次红学研究的"突破"。蔡元培作为民国名人,在学界有很高地位,他亦加入到红学研究的行列,自然引起世人的关注。《石头记索隐》从1917年初版,到1930年已出至第十版,可见其影响非同一般。

蔡元培从事《红楼梦》疏证的十余年间,正是"排满"之声四起、"民族主义"激情高扬之时,这种时代氛围,对于他显然有深刻影响。《石头记索隐》劈头便写道:"《石头记》者,清康熙朝政治小说也。作者持民族主义甚挚。书中本事在吊明之亡,揭清之失。而尤于汉族名士仕清者,寓痛惜之意。当时既虑触文网,又欲别开生面,特于本事以上,加以数层障幕,使读者有横看成岭侧成峰之状况。"从这段文字可知,蔡元培考证疏解《红楼梦》的基本动机是宣扬民族主义思想。由此出发,他认定,小说作者"于汉人之服从清室,而安福尊贵者,如洪承畴、范文程之类,以娇杏代表之。娇杏即徼幸……于有意接近(清朝),而反受种种之侮辱,如钱谦益之流,则以贾瑞代表之……叙尤三姐,似以代表不屈于清而死者。"他还指出,书中红字多影朱字,朱者,明也,汉也。宝玉有爱红之癖,言以满人而爱汉族文化也,好吃人口上胭脂,言拾汉人唾余也。蔡元培甚至断定,贾府即伪朝,乃指斥清廷之意。诸如此类的疏证,其根据是否充分、论断是否可信,我们暂且不论,只就其中所强烈显现的民族的、政治的意念而言,可以说,蔡氏作此《石头记索隐》有别于闲适文人的"戏笔"之谈,而寓有相当的社会现实深义。也正因如此,有人称蔡元培为红学中的"政治索隐派"。

《石头记索隐》采用对比的方法,广泛征引史籍记载的相关材料,与小说情节相比附,以支持考证者的论点。蔡元培对《石头记》探索幽隐的具体成果是，他考证出：贾宝玉，即是传国玉玺之义，乃影康熙时的废太子胤礽；林黛玉，影朱竹垞，即朱彝尊；薛宝钗，影高江村，即高士奇；探春，影徐乾学；王熙凤，影余国柱；史湘云，影陈其年；妙玉，影姜西溟；惜春，影严荪友；宝琴，影冒辟疆；刘姥姥，影汤潜庵。此外，他还列举了若干小说情节与康熙朝时事相关联的条目，以佐证自己的观点。在结束这篇四万余字的考证文章之前，蔡元培写道："以上所证明，虽不及百之一二，然《石头记》之为政治小说，绝非牵强附会，已可概见。触类旁通，以意逆志，一切怡红快绿之文，春恨秋悲之迹，皆作二百年前之因话录、旧闻记读，可也。"总之，蔡元培认为，小说《红楼梦》实在是把康熙朝的种种伤心惨目的事实，寄托在香草美人的文字上面，完全可以视为政治小说，只要剥离作者故意布下的"障幕"，便可作为历史书籍来读了。在这部著述中，蔡氏广征博引，努力使自己欲证明的问题具有充分的依据，从而达到他主观上所认真追求的"严谨"和"审慎"。看来，蔡元培对这部《石头记索隐》也颇为自信，视为自己著述中的精心得意之作。

清末民初时期，学术界探索《红楼梦》本事的倾向趋盛，人们依照各自的观感和理解，参考不同资料，分别作出论断。其中，即有王梦阮、沈瓶庵的《红楼梦索隐》和邓狂言的《红楼梦释真》等书。由于他们着力于钩稽探寻红楼梦小说中"真事隐去"的那部分内容，因而通常被称为"索隐派"。蔡元培《石头记索隐》的篇幅要小得多，其内容亦并非逐回索证，而只是就其考证所得翔实记述而已。但是，蔡氏书中在其疏解问题方面所征引的资料较为丰富，表明了作者用力之勤。尤为重要的是，该书在进行人物疏证时，绝非毫无原则可循，而是自有其一套"规范"。

蔡元培称：小说中所影射的人物"用三法推求：一、品性相类者；二、轶事有征者；三、姓名相关者"。他举例说：以湘云之豪放而推为其年，以惜春之冷僻而推为荪友，是用第一法；以宝玉曾逢魔魇而推为胤礽，以凤姐哭向金陵面推为国柱，是用第二法；以探春之名，与探花有关，而推为健庵；以宝琴之名，与学琴于师襄之故事有关，而推为辟疆，是用第三法。并且"每举一人，率兼用三法或两法，有可推证，始质言之"。（《石头记索隐》第六版自序）当然，这并不是说蔡元培这部《索隐》比那个时代的同类著作高明多少，而是意在指出，蔡元培在主观上是追求比较严谨的治学方法的，与那些游文戏笔的红学研究文字不同，蔡的治学和写作是认真的。正因如此，当胡适一派新红学家大胆批评包括蔡元培在内的旧红学索隐派时，一向雍容大度的蔡先生禁不住要站出来与之争论短长了。

　　《石头记索隐》出版四年之后，年轻气盛的胡适推出了他的《红楼梦考证》一文。这篇近两万字的论文，系统考证了《红楼梦》的作者、家世和版本，得出该书乃作者曹雪芹"将真事隐去"的自传的结论。胡适在文章中对以往的红学研究提出了尖锐批评，他指出，向来研究《红楼梦》这部书的人"都走错了道路"，"他们不去搜求那些可以考定《红楼梦》的著者、时代、版本，等等的材料，却去收罗许多不相干的零碎史料来附会《红楼梦》里的情节。他们并不曾做《红楼梦》的考证，其实只做了许多《红楼梦》的附会！"他嘲笑"那班猜谜的红学大家"只是"绞尽心血去猜那想入非非的笨谜"。由于胡适考证出曹雪芹的家世，又发现脂评红楼梦抄本，因而在红学研究领域产生绝大影响，新红学派由此发轫，他的许多观点也渐为学界所认同。应当说，胡适对于旧红学的批评，用语虽稍嫌尖刻，但显然是正确的。不过，胡适的考证亦有自身的弱点，如过于夸大考证小说作者的意义，断定红楼梦为作者自传之说仍是建立在假设、猜度的基础之上，论据不足而显得武断。正因如此，蔡元培对于胡适的批评不大服气，遂撰文进行自辩，并与之"商榷"。

　　1922年1月，蔡元培趁《石头记索隐》出版第六版的机会，写了一篇"自序"，其副题即标明"对于胡适之先生《红楼梦考证》之商榷"。他申述了自己进行《红楼梦》疏证的起因和方法之后，颇为自信地表示"自以为审慎之至，与随意附会者不同"，故而，对于胡适的批评"殊不敢承认"，而胡适考证《红楼梦》的观点，"实有不能强我以承认者"。接着，他从几个方面与胡适展开"商榷"。他写道：胡先生考证出作者的生平与家世，固然有功于红学研究，但"吾人与文学书最密切之接触，本不在作者之生平，而在其著作。著作之内容，即胡先生所谓'情节'者，决非无考证之价值"。他列举中外文学研究中的许多实例，证明考证情节，不能一概视为附会而加以排斥。他还写道："胡先生所谥为笨谜者，正是中国文人的习惯，在彼辈方以为必如是而后值得猜也。"他的这一辩白，从形式上似乎颇与胡适的"大胆假设，小心求证"相吻合。总起来看，蔡元培的自辩虽罗列了不少材料，但因逻辑松散、偏离主题，而显得不是很有力，倒是他驳论胡适"自传说"的文字还比较切中要害。

他写道："胡先生以曹雪芹生平，大端考定，遂断定《石头记》是'曹雪芹的自叙传'，'是一部将真事隐去的自叙的书'，'曹雪芹即是《红楼梦》开端时那个深自忏悔的我，即是书里甄贾（真假）两个宝玉的底本'。案书中既云真事隐去，并非仅隐去真姓名，则不得以书中所叙之事为真。又使宝玉为作者自身影子，则又何必有甄贾两个宝玉？"最后，他仍坚持认为，"《石头记》原本，必为康熙朝政治小说，为亲见高、徐、余、姜诸人者所草。后经曹雪芹增删，或亦许插入曹家故事。要未可以全书属之曹氏也。"

对于蔡元培的这篇驳论性文章，胡适颇不以为然。他在日记中写道："蔡先生对于此事，做得不很漂亮。我想再做一个跋，和他讨论一次。"（1922年2月18日）胡适的弟子俞平伯读了发表在《晨报副刊》上的蔡元培文章后，先自在上海《时事新报》撰文予以批评，指出，"《石头记索隐》确是用附会的方法来考证情节的。我始终不懂，为什么《红楼梦》的情节定须解成如此支离破碎？又为什么不如此便算不得情节的考证？为什么以《红楼梦》影射人物是考证情节，以《红楼梦》为自传便不是考证情节？况且托尔斯泰的小说，后人说他是自传，蔡先生便不反对；而对于胡适之的话，便云'不能强我以承认'，则又何说？"字里行间，颇具一种质疑辩难的气势。

胡适从事红楼梦考证的主要"同道"顾颉刚则在致胡适的信中深入剖析了蔡元培的观点，他认为，"蔡先生的根本错误有两点：第一，别种小说的影射人物只是换了他的姓名，男还是男，女还是女，所做的职业还是这项职业。何以一到《红楼梦》就会男变为女，官僚和文人都会变成宅眷？第二，别种小说的影射事情，总是保存他们原来的关系。何以一到《红楼梦》就会从无关系发生关系。例如蔡先生考定宝玉为胤礽，林黛玉为朱竹垞，薛宝钗为高士奇，试问胤礽和朱竹垞有何恋爱的关系，朱竹垞与高士奇又有何吃醋的关系？这两项是蔡先生无论如何不能解答的。若必说为性情相合，名字相近，物件相关，则古往今来无数万人，那一个不可牵到《红楼梦》上去！实在蔡先生这种见解是汉以来的经学家给予他的"。（俞平伯文、顾颉刚函均见《胡适的日记》上册第284—286页，中华书局1985年版）在顾颉刚看来，蔡先生研究红楼梦的方法，颇有几分类似于经学家诠解孔孟典籍的"注经之法"，实际是说，在治学路径上，蔡受旧学影响太深。不妨说，顾颉刚的见解代表了"五四"新文化运动中兴起的新型知识分子对蔡研治红学的基本评价。

胡适于同年5月撰写了《跋红楼梦考证》，其第二部分便是"答蔡子民先生的商榷"。他认为，蔡先生的"性情相近，轶事相征，姓名相关"这三种推求小说人物的方法，只适用于《孽海花》《儒林外史》等少数小说之中，而"大多数的小说是决不可适用这个方法的"。他引述顾颉刚来函中所提出的两个问题，作为对蔡氏自辩的反驳，进而突出强调考证作者生平的意义，指出，离开作者生平而索解小说，只会陷入荒唐可笑的盲人摸象的境地。

蔡元培、胡适之间的这场争论，曾被有的学者夸张地称为"一场震撼全国的论战"，它确乎反映了在红学研究领域里新与旧两种学派的意见对立，其分歧的内涵，则显示出两代学者不同的学术背景和思维训练。争论的结果，仍是各持己见。直到 20 世纪 30 年代，同样性质的学术争论还时有出现。红学研究中"索隐派"著作依然相继出版，其中有的在相当程度上承袭了蔡元培的主要观点。甚至到 20 世纪 50 年代末海外出版的红学研究专著中仍有学者坚持认为《红楼梦》乃反清吊明之书。不过，应当承认，胡适所开辟的研究路径业已成为"五四"之后红学研究的主流，而旧红学的余脉似乎已日渐式微。

客观地讲，蔡元培的《石头记索隐》反映了"五四"之前红学界的研究方法和学术水准，在后人看来，其治学方法的幼稚和所得结论的不确是不言而喻的。人们并不会因为它宣扬了在那个时代具有革命意义的民族主义思想，而认可其学术价值。当年，胡适等人对他们素所尊敬的蔡先生进行的尖锐的学术批评，表现了后辈学者的进取精神和更新意识。蔡元培能够扶助胡适一代人从事新文化的建设，却在传统的学术研究领域流露出相当程度的滞后倾向，这充分显示了蔡氏文化性格上的复杂性。

就文化教育的背景而言，蔡元培与胡适一辈人属于两代人，他们之间发生学术争议并不足怪。问题在于，蔡元培长期吸吮西洋文化的养分，主观上亦十分注重科学方法，在中国的文化建设上颇多卓越见解，且有非凡建树，何以在具体的学术问题上与传统的中国文人并无二致？这是一个偶然的孤立现象，还是暴露出蔡氏在思想方法上的某种缺陷？显然，在他身上，西洋近代学术的科学精神还没有化解为得心应手的思维方法，在一些问题上，中国旧学的影响仍具有十分强韧的张力。这样一种混合型的知识结构以及由此而形成的复杂文化性格，在清末民初那样的过渡时代，很具有代表性。《石头记索隐》及其所引出的故事，十分明显地提示人们：要理性地认识作为学者的蔡元培的成败得失及其深层因由。

五、扶植民族学

1934 年 12 月 10 日，蔡元培在南京中央大学发表了一个题为《民族学上之进化观》的演说。其中谈道："我向来是研究哲学的，后来到德国留学，觉得哲学的范围太广，想把研究的范围缩小一点，乃专攻实验的心理学。当时有一位德国教授，他于研究实验心理学之外，同时更研究实验的美学。我看看那些德国人所著的美学书，也非常喜欢，因此我就研究美学。但是美学的理论，人各一说，尚无定论，欲于美学得一彻底的了解，还须从美术史的研究下手，要研究美术史，须从未开化的民族的美术考察起。适值美洲原始民族学会在荷兰、瑞典开会，教育部命我去参加，从此我对于民族学更发生兴趣，最近几年常在这方面从事研究。"这段自述，勾勒了蔡元培中年以后研治学术的基本轨迹，同时告诉人们，他对于民族学的兴趣老而弥坚，以至成为其暮年倾心研讨的一门学问。

蔡元培多年游学于德国和法国，深受欧洲民族学大陆学派的熏染，即使在其对美学和美术史发生浓烈兴趣之时，民族学（或称人类文化学）也始终作为一个密切的相关学科，在方法和材料方面为他研究美学理论和美术史起着辅助性作用。他的长篇论文《美术的起源》即广泛利用民族学的学术成果来论述美的起源问题。可以说，在蔡元培研治美术史的过程中，美学偏于抽象的理念，而民族学则提供了生动具体的实证，这或许是他晚年较多偏向于民族学问题的某种原因。1924 年，他在欧洲参加国际民族学会议，遇莱比锡大学同学、德国民族学家但采尔，在但氏的鼓动下，他以年近花甲之龄进入汉堡大学，专研民族学。从此，民族学在晚年蔡元培的精神生活中占据了一个突出位置，他向国人介绍这门学科，并热心从事中国民族学的学科建设工作。

关于民族学的材料，不论是中国古代，还是古希腊或其他地区，均有大量的文字记载和文物资料。但是，民族学正式成为一门社会科学，则是在 19 世纪中叶。欧美等国家的许多学者为这一学科的创立进行了艰辛的理论探索，形成不同的学派。西方民族学著作首次传入中国，是 1903 年由京师大学堂书局出版的林纾、魏易合译的《民种学》一书。该书原作者为德国人哈伯兰，英人罗威译成英文为《Ethnology》（民族学），林纾等据英译本转译为中文，而称民种学。次年，蒋观云又译称"人种学"。在一段时间内，有关民族学的定义既不固定，也不统一。在我国，正式提出"民族学"这一概念并使之沿用至今的，是蔡元培。他于 1926 年 12 月在上海《一般》月刊发表《说民族学》一文，阐明"民族学是一种考察各民族的文化而从事于记录或比较的学问。偏于记录的，名为记录的民族学"；举各民族物质上行为上各种形态而比较它们的异同的，名为"比较民族学"。他详细比较了法文、德文、英文关于"民族学"这一名称的词义，并溯源到古希腊文的语义演变，说明自己提出民族学概念主要"是依傍德国语法"。其实，就广义而言，民族学属于人类学的一个分支，英美学者通常将民族学视为人类学，亦即相当于人类文化学和社会人类学。但在欧洲大陆，如德、法等国，习惯上将体质人类学称作人类学，而社会人类学则另有民族学（Ethnology）之称。蔡元培提出并确定民族学概念，显系源于德、法等国的学术传统。

在《说民族学》这篇文章中，他还着力从中国传统文化中挖掘有关民族学的资料，以证明这一学科在中国具有良好基础，并非纯然的舶来品。他指出，《山海经》一书中有很多民族学的丰富记载，"例如《山海经》于每章末段，必记自某山以至某山，凡若干里，其神状怎样，其祠礼怎样，那都是记山间居民宗教的状况"。此外《史记》"匈奴""西南夷"等列传和后来史书中的这类部分，以及唐樊绰的《蛮书》、宋赵汝适的《诸蕃志》、元周达观的《真腊风土记》、明邝露的《赤雅》等书，都是记录民族学的专书。而《小戴礼记·王制篇》中则有颇为详明的比较民族学方面的记述。随后，蔡元培分别阐述了民族学与人类学、人种学、考古学、历史学、社会学、心理学等相关学科的关系，在他看来，尽管西方学术界有以人类学包含民族学的倾向，但现今民族学注重于各民族文化的异同，头绪纷繁，绝非人类学所能包容，实际上民族学久已脱离人类学而独立。这样，便使民族学在中国创立伊始，即与人类学脱钩，具有了独立学科的地位。在这篇文章中，蔡还初步论证了"民族的文化随时代而进步"的观点，认为民族学的研究颇可补中国史前史若干方面的阙如，从而显露出他与欧洲民族学中进化学派的某种学术渊源。

《说民族学》一文，是20世纪初西方民族学传入中国以来，第一篇系统论述民族学的文章，它不仅确定了这门学科的名称和定义，还具体介绍了该学科在近代学术体系中的地位和作用，同时，又用中国固有的文献资料进行演绎，为这门新兴学科增大了可接受性。自《说民族学》发表之后，民族学作为一门学科开始在中国学林中得到了立足之地。

1928年国立中央研究院成立，按照蔡元培的设想，拟议创设民族学研究所，但由于经费和研究力量的不足，改在社会科学研究所内组建民族学组，蔡以院长身份兼任民族学组主任，并从事具体项目的研究。从中央研究院当年的文件记载可知，他的研究课题为：1.各民族关于数之观念；2.结绳及最初书法之比较研究。在20世纪30年代，年逾花甲的蔡元培在应付各类繁杂事务的情况下，始终没有降低对于民族学的研究兴致。有文字可寻的，是他公开发表的两次演说词。一次是1930年5月，在中国社会学社成立会上所讲《社会学与民族学》。他概要论述了民族学对社会学的补助作用，指出："我们要推到有史以前的状况，专靠考古学家的材料，是不能贯串的。我们完全要靠现代未开化民族的状况，作为佐证，然后可以把最古的社会想象起来。"他进而举例母系氏族制度和图腾崇拜等民族学方面的研究成果论证中国古代传说的历史，使人产生耳目一新之感，从而推动民族学的普及并引起学术界的重视。

另一次，于1934年12月在南京中央大学所讲《民族学上之进化观》。他讲道："民族学上的进化问题是我平日最感兴趣的……在民族学上，我觉得人类进化的公例，是由近及远的一条，即人类的目光和手段，都是由近处而逐渐及于远处的。"他从美术、交通、饮食、算术、币制、语言、文字、音乐、宗教八个方面阐发证明自己的这一观点，他说，就美术而言，"人类爱美的装饰，先表示于自己身上，然后及于所用的器物，再及于建筑，最后则进化为都市设计"。但他同时也指出"尚有不可忘记的一点，即此种进化的结果，并非以新物全代旧物，易言之，即旧物并不因新物产生而全归消灭"。蔡元培提出的这一"由近及远"的进化观点，被后来的民族学专家评赞为进化学说在民族学方面的"一个正确新解"，"此乃折中历史派与进化派的学说，以补旧进化论之偏"。这两篇演说词分别发表在《社会学刊》第一卷第四期和《新社会科学季刊》1934年冬季号上，它们与《说民族学》一起，成为蔡元培民族学研究方面仅存的三篇文字成果。

不过，晚年蔡元培对于中国民族学的贡献远非仅止这些。他的关于民族学的思想更多地体现在他所领导的中央研究院民族学组的工作方面。从1928年民族学组建立到1934年该组归入历史语言研究所的六年间，他悉心指导，大力擘画，推动民族学组积极展开调查、研究。蔡元培主张，民族学既是理论科学，也是应用科学，其研究工作既有学术性，又有实用特点，它与边疆地区的政治进步、教育普及和文化提高均有密切关系。研究民族学不应当一味地从现有典籍中搜寻间接的材料，而更应注重采撷大量生动的直接材料，即应当进行广泛的实地调查。

在他的主持下，民族学组确定了工作项目，计有：广西凌云瑶人之调查及研究；台湾番族之调查和研究；浙闽畲民之调查；松花江下游赫哲民族之调查研究；海南岛黎人之调查；湘西一带苗瑶人之调查；西南民族之研究；亚洲人种分类之研究；标本图表之整理陈列，等等。可以看出，其中实地调研占有较大比重。蔡元培还亲自指定、安排研究人员赴少数民族地区从事调查。从 1928 年开始，民族学组的研究员颜复礼、凌纯声，编辑员商承祖，助理员林惠祥，以及芮逸夫、陶云逵等均曾分赴边陲内地实地考察，所撰调研报告则在中央研究院有关刊物上公开发表。这是国人第一次有组织地开展民族区域调查。为了集中展示民族学的标本和资料，蔡元培还着手筹建中华民族博物馆，他特意聘请时任汉堡民族博物院非洲部主任的但采尔协理此事，经多方努力，有关文物标本和图片初具规模，但终因经费不足，只在中央研究院内设立了一个民族学陈列室。

在我国，民族学毕竟还是一个新兴的学科，但它对于我们这样一个多民族的国家来说，是不可或缺的。20 世纪 50 年代，有关部门正式确认"民族学"为此一独立学科的统一称谓，从那时以来，该学科已有了喜人的发展。然而，人们不会忘记蔡元培在中国民族学的早期发展阶段所进行的"开辟草莱"的种种努力，没有他那一代人的奠基性工作，中国民族学日后的发展和提高是不可想象的。

第八章

人品及交游

人品和性情

交游：联结两代文化人

一、人品和性情

论及蔡元培的人品，评论界有一种相当普遍的看法，认为他是中国传统道德在近代条件下的典范，他得到了知识界一代人发自内心的人格敬仰。这一评价，在儒家思想居于主导地位的文化圈内尤为突出。港台学者金耀基即指出："在新旧中西价值冲突，是非复杂的19世纪中叶与20世纪初叶，这段时期中，蔡先生可说是最少争议性的人物，也是最普遍受敬仰的人物，崇仰他的文字何止千百万言，但他名扬天下，而谤则未随之，这不能不说是20世纪中国伟人中的极少数例外之一。"（转引自黄肇珩《一代人师——蔡元培传》第218—219页，台湾近代中国出版社1982年）

在蔡元培身上，有着学者的风度、君子的雅量和"好好先生"的恬淡平易。平素，他总是一袭长衫，凝重而和善的表情，迂缓而沉毅的举止，带有绍兴官话的声音，语调不高，却透出清朗和睿智。许多与他有过接触的人，都对其风采留有深刻印象。柳亚子说："蔡先生一生平和敦厚，蔼然使人如坐春风。"张一麐则写道："宋人谓：见程明道如坐春风中。"与蔡先生交往，"殆有此风象"。（《蔡元培先生纪念集》第125页、95页，中华书局1984年）当年曾是北大学生的冯友兰在《三松堂自序》中也回忆道：在蔡先生身边，感同光风霁月，他的人格能造成一种气象，沐浴这种气象之中，就不能不为他的人格所感化。人们的记述如此相像，说明蔡元培确乎具有某种非常人可比的性格魅力。任鸿隽认为，"他这样谦让和蔼，温良恭俭，纯是发乎自然，而不是要拿这些道德来引起人家好印象、好感想。"（《蔡元培先生纪念集》第65页）发乎自然，我们是否可以理解为这是他长期"读书养气"所达到的一种境界。蔡元培一生倾心向学，早年濡染于理学的心性之说，崇拜宋儒，中年以后更以极大毅力求索西学新知，其勤敏之状于下例可知：他在南洋公学任教期间，曾跟从马相伯学习拉丁文，马相伯好意相劝说，拉丁文在西洋已成古董，中国学者实在无学习之必要。蔡则执意要学，他认为，拉丁文乃欧洲各国语文之本，不通晓拉丁文，便无从探知西洋古代文化。马相伯无奈，只好答应教他。从南洋公学到马的寓所要走四五里路，蔡每早步行坚持学习，有时时辰尚早，马还未起身，蔡便耐心等候。蔡元培这样的笃志好学使马相伯深有感触，遂决定招徒传授，后来就在此基础上创办了震旦学院。人们常说，蔡元培一身而兼有东西方两大文化之长，"一是中国传统圣贤之修养，一是法兰西革命中标揭自由平等博爱之理想"。他对西方理性精神的执着追求和对中国读书人刻意修身养性传统的诚心恪守，是造就其高尚人格的基本因素。

蔡元培的许多朋友和学生用"无所不容"来说明他兼容并包的思想和仁人君子的雅量。在人事纷繁的社会活动中，蔡元培恬淡为怀，胸襟阔达。"五四"前夕，他与林纾论战，林用刻毒的语言攻击新文化，诋毁北京大学和蔡本人，甚至写影射小说，对蔡进行人身攻击。而蔡在答复林的公开信中，平情论理，丝毫不假以辞色。两相比较，其境界之高低不言自明。围绕《石头记索隐》，蔡元培曾与胡适展开学术争论，这是一场"君子之争"，但年少气盛的胡适对包括蔡著《石头记索隐》在内的旧红学放言贬损，谓为"猜笨谜""大笨伯"，词气颇为尖刻。蔡不同意胡的观点，撰文反驳，但仅仅申述己意，未尝有为此作气之意。蔡元培作为晚清翰林，在书法方面却不甚讲求，这使得一些学界后辈疑惑不解，在素重楷法的科举殿试中，蔡先生何以高中金榜？在北京大学的一次宴会上，率直的钱玄同几杯酒落肚，忽然向蔡校长提出了这个问题。他问："你的字写得这样蹩脚，为什么可以点中翰林？"此话出口，席间同人顿感此举未免太使蔡校长难堪。岂料，蔡不以为忤，反而笑答道："因为那年主考官最喜欢黄庭坚的字，我少年时刚巧学过黄体，所以能中试。"本来可能出现的尴尬场面竟在不经意的舒言缓语之中化解了，蔡氏的性格和涵养于此可见一斑。在多数情况下，蔡元培对于有事前来求助的人差不多有求必应。北伐战争后不久，陈调元任安徽省主席，不少北大的学生托请老校长函介他们到皖省任职，蔡几乎来者不拒。最初，陈尚设法安置，后来见蔡的介绍函太多，便搁置不复。这位在南京政府中任要职的党国元老却亦淡然处之，不以为意。蒋梦麟回忆说：蔡先生"处事接物，恬淡从容，无论遇达官贵人或引车卖浆之流，态度如一"。（《蔡元培先生纪念集》第76页）处世恬淡，待人平易，非有超脱的气质和博爱的胸怀，是不易做到的。

大概因为这平易淡然，蔡元培作为"好好先生"的形象不知不觉中增大了。有人以为他接物待人"太滥"，有人觉得他临事无可无不可，有人甚至说他参政理事易受别人影响和操纵等。但是，与蔡元培过从较密、了解深入者却大不以为然，他们揭示了蔡个性中的另一侧面。林语堂记述说：蔡先生"待人总是谦和温恭，但是同时使你觉得他有临大节凛然不可犯之处，他的是非心极明"。蔡的学生罗家伦也说："大家只看见先生谦恭和蔼的方面，而少知道先生坚毅不拔、风骨嶙峋的方面。"傅斯年则进一步指出："若以为蔡先生能恕而不能严，便是大错了。蔡先生在大事上是丝毫不苟的。有人做了他以为大不可之事，他虽不说，心中却完全当数。"他真正做到了"临艰危而不惧，有大难而不惑"。（分别参见《蔡元培先生纪念集》第129、84、81页）他们的记述和辩白，告诉人们，蔡"一遇大事，则刚强之性立见"。这一特性，较集中地展现于他主持北京大学那段时期。北京大学实行学术自由、兼容并包办学方针，新文化运动迅速发展，社会上守旧势力与军阀政客集团联手，攻击诋毁北大和蔡的办学方向，一时间"黑云压城"。曾经为蔡改革北大出谋划策的汤尔和等人转而力劝他解聘陈独秀，制约胡适，以缓和外界压力。蔡长时间沉默着，听着汤等人的劝解之言，最后他站起身决然说道："北京大学一切的事，都在我蔡元培一人身上，与这些人毫不相干！"他后来与林纾公开论争，发表《洪水与猛兽》一文痛斥军阀，再次表现了"临大节凛然不可犯"的风骨。"五四"前后的北京大学，倘没有蔡元培的如此"担当"，恐怕早为守旧势力和安福系摧垮也未可知。1921年，蔡远培在美国考察教育，刚到绮色佳，便闻听一位新上任的美国驻华公使要宴请他，请他介绍北京的权贵。非其所愿，决不苟且敷衍，蔡下车伊始，坐犹未定，便坚决离开了此地，终于不给美国公使和中国官僚作桥梁。这便是他"是非心极明"的一面。有人概论他的这种性格为"内和外介，守正不阿"，确是颇为切合的。

无论是从事教育还是参与政治，蔡元培始终不失书生本色。人们注意到，蔡一生中的辞职次数非常之多，其中引起社会反响的"辞职事件"就有数起。显然，蔡抱着"合则留，不合则引去"的自由信条，合与不合的尺度则是他所信守的价值观，至于高官厚禄则并不足惜。每次辞职"下野"后，他便重操旧业，以老学生身份向欧洲的大学注册入学，进行自己心爱的学术研究。他自述"一生难进易退，性近于学术而不宜于政治"，正是其书生本色的最好体现。在蔡元培看来，学人参政，应力谋为公众做事，而不可以权谋私。他鄙薄那些利欲熏心的官吏，虽曾置身官场，却清廉奉公，洁身自好。每当见到那些做大官的人购田置产，常不胜叹息，以为与其留给子孙金钱华屋良田，莫如策励晚辈求得真才实学，在人世间有所作为。本此观念，他一生两袖清风，生活俭朴，直至晚年仍赁屋居住，以至引来他的学生和朋友"赠屋祝寿"的那段佳话。从某种意义上说，蔡元培高度自律的一生，颇有几分殉道色彩，为了他认定的人生价值，几十年如一日，毫不苟且。周作人说他是"古道可风"的君子，冯友兰认为，蔡的人格"是儒家教育理想的最高表现"。胡适也曾指出："蔡先生虽不信孔教是宗教，但他受孔教的影响甚深，是不可讳的。"（参见周作人《知堂回想录》"蔡孑民"一节；冯友兰《跋蔡元培自写年谱》，载《群言》1987年第7期；

胡适《蔡元培以辞职为抗议》，载《蔡元培先生全集》第1429页）显然，他们赞颂蔡的完美人格，并将这一人格主要归结为中国传统文化（主要是儒家思想）的养育。确实，蔡元培自幼生长在"立品定须成白璧，读书何止到青云"的儒家思想占主导的文化环境中，他饱读经史，砥砺品行，对孔夫子的学说体系深得要领，虽然接触西方文化后价值观念有所丰富，但浸入身心的儒家风范业已定型，难以改变。蔡平生注重道德教育，其编写的《中学修身教科书》和《华工学校讲义》的"德育"篇中，孔孟思想成分极为丰富，即令西洋道德精粹亦必以古圣先贤的嘉言懿行诠解之，比附之。不妨说，蔡元培的高洁人品就本质而言确是儒家道德传统的近代化身。

蔡元培的人格修养在其一生的主要社会活动中自然地流露和表现出来，构成其复杂文化品性的最为基本的部分。透视蔡氏在新文化运动中的倾向和定位问题，或许有助于人们从文化交融和碰撞的独特视角深切认知其性格人品。

后人"重构"历史，需要借鉴文献形式的"文本"，遗留于该文本上的文字数量越多，当年人物的历史作用似乎就越加显赫。而当初可能发挥举足轻重作用的主要当事人，因与该文本的关系间接疏远反而退守到了后人历史视野的边缘处，以致隐没不彰。今人对于"五四"新文化运动史的研究和认知便存在这一缺陷。蔡元培之于"五四"新文化运动，就曾多少经历了这样的"误读"，后人对于民国初年的那场文化运动，似乎过于偏重对文献杂志之类"文本"的梳理，而有意无意间疏忽了历史过程的演进。至今，人们对于蔡元培思想文化倾向的评价仍然呈现多歧状况。人们大都肯定蔡氏对思想启蒙的启发和推动作用，甚至认为蔡本人即是与陈独秀和胡适思想相一致的激进人物。即使像陈独秀这样的主要当事人也认定蔡先生是与他一样对思想界负有责任并力谋革新的"新派"领袖。可是，一个颇有意思的现象出现了：站在新文化对立面的一批文化保守主义者对这位激进的蔡校长同样可以接受，有人甚而认为只有蔡氏才能用自己之所长。后来成为著名的文化保守派的梁漱溟在回忆中认定：蔡先生天性宽容，爱好广泛，又深悉办学之特点，故而能开辟北大文科的活跃局面，并非蔡先生本人有何策略手段使得各类教师能为其所用，各得其所，致使最高学府在所谓"励精图治"中改变面貌，倘若真的那样，北大历史上能否出现兼容并包、活跃办学的局面尚未可知。在这里，梁漱溟凸显了蔡元培思想和性格中"超然"的一面，并没有将他归入哪一派当中去。

应当说，蔡元培身上时常有着十分激进的性格，否则，他便不会以晚清翰林身份而投身反满革命，也不会以不惑之年独自远赴德国游学而艰苦备尝，更不会在民国成立后积极推进共和民主教育，与表现出独裁倾向的最高当局（袁世凯）分道扬镳。正因如此，他出任北京大学校长伊始，就选定《新青年》杂志主编陈独秀出任文科学长，有力带动了文科领域的革新。从这个角度来看，蔡元培确乎代表了主流革新的方向，极端保守人士如林琴南之流攻击讽刺蔡氏也自在情理之中。可是，蔡元培还有与"旧文化"密切关联的另一面，这不仅是他先前的翰林身份，更有其文化根源的多重性和他内心的复合价值认同。留聘英国文学教授辜鸿铭固然是看重其难得的语言文学造诣，聘任刘师培则既有其公认的学术地位因素，也与蔡、刘先前的共同经历有关。北大学生除了创办《新潮》等激进刊物外，还有《国故》等不甚激进的刊物，对于这部分学生的活动，作为校长同样予以支持和赞助。蔡元培对于学术文化可以说是一视同仁的，并不存在所谓先进与落后的价值判断。

蔡元培是不是一位超然物外的好好先生呢？从一些表象看确实有几分吻合之处，但就实质而言，尚有深入探讨的必要。从应邀出掌最高学府之时起，蔡氏心中即已有了变革北大的设想和决心，那就是按"世界各国大学之通例"改革中国高等教育，将北大办成堪与欧美各大学比肩而立的名副其实的现代大学，用他较为温和的说法是对大学进行"整顿"。可以说，蔡元培进入北大是怀抱革新目的而来。因此，他非常坚决地引进新人，同时也包容了各位教师的不同观点，并不强求一致，只要"言之成理，持之有故"即可。在一些热点问题上，蔡有自己的见解和主张，但只将其限定在个人观点范围内，决不做思想上的统一工作。即以提倡白话文为例，蔡的表述与胡适有明显区别：胡适急于强调白话文的压倒性优势，而斥文言为僵死的东西；蔡元培则冷静得多，他肯定白话的实用，同时不贬损文言的特殊功能，持论公允平和，令人信服。多年以后的事实证明了蔡氏所言的平实和可信。

林琴南与蔡元培的公开论辩，是"五四"前夕的一次正面交锋。林氏公开站出来声讨北大，其身后固然有一个强势集团的影子在晃动，但他集中代表了另一种社会舆论的声音，充其量不过是保守观念的反映，并非脱离常态的举动。新文化阵营中人对此大多嗤之以鼻，所持态度有时显得不够理性。回应林琴南的指责，表现了蔡元培重在说理的态度，既得体，又意志坚定地表述自己一方的主张，而毫无意气之争的迹象。此一回应，使当时知识界不仅更加了解北大发生变化的内在追求和价值观念，也使人们感受了蔡校长的风格和气度。由此，蔡先生才为更多的人所了解，北大正在发生的变化才渐渐引起社会各界的关注和重视。有的研究者认为，林、蔡之争是社会差距颇大、几乎构不成胜负"悬念"的一次辩论，蔡是以无可争辩的正面论者出现，而林则充当了"不够层次"的对话者，因而论辩的结果亦即人们的倾向性必然是蔡胜而林败。此说是就论辩双方的某种公认的社会地位不对等来立论，以此测度所谓必然性结果的产生。就实际情形而言，蔡氏的"官方"地位确实很高，令一般人士仰视自不必说，但林琴南亦并非"等闲之辈"。林氏在闽籍人士中地位非寻常可比，他的大量译作风行海内，林氏也差不多是名满天下了。何况，民国初年正值新旧交替变换之际，传统的身份意识也在消解之中，文人间就具体可见的时事作文字上的论辩本属正常之事，不应存在所谓"不对等"对话的内在框限。此次论辩之所以在后人看起来无悬念可寻，根本一点在于，蔡的持论适应了社会趋向西化的总体要求和向往，尤其在知识界更是如此。当然，林琴南此前不免中国文人的浪漫轻佻甚至稍带些尖刻（以小说形式隐含谩骂攻击），但蔡元培在公开信中只就"要害"事项作答，丝毫不涉及无聊细节，显示出很高的姿态和情致，因而一个回合下来，风致上的高低自见。

蔡元培除了自身学术表征，还有一个重要身份，即国民党重要成员。事实上，每到关键时刻，蔡的党派背景都在发挥作用。蔡曾经一度"游离"于党外，有时看似已经走得很远。可是，中国知识分子通常在"出世"与"入世"之间能够保持某种一体两面状态，二者可以存留于同一生态之中，互为补充，有效共享。蔡元培的自由主义就是一种思想意识深处根深蒂固的理念和信仰，不同时期的表现形式虽有不同，但蔡一直试图保持个性化的政治参与与个性自由之间的张力，既有效地投入到现实社会的旋涡之中发挥一己之作用，又力求不失去"自我"，维持一种个人的不受拘束的自由状态。此一特性，值得注意。

世人将蔡元培作为一代师表加以推崇，很关键的一点是他的思想新颖而其言谈举止却如同"古道可风"的君子。如此不甚谐调的风格竟十分自然地融合于蔡氏一身，人们将之理性地归结为"读书养气"之结果。对于蕴含其内的中西文化要素，则多有从文化源流所作的种种解释。倒是有一简洁的说法大致涵盖了蔡元培人格风范的文化底蕴：他在西方文化中把持住了法国大革命所揭示的自由、平等、博爱的真谛，又固守住了儒家文化中的良知和自律，实乃中西文化"中和"之现象。蔡早年崇拜宋儒，一度沉迷理学，深受浙东学派熏陶，加之笃学的天性和优容的性格，为他的读书养气训练注入了"先天因素"。当年北大学生冯友兰等人忆及初次见到蔡校长的情形，其描述显得有些神奇，加上其他人士的大量回忆文字，不免使人感到蔡先生之被推崇也几乎到了神化的境地。

蔡元培是个理想主义色彩十分浓重的人，有的外国研究者即指出，"关键不在于蔡元培已经做了什么，而在于他试图做什么"。在偏重实际的人们看来，蔡氏一生中提出的主张和目标都显得过于迂缓，与现实有着很大一段距离，不具备多少可操作性。可是正因如此，理想主义色彩浓重的蔡元培留在世人印象里的充满幻象的光影，表明那是一个心志高远的人与现实俗世之间的反差和抵牾。他在北大的改革就时间来说甚为暂短，人们尚来不及理清这些改革的意义和作用，古都北京的思想文化风气已经发生明显变化。待到人们初步认清教育变革的原委，时势已开始急速向社会政治方向转化，而教育界人士充当前台主角的机会已然无可挽回地丧失了。如此说来，蔡元培给北京大学带来的变化，激活了中国思想界的生命律动，促进各种政治势力的此消彼长，成为中国社会变动的触媒和催化剂。而本来意义上的知识界的"思想狂欢"只不过成为时代主剧的"开场锣鼓"而已。就在这般眼花缭乱的理想光影中，蔡元培的形象显得愈加高大而遥不可及，人们在现实与幻象的复合想象中完成了一个偶像的塑造。对蔡元培的人格敬仰，也使世人终于寻得了一个人间楷模，以填充许久以来的"道德缺位"。

蔡元培性格中有一些在国人看来属于稀缺的特性。他虽位居"高官"，却好似不大入流的样子，一有不合之处便欲挂冠离去，总之不脱书生本色。在长期处于"官本位"的中国社会，这也是蔡元培颇得世人好感的一个原因。"五四"辞职后，蔡元培曾有一个"不再作北大校长的宣言"，据说该宣言被蔡的从弟蔡元康扣下未公开发表，故当年知悉其内容者甚少。显然，蔡元培在该文中将自己不愿再担任大学校长的真实理由表露得淋漓尽致，不加任何修饰保留，堪称现代"官场"的一篇奇文。凡读过此文者，莫不为作者的淋漓元气所感。人们有理由认为，这是一个踏入官场却随时准备退出的人，或者说，此人并不深谙为官之道，尚是一个"不进入角色"的角色。蔡元培曾有一句自我评论的名言——"性近于学术而不宜于政治"。与事实相比照，有人提出了异议，认为蔡氏一生的实际情形恰与此相反，蔡氏平生也可谓"官运亨通"，与政治结下了不解之缘，而他自己所一再标榜的"性近学术"的一面，实并无何建树可言。这个历史悖论现象似乎在说明，蔡元培乃是一个"走错了房间的人"。

应当看到，蔡元培的参与政治活动，都有着局部或全局的社会背景，像辛亥革命那样差不多席卷东南各省士林的民族反抗，绝非少数人的冒险行为，实带有一种"社会风潮"的意味。蔡元培参加同盟会、光复会的组织活动，说明他在当时属于思想激进的上层知识分子。在同盟会和光复会的活动中，蔡元培主要起了联络和介绍的作用，即使从事这种社会政治活动，其内心的留学愿望亦始终未曾动摇，一旦有机会，便转而追求学业目标。就这一段的情形而言，蔡元培称自己"性近学术"应该没有任何疑问。民国元年的从政，使蔡元培与新的教育界开始结下不解之缘，此后他几乎成为民国时期教育行政首脑的主要人选。从事教育，本来是蔡元培的终身选择，教育管理与热心学术之间基本方向一致，但实际性质仍有区别，当两者产生两难选择时，蔡元培的性情就特别值得注意：每当置身教育管理的新机遇，总是处在主动改革的可能条件下；每当强调性近学术，欲挂冠而去时，则均是现实行动受阻，不得不退归"主业"，寻求自己的个人爱好。人们注意到，蔡元培的辞职次数多于其同时代人，足以说明他在理想和现实之间的矛盾和挣扎。当然，进入30年代以后，蔡元培步入暮年，社会和个人情形均有所变化。据胡适个人的观察：蔡先生早年的训练太差，因而难以系统在学术上有新的成果。应当承认，这也是不可忽略的一个因素。

二、交游：联结两代文化人

从文化史的角度来看，戊戌维新时期，中国士人阶层开始向近代意义上的知识分子转变，其代表人物是康有为、梁启超；经过辛亥革命的政治变动，到"五四"新文化运动时期，一代新型知识分子终于应运而生，其主干是从欧美和日本学成归国的留学生。这是时代性格判然有别的两代文化人。十分有趣的是，蔡元培本属康、梁一辈人，却成为"五四"时期领袖群伦的人物，他从戊戌年间的文化背景上顽强地跨上"五四"的时代高度，从而成为联结两代中国文化人的特殊代表。正因如此，蔡元培的个人交游具有明显的广泛性特点：举凡在清末民初有影响的文化人差不多均与他有不同程度的交往。就蔡个人而言，30 岁之前，其交游对象主要是同窗乡友和科举同年；到中国教育会时期，开始结识大批新式人物，民国元年的教育部运作即以这批人为基干；出任北京大学校长之后，又得以与新型知识分子群体（主要是欧美派）建立起广泛的人际信任，30 年代，中央研究院的工作即是以上述信任关系的延续为特征。

蔡元培一生中的各阶段均有志同道合的朋友，他深悉"交友之道"，并非落落寡合之人，凡是与他相处共事的友人大多能与之保持长久交往合作关系，中途反目者甚少。蔡氏早年投身科举考试，相契者主要为当时的书友和师长，大体以杭、绍同乡为主。进入北京翰林院以后，他与李慈铭、王止轩等越籍乡贤过从颇密，也同张元济等科场同年绵续私谊，因而在清末士林中以一个有功名的新人身份被接纳和认可。以至辛亥革命之后，蔡元培在数名教育总长候选人中终被委以重任，显然与他兼具新旧两重经历有关。康梁变法失败，蔡元培请长假南归，先后在绍兴、上海从事新式教育，结识大批教育界同人，此后进而与日益激进的知识界一道从事"反满复汉"

的民族革命活动，成为同盟会、光复会内身份特殊的一位领导人。这是蔡元培结交社会各类人等相对复杂的一个时期。其中，便有陈独秀、汤尔和等日后主持北京大学的有力合作者。

同时，蔡元培还有着委实不短的海外游学经历，其间经常往还者大多是具有国民党背景的著名人士，如吴稚晖、汪精卫、李石曾、顾孟余等。亦因如此，使蔡氏深深地参与到后来颇有声势的留法勤工俭学运动之中，也使他与《新世纪》杂志诸人大力宣扬无政府主义的社会努力形成理不清的关联。同时借助于这层人际关联愈加深化了政治上隶属同盟会暨国民党的党派归属认同，从而在需要时可自然彰显其党内元老的地位。就教育界而言，他与李石曾为代表的留法系诸人具有一段共事经历，曾经相互配合、融通和协调，此种特殊的人际基础使民国教育界在二三十年代呈现某种既繁复对立又可沟通调和的微妙情状。

当然，蔡元培担任北京大学校长期间，人际交往的空间最大，他需要与方方面面的人们打交道，上至大总统黎元洪、徐世昌，下至普通的教师和学生，而这一时期构成他日常人际交往圈的主要是一批欧美派知识分子，间或（主要在初期）曾经较为倚重浙籍教师群体，即学界所谓的"某籍某系"亦即"太炎弟子"们。诚然，蔡元培重用的陈独秀、胡适两员大将均系皖人，可知人事上的地缘之说也只是相对而言。

当初，蔡元培在法国接到新任教育总长范源濂的邀请函之后，其内心欲接掌最高学府，到北京大学去做番事业的决心便已基本形成。这不仅是由于袁世凯权力消解、共和人士重新集结的势头明显，还因为北京教育界确乎存在着可供蔡氏施展抱负的人际空间。与范源濂等学界旧人曾经愉快而温馨的合作自不必说，更为重要的是教育界浙籍人士此前已有公开"拥蔡"的举动。这一因素不应轻忽。在中国欲成就一事，必须借助信得过的帮手群力襄助，通常又以乡谊最为可靠。从工商实业到教育兴学概莫能外。

蔡元培在北大的几年间，大体说来浙籍人士曾经处于较为特殊的地位，用沈尹默的话说，是蔡校长被"我们"所包围。不要说"某籍某系"的主干几乎全为浙人，即以经常为蔡元培出谋划策的三位"高参"——马叙伦、沈尹默和汤尔和则均为清一色的浙人。此种情况颇能说明当时北大内部人员构成和校事运作的一些特点。在历史上浙人历来即有投身教育界的传统，其优势地位在清末民初之际业已形成。不过，即令浙籍人士促成蔡元培出任北大校长确曾发挥作用，而浙籍教职员亦程度不同地心存非分之想，蔡氏本人欲谋大幅度刷新校政无疑需要多种力量的有效支持，尤其不可能以狭小的乡谊纽带作为革新校政的基本队伍，他的"兼容并包"办学方针同样适用于学校的人事布局。问题在于，现有的人事构成必定会发挥作用显示影响。

从事实来看，浙籍人士中对蔡元培确曾形成影响的是时任北京医学专科学校校长的汤尔和。汤氏具有德、日教育背景，属于教育界的中坚，同时在辛亥革命时期参与"反满"的"民族革命"活动，与蔡元培等人有着同志的经历。此人后来因出任伪职，大节有亏，因而影响到对他早年活动的认知和评价。从现存不甚完整的资料可知，这位汤尔和先生诚可谓当年颇能左右北京教育界的重量级人物，诸如陈独秀之应聘北大及最终的离去；蔡元培之决计收回"五四"辞职的决定而重返北大；蒋梦麟其人中途被启用及其相关人事安排，以及蔡氏最终的辞离北大，均与汤尔和的"计谋"和建议有关。易言之，蔡元培对汤尔和有着颇深的倚重和信赖，之所以如此，除却其他因素外，共同的经历及其乡谊，应是比较可信的直接解释。一直受到蔡元培扶掖和倚重的胡适无疑对蔡氏具有很大影响力，但比起汤尔和来，也只能甘拜下风。从某种意义上说，汤尔和代表了民国初期浙籍人士中欲求在教育和政治两方面有所表现的"新式师爷"形象。

在民国初期的北京知识社会，汤尔和既具有专业领域里的学术声望和地位，又很能与政、学两界各色人等联络交往，同时还兼具中国古代谋士的智慧、眼光和手段，可以随时效命于有权力有影响的领袖人物。值得注意的是，汤氏在 20 年代的北方教育界同样是个公开的实力人物，他后来出任"好人政府"教育总长一职，颇能说明其社会地位的重要。因此，蔡元培海外归来，置身教育界之重镇，不可能不重视来自汤尔和这样的智囊人物的设想和建议。就蔡元培个人性格而言，他习惯于真心实意地采纳接受确有见地的建言和方案，尤其是他绝对信任的理念一致、经历相同的"旧人"。大量的回忆文字显示，蔡元培属于那种善于集中他人意见而为我所用的领导人，极少刚愎自用，因而也就容易使人误解为常常"被他人所包围"。出掌北大之初，蔡元培相对倚重浙籍人士，以致在其他省籍人士看来，北大内部似乎存在地域分野。当年胡适、陈独秀以及高一涵等安徽籍教员有时便自感难以进入已经成形的人际圈中。其实，流传中的当年北大校内有所谓的浙、徽籍之争的说法，似属甚为短暂的个别场景，远未达到真切事实的程度。

地域分野，只是存留于北大教员的意识深层，而上不了台面。陈独秀因"私行不检"被事实上取消教员资格，以至后来南下，走上另一道路。对此，胡适表现得痛心疾首，虽有痛惜徽籍教师折损一员大将之意，仍然强调此举使北大走失一位"不羁之才"，既凸现了立论出于公心，又遮掩了暗藏于胸的乡谊意识。而胡适事后的批评对象，恰恰就是当年蔡先生的"高参"汤尔和。此事蕴含的意义自然非止一端，却也多少折射出国人意识深处的"乡党"情结。如果说蔡元培倚重汤尔和乃是出于一种"历史的"关联的话，那么胡适等新人与汤尔和的纠葛则与"五四"时期知识界的自由主义氛围相关。1922 年由胡适起草、蔡元培领衔发表《我们的政治主张》，汤尔和的名字赫然列于其中，可知其并非"跑龙套"角色。新知识界鼓动"好人"出来参与现实政治，王宠惠"好人内阁"其后组成，实际"干政"的人选即有汤氏，且出掌教育。随后北大的新"清流"群体不时聚首"议政沙龙"，实则欲间接参政，已有切身参政体会的汤尔和以现身说法直言告诫，终于使少不更事的胡适发热的政治想望骤然冷却下来。可知，当年汤尔和在教育界的影响力并非仅仅作用于同乡蔡元培一人。目前所见汤尔和的有关资料尚十分有限，可以初步断定的是，汤尔和在蔡元培执掌北大校政期间所扮演的"师爷"角色颇为独特，其当年在教育界的影响和作用方式值得后人关注。

蔡元培在北京大学初期的另一关键人物——沈尹默的回忆亦可资参考。沈氏在"文革"前夕（1966年1月）曾写有《我与北大》一文，内中涉及蔡校长的情节颇不少，诸如蔡出掌北大的由来、北大评议会情状、蒋梦麟的来与蔡先生的走等，其中关于沈氏本人与蔡氏的关系亦有所追述。在沈尹默看来，"蔡先生是旧中国一个地道的知识分子，对政治不感兴趣，无权位欲。我于蔡先生的学问无所窥，然观其到北大之初所持办学主张，有两点可资一谈"：一是学科调整，注重文理二科，二是实行兼容并包办学方针，开创风气。"蔡先生的书生气很重，一生受人包围，民元教育部时代受商务印书馆张元济（菊生）等人包围（这是因为商务印书馆出版教科书，得教育部批准，规定各学校通用，就此大发财），到北大初期受我们包围（我们包括马幼渔、叔平兄弟，周树人、周作人兄弟，沈尹默、兼士兄弟，钱玄同、刘半农等，亦既鲁迅先生作品中引所谓正人君子口中的某籍某系），以后直至中央研究院时代，受胡适之、傅斯年等人包围，死而后已。胡、傅诸人后来和我视同水火，我南迁后，蔡先生时在京沪间，但我每次拟去看蔡先生，均不果，即胡、傅等人包围蔡所致。"沈尹默认为"综观蔡先生一生，也只有在北大的那几年留下了成绩"。（沈尹默《我与北大》，载钟叔河、朱纯编《过去的大学》第27—28页，长江文艺出版社2005年）

对于沈尹默等人的活动，当年胡适曾有清晰的记述。胡适日记1922年7月3日日记载曰："（晚上）与在君、景阳、孟和、敦复闲谈，直到早二时半始睡。景阳、在君熟识北大的十年历史；在君知道何燏时做校长时及胡仁源做校长时代的历史，景阳知道夏元瑮做理科学长时的历史。当时北大建筑今之第一院时，胡仁源、徐崇钦、沈尹默皆同谋。后来尹默又反怨徐、胡二人。及蔡先生来校，尹默遂与夏元瑮联合，废工科以去胡，分预科以去徐（后来蔡先生说，废工科确是他自己的成见，不是为去胡的）。后来我提倡教授会的制度，蔡先生与尹默遂又借文理合并的计划以去夏。我当日实在不知道种种历史的原因，也不免有为尹默利用的地方。其实（据景阳说）夏浮筠当时即召集景阳、星枢（俞）、冯汉叔、张菊人等某抵制的方法。浮筠一生大模大样，得罪了许多人，故他们不肯帮他；他们最恨他废止年功加俸和每年更换聘约两件事（后一事实是我发起的，我的意思在裁人，而后来由浮筠与仲甫两个学长起草，仲甫推浮筠，浮筠于稿上大书'夏元瑮拟'，故人只知为他的手笔。后来评议会改每年换约为第二年换续约，以后不再换，更失原意了）。结果便是浮筠出洋，景阳代他。景阳们虽不肯助浮筠，而也不愿'本科'学长归仲甫，故景阳首倡废学长之议而代以教务长。但此议后来久不提起，直到后来蔡先生欲辞去仲甫而不欲仲甫居辞去之名，恰好那时景阳调教育部为专门司司长，蔡先生遂以废学长之名义去仲甫，教务长之议遂实行。当时原议教务长只限于文理两科合并之本科，而不管法科。尹默又怕我当选，故又用诡计，使蔡先生于选举之日打电话把政治、经济两系的主任加入；一面尹默亲来我家，说百年（陈大齐）等意思不希望我第一次当选为教务长。他们明说要举马寅初（经济系主任）。我本来不愿当选，但这种手段是我不能忍耐的，当时我声明要推举俞星枢，开会时我自己先声明不当选，提出星枢来。当时景阳不曾投票，故结果为星枢与寅初各三票，蔡先生加寅初一票，遂举寅初。但后来尹默与寅初又成冤家，至今不已。我对尹默，始终开诚待他，后来又不计较他的诡计，而尹默的诡计后来终于毁了自己。而阴谋家的流毒，至于今日，恶果愈显出来了。"（《胡适的日记》下册第392—393页。中华书局1985年）

胡适的这段记述，涉及丁文江（在君）、秦汾（景阳）、夏元瑮（浮筠）、陈独秀（仲甫）等北大同人，其记事跨越北大何燏时、胡仁源、蔡元培三位校长时期，尤其对蔡氏长校以来的人事和学科调整内幕作了带有"现场语境"的实录，虽不无揣测之偏，却可使人们对北京大学当年复杂的人事变迁得出一个比较立体可感的认知。

在蔡元培人际交往圈中，长期代理和主持北大校政的蒋梦麟是一位至为重要的人物。他的存在，使得蔡元培与留学欧美的年轻知识分子之间的关系显得特别富有张力。细心观察即可发现，蔡元培与胡适的关系在"五四"之前并非处处协调，胡适有时还颇表现出少年气盛的"冲力"，对蔡校长的某些举措亦有所保留。然而，自蒋梦麟正式进入北大以后，胡适与蔡先生之间似乎更容易彼此相互合作，工作关系愈加密切了。从中，可以看到与蔡元培、胡适均有特殊关系的蒋梦麟起到了既微妙又明显的中和作用。

近代以来的大学校长中，蒋梦麟堪称难得的"干才"。他身为留美教育学博士，师承杜威的民主教育理念，又深得蔡元培、黄炎培等海内教育大家的器重，在"五四"风潮悬疑重重的敏感时刻，竟以34岁的"学界新锐"身份代表蔡校长进入北大重整校政，迅速稳定住局面，为最高学府的增高继长起到了至为关键的作用。由此，他也就成为北大"后蔡元培时代"的核心人物。1930年冬，蒋氏相继卸去浙江大学校长、国民政府教育部长等职务，挟中华教育文化基金董事会的一笔数目可观的"赞助金"重返北大，正式出任校长一职，与胡适等人开始了"振兴北大"的顽强努力。他针对性地提出"校长治校，教授治学，学生求学"的主张，力图使名实难副的最高学府渐次步入"现代大学的正轨"。即使在日寇进逼、华北骚然的危难时局中，他仍能镇定自若地恪尽职守，赢得包括外敌人士在内的举世尊敬。

胡适自"爆得大名"之后在思想学术领域的声威似无人能出其右，可是"五四"运动当中，蒋梦麟"意外"涉足北大，此后即高居学校主导位置几十年不堕，胡适竟也心悦诚服。这样的事情之成为可能，除了蒋氏自身实力不凡以外，还与蔡元培的特别倚重有关。"留法派"的李石曾等人视蒋梦麟为蔡元培"特别提携之人"，自不无道理。蒋乃蔡的同乡和早年学生，蒋留学归来主撰《新教育》杂志，颇得蔡的赏识和推重，同时蒋梦麟与孙中山多有来往，也得到中山先生的特别器重。蔡元培当年出掌北大，在国民党内又甚得孙中山的首肯和支持。这些因素汇集起来，构成了蔡、蒋之间的特殊关系。30年代，蒋梦麟重返北大，提出"校长治校"，力矫校内教师校外多处兼课等痼疾，甚至不惜解聘"某籍某系"资深教员以刷新校政，其背后的支撑力量既有南京政府最高当局，也有教育界元老蔡元培先生。

蒋梦麟除了资质和能力的优势外，还具有明显的融合中西文化价值观念的特点，比较善于与不同观点和立场的人们调和周旋，在相对轻松融洽的氛围中实现既定目标，这便是蒋氏高明和特殊之处。也正是因为有了蒋梦麟，才使北大的管理层增加了具体掌控校务的能力和保证学校正常运转的专业人士构成。不妨说，1919年夏蔡元培同意起用蒋梦麟正式进入北大代理校务，是民国教育发展进程中的一个重要决定。固然，蔡、蒋有师生之谊和同乡纽带，更为重要的是，蒋不像胡适等人深深介入思想旋涡中而显得色彩过于抢眼，易于成为保守势力的众矢之的，而其精明灵活的处事手段又每每能够化解危机和紧张于无形之中。他的深得蔡校长信任，几乎无人可与"争宠"，即使胡适在许多场合也不得不"自认不如"。此一情形反倒在相对意义上确保了北方教育界上层人事的平稳和衔接，避免了知识界内部无谓的摩擦和内耗。蒋梦麟在教育界"蹿升"的意义还在于，这位蔡校长"个人代表"的出现，多少凌驾于已有"派系"之上，具有某种超然身份，可以摆脱早先为浙籍人士所"包围"的局限，而体现某种"公共"管理权威的形成。

作为一个成功的管理者，需要在广泛理解的氛围里行事，以谋得管理上的有效性。在此方面，蒋梦麟可谓近代知识分子中少见的"智者"。他的办事才能足以将复杂繁难的棘手之事巧妙消解，使危难的局面得以转圜，以至在艰难困境中苦撑残局，维持最高学府的生存和延续。在20世纪30年代中期抗战前夕的北平城内，保证北京大学校务的正常运转，就显现出长校者不仅是有才华的学人，也是有勇气有担当的行政负责人。曹聚仁在他的《我与我的世界》一书中，突出强调他对蒋梦麟的高度尊敬，后人不甚理解，实则正反映出当时的爱国青年对这位肯于负责的大学校长的由衷敬佩。蒋氏身上所具有这种难得的品质，应是他深得蔡元培信任的关键因素。

值得注意的是，蒋梦麟对蔡元培始终怀有一份崇敬之情，在蒋氏不多的文字著述中，可以很容易地见到他对老师的赞美之词。蒋氏常常从中西文化的高度说起，且演说对象明显是在学校范围之内面向师生，其中除了宣扬蔡先生中西合璧文化思想价值之外，似乎还有现实治校的切实需要。早年胡适对于蔡元培的评论很少刻意抬高，在特定问题上还常常直接施以批评，并不讳言其非。在1922年"讲义费风潮"中胡适即采取了与他人不甚相同的态度。蒋梦麟和胡适作为同辈在此方面的不同表现，说明他们与蔡校长关系定位的不同，也与二人的处世风格有关。蒋梦麟作为蔡元培在绍郡中西学堂时的学生，早年考中秀才，他们之间的师生定位已是外部公认的关系。蒋系教育学科班出身，熟悉西方近代教育理论和管理原理，蔡元培等人为他提供绝好的实践机会，"五四"运动当中看似偶然的小试身手，却使他骤然成为教育界的一颗新星，由此进入到教育管理高层，为时二十余年之久。这其中与蔡元培奉行的新教育宗旨显然一脉相承。故而，蒋梦麟始终高扬新教育的旗帜，对学界崇仰的蔡先生极力推重，亦是很自然的。

可是，蒋梦麟作为干练的管理高手，虽能应付复杂局面，然在学术界毕竟无相应地位。抗战期间，蒋梦麟在昆明办学的"意兴阑珊"以及不惜"牺牲"维持大局，在某种意义上固然成全了西南联大的善始善终，却无可避免地难以见容于北大师生。随着蔡元培的辞世，时移势易，蒋梦麟的昔日灵光不再，他的北大同人们纷纷吁求战后北大"更需要对于教育有眼光有见解的人来领导"，蒋随即走上了大学校长的"末路"。由此亦可反观蔡、蒋关系的重要和微妙之处。

以下述录几例交往始末以见其交游实况：

与李慈铭

在旧学时代，李慈铭（别号越缦）曾是青年蔡元培十分推崇的人物。这一方面是由于李的才学和文名，另一方面则因李是蔡的同乡前辈。蔡第一次赴京赶考，便拜访了在都察院做御史的李越缦先生。显然，李对这位后辈晚生颇为器重，其《郇学斋日记》中即有关于蔡的若干记载。蔡元培任职翰林院以后，二人的交往颇密，李慈铭在世的最后半年，聘请蔡为李氏嗣子的家庭教师，并兼为年逾花甲的李越缦先生处理文牍，蔡平素即客居李寓，直至李病逝。在蔡元培看来，李慈铭是晚清文坛的压阵人物，他后来为《鲁迅全集》作序称："最近时期，为旧文学殿军的，有李越缦先生，为新文学开山的，有周豫才先生，即鲁迅先生。"因此，在李氏日记的整理刊布方面，蔡鼎力促成，付出极大精力。继 1920 年《越缦堂日记》影印出版之后，蔡元培继而依照李慈铭的生前意愿，准备将 1854—1863

年十余册日记节录出版。后因种种顿挫和迁延，终于接受钱玄同的建议，仍以影印方式全文出版，是为商务印书馆 1936 年印行的《越缦堂日记补》。这样，经过蔡元培诸人的不懈努力，李慈铭所遗日记稿除樊增祥取走的若干册外，就全部影印问世。为了避免李慈铭日记原件的佚散，蔡特意致函中央图书馆筹备处长蒋复璁，建议该馆收购李氏日记手稿，"冀得垂诸永久"。对于李慈铭，不论是于公于私，蔡元培可谓尽到了一个后辈学人的责任。由此，亦可窥知蔡元培与中国传统学脉的直接而密切的关系。

与张元济

在蔡元培的朋辈中，交谊最深历时最久的，当属张元济。蔡元培的著译几乎无例外地由张元济主持的商务印书馆出版，蔡几度旅欧，张均以商务印书馆的名义大力匡助。二人在建设中国新教育新文化方面有着高度的默契，彼此对学术问题、社会政治和个人言行方面均能洞开心扉，互诉衷肠，并相互助益。蔡、张二人乃浙江同乡，早年都受到浙东学派的影响，在科举生涯中，二人一同考中举人、进士，又一同成为翰林院庶吉士，有着极深的同年关系。此后，二人一在翰林院，一在总理衙门，时相往来，交谊渐深。戊戌年间，张元济积极投身变法，与康有为同一天受到光绪帝召见，曾经协办创建京师大学堂，西太后发动政变后，受到革职永不叙用的处分。这段时间，蔡元培虽不甚活跃，但对维新变法内心十分赞同，变法失败，大失所望，遂弃官归里。二人的这种相同社会经历，使他们两年后在上海南洋公学再度聚首成为同事时，都抱定了从教育文化入手启迪民智改造社会的信念，进而一起创办《外交报》、先后投身商务印书馆、编订新式教科书。"五四"时期，蔡元培和张元济一北一南，分别主持中国的最高学府和最大的出版机构，由于他们的交谊，北京大学与商务印书馆建立起密切合作，《北京大学月刊》和"北京大学丛书"均交由商务印书馆印行。张元济还曾亲赴北大校园，与蔡元培及各科教授商讨出版讲义和著作等具体事宜。"五四"以后，商务印书馆大力革新，主要也是由于北大的推动，并借助其力量。南京国民政府时期，蔡、张虽已进入暮年，但在事业上仍然彼此协助。蔡元培在大学院召集全国教育会议，张元济有感于西洋色情电影流行、性学书籍泛滥，写信给蔡，建议重视此一现象对青年的危害，设法禁止。

值得注意的是，张元济在蔡元培的社会活动中常常具有兄长般的帮助作用，对于未来的举措和行止经常通过私下交流，提供意见和建议。1928年6月，北伐军进入北京，全国的教育机构面临必要的整合。此时，张元济致函时任大学院长的蔡元培："近日国民革命军进占北京，大局渐见底定，至堪庆幸。清华大学向隶外交部，至为奇异。前见我兄提议整一教育机关，业经实行，该校将来自必改属贵院。"（张树年主编《张元济年谱》第307页，商务印书馆1991年）这一建议，距离由蔡元培推荐担任清华大学校长的罗家伦其后实行"专辖废董"（废除包括外交部人员组成的学校董事会，专辖于教育部）改革几乎整整早了一年的时间，可见在蔡、张之间的共识和默契。蔡元培与张元济之间还有着一些特殊的文化勾连，这是其他人难以涉足其间的。1929年冬，张元济致函蔡元培，询问翁同龢日记中有否关于李慈铭的评论语，蔡检索后复函称："《翁文恭日记》第九册乙未闰五月初九日，确有'李莼客先生来谈，此君举世目为狂生，自余观之，盖策士也'一条。略验以前所记，未见有与李往来之记述，不可解也。《日记》未能遍读，奉缴。"（张树年主编《张元济年谱》第330—331页）二人对于先贤掌故显然具有浓厚的共同雅趣。30年代，张热衷影印大宗古籍，蔡多方提供便利。上海"一·二八"事变中，商务印书馆蒙受巨大损失，张积多年心血营建起来的东方图书馆化为废墟，蔡与各界人士力谋复兴商务印书馆的这一资料库，曾多方为之求购藏书。1934年春，蔡元培被商务印书馆股东大会选为董事，他自述："我本非该馆股东，菊生以其所有股份十股置我名下，我遂有被选为董事之资格，事前并未告我也。"（蔡元培《杂记》手稿，转引自高平叔《蔡元培与张元济》，《民国档案》1985年第1期）教育学术与文化出版是社会发展的连带机制，蔡元培、张元济的交谊和协作，对中国的文化建设可谓助益匪浅。

与吴稚晖、章太炎

蔡元培与吴稚晖和章太炎二人一同共事是在爱国学社。从现有材料给人的印象推测，吴稚晖在政治上对蔡元培有相当的影响，他们之间在思想和学术倾向上具有较多共同点。蔡留学德国期间，与同在欧洲的吴书信往来，从国内人事变迁到个人求学心得，几乎无所不谈，显示出相互间的契合关系。辛亥革命以后，蔡、吴作为同盟会和国民党的资深成员，有着完全相同的社会政治背景，他们在"二次革命"中共同创办《公论》杂志，撰文抨击袁世凯，随后，又分别携眷同赴欧洲。在从事海外华人教育方面，二人的合作记录也是颇为可观的。蔡出掌北大后，一再邀吴来校任教，并有意请其分任校政，可能主要出于政治上的原因，吴与汪精卫一样，没有到北大任职。1927年的"清党"，蔡、吴二人又一次站到一起，当然，吴的表现要激烈外在得多。在国民党的所谓"四老"即吴稚晖、蔡元培、张静江、李石曾四人中，李、张二人具有十分显赫的家庭背景和财富资源，属于上流社会的贵公子一类，其广泛的人际支撑，使得他们投身社会的起点高而地位优越。蔡、吴二人则是从科举起步，一为进士，一为举人，主要靠个人奋斗打天下，他们均属亦学亦政式的人物，保持着不同程度的书生特色，在民国时期的学术文化界同具影响。1927年蔡、吴均是参与"清党"的重要当事人，后来人们为开脱蔡的"责任"，竟逐渐形成了蔡系受吴影响"蒙蔽"之说，而蔡氏自己则认为此说乃"于我多恕词，而于稚晖多责备"。（香港《平民日报》1934年1月10日至11日刊载《辽海梦回室笔记选录》之四、五两则，述及"蒋中正与四老之离合"。蔡元培于该报剪报上曾批

章太炎婚礼

写数语。见高平叔编《蔡元培年谱》第87—88页，中华书局1980年）似乎并不以为然。后来，吴稚晖写过不少纪念蔡元培的文章，以其特有的表达方式，高度称许这位老友。可以肯定地讲，在蔡元培的交游中，吴稚晖是一个甚为重要的人物，其具体情形和内容尚待深入挖掘和系统梳理。比起吴稚晖，蔡元培与章太炎的交谊显然要疏淡得多。吴、章素来不睦，在"苏报案"的所谓"吴向清吏告密"这桩公案中，二人更是打了多年笔墨官司。在此问题上，蔡明显地为吴抱不平。但蔡、章之间亦有一些交往可记。章在"苏报案"后身陷囹圄，蔡定期前去探望，章出狱，亦由蔡安排送往日本。二人同为光复会的主干，蔡为该会前期会长，章则任后期会长，在反清革命中二人一致，但在光复会分立问题上二人又有明显分歧。总的来说，蔡、章二人思想学术旨趣大有距离，虽有不少共同经历，却难有深交。1913年6月，章太炎在上海与汤国梨结婚，证婚人即蔡元培。太炎性格狂傲，常常目无余子，肯请元培为之证婚，说明他对蔡的人品是敬重的。而蔡对章的学术成就充分肯定，他主持下的北大国文系大有太炎弟子云集之势，在《五十年来中国之哲学》一文中，蔡尤其高度评价章的学术活动。

1920 年深秋，蔡元培、章太炎和吴稚晖一起在长沙岳麓山瞻仰了黄兴墓和蔡锷墓，这是三位近代学人一次极有意义的聚首。

与梁启超

蔡元培和梁启超是清末民初知识界的两位突出代表。梁在"戊戌"前后，引导舆论，堪称"骄子"；蔡于"五四"时期，革新教育，"师表群伦"。20 世纪 20 年代初，胡适在论列近世中国大人物时，便将蔡、梁同列为"影响近 20 年全国青年思想的人"。梁启超、蔡元培本属同一时代，但由于政治抉择等原因，他们结识很晚，且交往不多。然而，在引入西学、重振中华文化方面，二人又曾彼此借鉴，相互影响，尤其在"五四"前后几年内，他们在学术文化乃至社会政治领域还有一定程度的交谊和合作。

蔡元培和梁启超均出生于清同治年间，蔡年长梁五岁，二人却是己丑（1889 年）乡试同年。此后，蔡科第连捷，数年间，点翰林，授编修，跻身帝都文苑。而梁则文场受挫，屡试不中，投入康有为门下，开始踏上维新启蒙之途。其实，就研治中国传统学术而言，二人颇具相通之处。梁师从康有为，服膺今文经学，自不待言；蔡早年倾力研读庄存与、刘逢禄、宋翔凤等"常州学派"的著作，"油油然寝馈于其间"，进而致力于今文经，甚至发愿编撰《公羊春秋大义》一书。只不过，蔡比较拘守今文家法，对康、梁师徒的任意发挥难以认同。中日甲午战后，士林风气陡变，梁启超传播西学，倡扬维新，誉满海内。此时，蔡元培方开始接触新学，在他痛感"闻道之晚"的求新知过程中，梁启超所著《西学书目表》和《读西学书法》二书，适时地起到了提示门径的作用。蔡获读梁书，认为"甚便翻检，识语皆质实"。可谓得益不浅。戊戌年间，康、梁力主变法，一时间亦是炙手可热，蔡元培身居京职，内心倾向维新，与梁启超又有乡试同年这层关系可以援引，可是，读书人的孤傲，却使他"耻于依附，不往纳交"。冷静旁观康、梁变法的起落兴败，使蔡断定：指望清廷实施政治变革已绝无可能，这未始不是他日后演出"翰林革命"一幕的思想机缘。蔡元培尝称：维新人士中尤钦慕严复和谭嗣同，即其所谓的"侯官、浏阳，为吾先觉"。实际上，他对于梁启超那风靡一时的激越文字也颇为折服。1902年，蔡元培编订三卷本《文变》一书，向学界推荐反映"世界风云之所趋"的范文，内中特别收录梁氏当年发表于《时务报》《清议报》上的若干文章，其选入篇目之多，显居同书"当世名士著译"之首。此时，蔡在沪、杭等地办学，与宋恕、章太炎、马相伯、蒋智由等广泛交游，同汪康年、张元济更是多年知交。这些人均系梁启超旧友，又大多与之保持着联系。避居海外的梁启超开始闻知和关注蔡元培其人，或许就在这一时期。

至于二人直接面识，则已是民国以后的1917年。是年暮春，支持对德国宣战的外交后援会在北京召开例会，共同与会的梁启超和蔡元培得以首次见面。其时，蔡元培已就任北京大学校长，而梁氏作为政界要人亦举足轻重。海外有种说法，认为蔡出掌北大，实乃梁派推动之结果。所谓"梁派"，当指时任教育总长的范源濂。范在政治上确乎与梁渊源颇深，不过，他与蔡早在民元教育部时即曾融洽共事，深为蔡摒除党见、共谋国事的气度所感。此次敦请蔡掌教最高学府，显系出于"择贤"考虑。当然，随着梁启超和蔡元培这两位名流的"邂逅"，他们之间的关系便由此前的相互心仪上升为某种"超党派"的现实合作。1918年冬，从云谲波诡的政争中被排挤下来的梁启超拟以"私人身份"赴欧旁听巴黎和会。这时，蔡元培与一批学界人士企望借助欧战后的有利国际环境，促使列强退还庚子赔款用于兴办教育。于是，蔡特意拜托梁游欧时代为宣传"退款兴学"主张，推进此事，梁欣然应允。此后，他们先后列名"国际联盟同志会""国民外交协会"等团体，共任理事，为紧迫的外交问题奔走呼应。1919年3、4月间，出席巴黎和会的中国代表之一王正廷致电上海报界，电称：有人干预和会，企图卖国云云。舆论界疑及梁启超，遂以讹传讹，大张挞伐，上海商界更是群情激愤，通电痛诋。为此，蔡元培与王宠惠、范源濂联名致"歌电"予《申报》《时报》等沪上各报，力为梁氏辩诬。内谓："梁任公先生赴欧后，迭次来电报告，为保卫国家主权，语至激昂，闻其著书立说，极动各国观听，何至有此无根之谣？愿我国人熟察，不可自相惊扰。元培等久不与闻政论，惟事关国际，且深知梁先生为国之诚，不能嘿尔，特为申说。"此电颇具影响，梁氏所蒙之冤旋即澄清。

1920 年春，梁启超自欧归国后，决计舍弃"迷梦的政治活动"，转而从事文化教育，用他自己的话说，此乃"换了一个新生命"。这一转变，固然缘于其政治上的屡屡失意，同时，也与蔡元培成功地改革北京大学开创出"五四"新文化风气，进而推动社会政治这一事实所给予梁启超的启迪有关。当梁与其朋辈商议如何办好上海中国公学时，蒋百里即明确主张："吾辈对此只能取蔡鹤卿之于北京大学的态度。"事实上，梁启超与新文化运动有着内在的"天然"联系，还在胡适、陈独秀等人发起"文学革命"若干年前，梁启超就曾倡导"诗界革命""小说界革命"，率先变革文体。故而，"五四"前夕桐城派古文家林琴南在《公言报》上致书蔡元培，诋毁新思潮时，顺笔提及"梁任公倡马、班革命之说"，嘲贬其"媚世"。正因如此，梁氏脱离官场从事文化教育以后，他与蔡元培之间就有了比较相契的合作。同年 4 月，梁启超等组织以编译新书为基本业务的"共学社"，邀约蔡元培为发起人之一。为募集该社基金，梁特别函嘱参与此事的蒋百里："各人有特别交谊者，除公启外，媵以私函，当更有力。……如穆藕初、聂云台诸处，请蔡先生或（蒋）梦麟加函。……又赵元任君清华交涉如何，亦望蔡先生速为布置，至盼。"显然，梁希望借助蔡与上海有关方面相熟的关系，谋求募款成功。至于赵元任清华交涉一事，则可能是为本年夏赵回国任教，请蔡向清华校长金邦正为之先容。对于这类事项，蔡元培均予以积极回应。

数月之后，梁启超又以英国哲学家罗素即将来华为契机，发起成立"讲学社"，拟每年聘请一位西方名哲来华讲学。为此，徐新六向任公提议："大学一部分人必邀其帮忙。"这是指蔡元培、胡适、陶孟和等北大一班人。在随后由梁启超确定的人选中，蔡与熊希龄、汪大燮等一齐被延请为讲学社的董事。可以说，在敦请西方学者来华讲学过程中，蔡、梁二人进行了实质性的有效合作。此时，美国的杜威应北大之邀来华已逾一年，第二年即改由讲学社名义续聘。是年冬，蔡将赴欧美考察教育，梁特别托请他到法、德等国后敦促柏格森、倭铿早日来华讲学。一年以前，梁氏游欧时曾先后访晤过这两位西方哲人，尤其与生命哲学和现代非理性主义的主要代表人物柏格森聚谈甚欢，"一见乃成良友"；而倭铿则是讲学社董事会议定的1921年度所聘之人。蔡元培素好哲学，对柏格森亦十分推重，后来还曾节译柏氏玄学导言，发表于《民铎》杂志。故此，梁氏的委托亦即蔡的心愿，自然乐于承担。旅欧期间，蔡与张君劢、林宰平等努力奔走接洽，虽因时间不适，错过与柏格森会面机会，却在德国耶拿访问了倭铿。这位年迈的学者因自己不便来华，遂推荐莱比锡大学教授杜里舒。杜氏即成为继罗素之后由讲学社聘请来华的又一位西方学者。蔡元培在柏林还拜见了物理学大师爱因斯坦，邀其访华，得到首肯。1922年6月下旬，北大接到驻德公使魏宸祖转寄的爱因斯坦信函，表示愿于同年冬来华讲学，并提出了相应条件。蔡元培迅即携函赶往济南，与同赴中华教育改进社年会的梁启超协商此事，梁甚表赞成，慨然应允："讲学社必任经费一部分。"于是，蔡复函魏宸组，告以"条件照办，请代订定"。尽管后来爱氏讲学计划因故未能实现，但北大与讲学社的协作已显而易见。这段时间，梁启超和蔡元培在学术上也表现出不少共同点。梁曾先后到京、沪等地美术学校演讲，大谈美术与科学和生活的关系，其主旨与蔡氏"美育"主张颇为一致。蔡则十分赞佩梁整理国学的工作，在其有影响的《五十年来中国之哲学》长文中，对梁著《墨子学案》尤予好评。他们二人构建新文化的种种努力，显然给时人留下了深刻印象。林语堂晚年撰写《八十自叙》忆及"中国文艺复兴"的新文化运动时，即记述到："同时代的中国大学者梁启超、蔡元培，都参加了这个运动。"

令人感兴趣的是，梁启超和蔡元培这种学术文化上的协作关系有向政治方面发展的迹象。就梁而言，即令沉溺学术之时，也终不能忘情于政治，他自认，其治学乃"匣剑帷灯，另有所在，凡归政治而已"。他的宣传新文化目的在于"开拓新政治"。当时，梁氏的研究系由于几度翻云覆雨，其名声不佳，需要招纳"清流"，改变形象，扩大实力。他们属意于以蔡元培为首的北大"自由派"。这便是胡适所说的"研究系近年做的事，着着失败，故要拉我们加入"。有记载谓：梁游欧归国时，有将研究系正式组建为政党的计划，丁文江、张君劢极力支持，欲以胡适为桥梁，打通北大，推梁启超和蔡元培为党魁，并设想以文化运动作为政治运动的前驱，只是由于张东荪反对"政教合一"，此议被搁置。不过，梁启超始终怀有政治上东山再起的欲念，研究系成员也没有放弃"合作组党"的努力。就蔡元培而言，自民国建立后，对社会政治基本抱持改良调和的态度。他固然厌恶军阀政治，但总期望维系一个统一和平的格局，谋求民族进步。因而对孙中山在南方"护法"自立之举内心颇有保留，曾私下婉劝以至公开通电，要孙"下野"。尽管蔡在政治上归属国民党系统，然而在北大期间，他更多是以社会贤达身份"自由"行动。他的周围聚集着相当一批欧美派知识分子，这些人在文化或政治领域颇为活跃。虽然，蔡出掌北大进京伊始，便向各政团"老实揭出不涉政治之决心"，可是实际上，这位"亦学亦政"的人物，不可能完全置身时局政事之外。这样，梁启超与蔡元培之间进行某种政治合作就并非毫无可能。

1922 年第一次直奉战争后，梁启超、蔡元培即均参加在北京石驸马大街熊希龄寓所集议政局的"名流会议"，会后又共同通电曹锟、吴佩孚，主张恢复民国六年国会，完成宪法。很明显，他们对"五四"期间邀得时誉的吴佩孚抱有希望。正是在此前后，曾多次向顾维钧等人表示"深以蔡先生不干预政治为恨"的研究系头面人物林长民，将"合作组党"之议付诸行动。林首先说通欧美派要员罗文干，请罗试探蔡对组党的态度，继而又游说胡适；随后便在由他做东，梁启超、蔡元培等均出席的一次午宴上，"正劝反激"，极力主张大家"出来组织一个政党"。林氏与梁启超私谊甚笃，林这番举动肯定合乎梁的意图。对于研究系的"盛意"，一向雍容随和的蔡元培此次却"有所不为"，他的态度十分明确：对时局问题"赞成发表意见"，但"不赞成组织政党"。因而对组党一事"简单谢绝之"。蔡元培毕竟有国民党的政治背景，此时，南方人士对他的若干言动已迭有訾议，加之，他自知"性不宜于政治"，常常视涉政为畏途。特别是他意识到，一旦在组织上与研究系杂厕其间，必使外界"以为此举全是某系作用"，而丧失独立发言的信誉。蔡的这一立场，对"涉世未深"的胡适等人产生了关键影响。其后，由胡适起草、蔡元培领衔发表的那篇提倡"好政府主义"政治主旨的《我们的政治主张》宣言，署名者几乎是清一色的欧美派知识分子。为此，梁启超等颇为愤愤然，认为这是"有意排挤他们研究系的人"。林长民抱怨"蔡先生素来兼收并蓄，何以也排斥我们？"而梁启超甚至负气道：梁某自己"也可以发表宣言！"总之，由于蔡元培一班人的"爱惜羽毛"，使得梁启超的组党计划大为受挫。从此，梁更专力于讲学著述，成就斐然，而先前的组党之念反趋淡化，终致放弃。世人品评梁氏为"学术天才，政治侏儒"。从蔡、梁在"五四"时期的这段往来看，蔡还是深识任公其人之长短的。

1929年初，梁启超病逝后，蔡元培参加了在上海静安寺举行的祭吊活动，并致送挽联曰："保障共和，应与松坡同不朽；宣传欧化，宁辞五就比阿衡。"盛赞其在近代中国的历史性变革中居功至伟。同时，他还在国民党中央政治会议上提出议案，以梁氏生前对中国学术颇有贡献，请国民政府明令褒扬抚恤。胡汉民极力反对，指责"梁与党的立场冲突，反革命，反国民党"。此案因而未获通过。不过，蔡此举适足代表了知识界整整一代人对梁氏开启民智之历史作用的深切体认。

后人直接论及梁启超和蔡元培的文字殊为鲜见。40年代初梁漱溟在一篇文章中对这两位前辈作过一番颇有见地的比较。他认为，梁、蔡的贡献皆在思想学术界，但其表现形式却不同："蔡、梁两先生比较，蔡先生好比汉高祖，他不必要自己东征西讨，却能收合一般英雄，共图大事。任公无论治学行文，正如韩信将兵，多多益善。自己冲锋陷阵，所向无前。他给予人们的影响是直接的，为蔡先生所不及。"梁漱溟还认为，在个人风格上，任公热情天真，蔡先生则含蓄深厚，因而，论对中国社会的影响，任公在空间上大过蔡，而在时间上将不及蔡。当年，梁漱溟曾"同受知于蔡、梁两先生"，与二人均有相当的交往，他的此番议论，颇耐人玩味。

近代中国社会，各种政治力量竞相登场，为推展抱负而角力厮杀，彼此取代，势若水火。此番情形，影响到后人的史观，往往是畛域分明，两相对垒，似乎绝少共谋之处。然而，在促动近代化的过程中，各派势力实则多有借鉴，亦常常暗通款曲，表现在文化建设上尤其如此。梁启超和蔡元培政治分野明显，不过二人居于思想文化方面的领袖地位，且就内质而言，几乎均"性近学术而不宜于政治"；他们共处一地，自然会衍生出超越党派的合作和交谊，虽属"有限合作"，然终究是一种少见的合力共建新文明的"超然"现象。梁、蔡十分单薄的交往史事，其意义或许就在于此。

与李石曾

在民国史上，蔡元培与吴稚晖、张静江、李石曾被并称为国民党"四老"。而四人中的蔡、李二位尤孜孜致力于科教兴国事业：从民元倡导社会风气改良，到旅欧发起、推动海外华人教育运动；从共同效力北京大学、激发新思潮，到合作试行大学院和大学区制，继而分掌中央、北平两研究院，合力促动科学研究……前后40年的交往与合作，彼此相互影响的程度之深，显而易见。惜之，以往由于二人晚年政治取向的些微歧异，史家对其历史定位差距颇大，或扬此抑彼，或着力夸大二人在某一时段、某一问题上的龃龉，致使其协力共事的史实出现扭曲，甚至湮没不彰。

严格说来，蔡元培和李石曾并非属于一代人，蔡年长李13岁，李的受业恩师齐令辰（禊亭）乃蔡壬辰科殿试同年，当14岁的李石曾拜师受业之时，蔡元培已任职翰林院编修。故而，蔡之于李，似在师友之间。蔡、李初次会面，是1902年在上海。其时，李石曾首次赴法，自沪登法国邮轮"安南号"，行前，逗留数日。在"张园"一个文人聚会的场合，得识蔡元培。李对蔡"风度谦愿"的印象颇深，而蔡对这位"高阳相国"的少公子亦不无留意，然二人上海初识，不过萍水相逢而已。

有趣的是，蔡、李之间竟有不少连带关系：当年元培赴京补应殿试，石曾之父、时任礼部尚书的李鸿藻为主考官之一；李赴法、蔡赴德均分别跟从清外交使臣孙宝琦，亦先后均得孙氏照拂；蔡留德时之好友齐寿山，与李氏乃世交；尤为重要的是，蔡、李二人与吴稚晖的交往均非恒泛，概可谓契友。上述诸项，显然是促使蔡、李在德国柏林订交的有力外因。1907年夏秋之际，李石曾自巴黎到柏林，与在此游学的蔡元培聚谈数日，二人由此订交。据有关谱、传载述：二人柏林晤谈的翌年，蔡由柏林赴巴黎，参观李氏创办的豆腐公司，极为赞赏云云。此说似不确，蔡、李之回忆文字非但均无此记载，其忆述却显示所谓蔡巴黎之行并不存在。或许谱、传作者将民初之事误移至清末亦未可知。

此一时期，蔡元培和李石曾均深受西方无政府主义思潮的影响。李尤醉心于蒲鲁东、巴枯宁、克鲁泡特金等人的思想，在与友人合编的《新世纪》

周刊上连篇累牍译介其学说，倡扬"互助论"。蔡获读此类译文，颇受启迪，始确信世界进化，不惟靠竞争，更有赖于互助。"五四"前后，蔡曾多次就欧战、公理与强权等问题阐发互助论观点，并在为《申报》所撰《五十年来中国之哲学》一文中将李石曾与严复并提，予以颇高评价，内云："《天演论》出版后，'物竞''争存'等语，盛传一时，引起一种'有强权无公理'的主张、同时有一种根据进化论，而纠正强权论的学说，从法国方面输进来，这是高阳李煜瀛（石曾）发起的。……他的信仰互助论，几与宗教家相像。"由此可知，蔡在吸纳西方哲理过程中曾得益于李。不仅如此，李在生活上倡行素食的主张亦为蔡所接受，自1910年始蔡坚持素食达12年之久，足见蔡、李情趣上契合之深。

进入民国之后，蔡、李均为政界要人，其活动领域大抵同一，彼此关系日渐深洽。民元初春，李石曾结束京津同盟会工作后南下抵沪，适值蔡元培受命为迎袁专使，正拟率团自沪北上。二人久别重逢，一连盘桓数日，正如李石曾所言，此时期"即我与蔡先生关系增进之时也"。（李石曾《石僧笔记》，载《李石曾先生全集》下册第87页，台湾"国民党党史会"1980年编印）李随即与专使团一同进京，以其在北方的影响，协助蔡等履行使命。北上途中，蔡、李等人于"新铭"轮上发起社会改良会，同拟会章，于民国肇始之际，共倡社会风习的鼎革。此举于他人或属一时兴致所至，唯蔡、李二人持之甚坚，口宣身教，历久不息。蔡元培一行人入京迎袁世凯南下就职谈何容易，未几，兵变骤起，蔡、李险遭劫难，共往六国饭店暂避一时，此乃蔡、李民国初年的一次历险。唐绍仪内阁成立，蔡元培留任教育总长，此时，李石曾在京成立留法俭学会，开设留法预备学校，蔡大力支持，由教育部拨借安定门内大方家胡同原师范学校旧址作为校舍，使得留法俭学事业顺利启动，渐次展开。这是蔡、李推进留法活动的首次合作。

同年9月，蔡元培再次赴德，此前，李石曾已在法国。二人与汪精卫、吴稚晖筹办《民德》杂志，以"发挥人道主义与科学知识，不谈政治"为主旨。但仅仅半年，随着宋教仁的被刺，蔡、李等人又一次被卷入"二次革命"的旋涡之中。李石曾率先回国，途经柏林，与蔡晤商，相约："（李）到上海后，来电定行上。"十余日后，李来电；"言本党已宣布与袁决裂，预备以地方兵力为后盾，宜速归。"蔡随即与汪精卫经陆路返国。此后数月，蔡、李同在上海，二人在对袁和战问题上虽不无主张，但大体与孙中山共进退。武装反袁失败，革命党人离散。经此政治波澜，蔡、李与吴稚晖等人聚谈后深信："国事决非青年手足之力所能助，正不若力学之足以转移风气也。"（参见《吴稚晖先生选集》上册第139页，台湾国民党党史会1964年编印）其后，他们相继远走欧洲，去追寻其学术和教育救国的梦想。

1913年10月，蔡元培举家来到法国，暂寓巴黎近郊科隆布镇李石曾创办的豆腐公司内。两个月后，李亦偕眷由沪到此，蔡、李两家一时朝夕相处。此地可谓李在法经营多年的大本营，除公司之外尚有印字局等设施，亦即李早先与吴稚晖、张静江发起之"世界社"的社址。蔡家居此，多赖李氏关照，午、晚两餐包于公司，法语教师即由李的好友欧思东充任。不久，李家移居附近之蒙达尔纪城，蔡家亦觅屋别住。不过蔡、李此时过从甚密：二人先后共同筹办《世界月刊》和《学风》杂志；应李之邀，蔡往蒙城为俭学会两周举办一次的讲演会发表演说；蔡、李及汪精卫等更时常聚谈。显然，李石曾在法创办的各项事业，因蔡元培等人的到来和翊赞而更为活跃盎然。

翌年夏，欧战爆发，蔡、李两家再次会合，向法西南部迁徙。他们先是避居漠舫村，后移至小镇圣多耐，不久又迁往南部城市都鲁士。其间，蔡、李二人共同发起组织"旅法学界西南维持会"，撰发通告，劝说留法中国学生不宜因欧战而轻易弃学归国，同时，积极设法帮助留学生转至法西南各省继续肄业。在此前后，北洋政府驻法公使胡惟德造访蔡元培，转致袁世凯对蔡等"倚重之意"。稍前，袁氏父子通过曾与李石曾、汪精卫共事的朱沛煌其人汇来三千元，函称闻蔡、李、汪三君现状颇窘，以此相助云云。其后，朱又致函李谓："总统极器重三公，深愿归国共襄危局。"显然，袁氏对深孚名望的蔡、李、汪三人意存羁縻，欲为所用，然蔡、李等人经"二次革命"已与袁断绝关系，故对袁氏的一再"致意"，未予回应。

蔡元培此次旅法，原本有一相当充实的编著计划，且已着手进行，无奈时事多艰，屡受搅扰，加之有位极热心公益的好友李石曾相伴左右，涉足社会公务即成不可避免之势。1915年初，蔡、李与吴稚晖、张继等发起筹组"世界编译社"，以倡导互助之风、促进人类进化为主旨，并拟往美洲等地筹措经费，旋因袁世凯接受日本"二十一条"以帝制自为，救亡当先，筹备工作遂告中辍。同年8月，蔡、李、吴及汪精卫四人又联名发起"编译馆"，并订立条例，预设编辑部于巴黎，由汪赴上海等处募集资金。同时，上述四人连同张静江、褚民谊等又正式组建"世界社"，将发起筹设数年之久的同仁团体最终落实。由蔡元培起草的《世界社之意趣》称："同仁就学异国，感触较多，欲从各方面促进教育之准备，爰有世界社之组织。"不难看出，以上各社团名目虽异，实则均以李石曾在巴黎的设施为依托，其核心成员当属蔡、李、吴三位，而由李操办具体事宜。编译社目标虽高，但所成甚微，值得一提者，为蔡、李商榷推敲而成的《译名表》，后刊于《旅欧教育运动》一书。至于世界社，则可谓李氏的"终极关怀"所在，此时期他与社友蔡元培孜孜尽力而日后影响至深的一项工作，便是留法勤工俭学。

毫无疑问，李石曾是留法勤工俭学运动的始作俑者和一贯的组织者、领导者。最初给他此种思想启迪的，是吴稚晖与他初识时那"多送国人赴欧，归来者改良茅厕便是成功"的亦庄亦谐的一夕之谈。巴黎豆腐公司内数十名中国工人工余兼学的实践为他提供了"勤于工作，俭以求学"可行范例。

欧战造成法国劳力奇缺，数以万计华工的涌入，为勤工俭学的推广造就了巨大的客观需要。但仅具备这些条件，尚不足以形成后来那样规模的留法运动。还必须有在国内教育界深具号召力的权威人物倡导和鼓动，以至亲身参与其间。蔡元培正是这样一个再合适不过的学界领袖。因而旅法期间，蔡、李在留法勤工俭学方面的合作，对该运动的未来发展别具深刻意义。

1915年6月，在李石曾的推动下，留法勤工俭学会在巴黎成立。此会较之俭学会更加贴近平民。为加大倡导力度，李特编撰了《勤工俭学传》一书，以富兰克林、卢梭等名人早年做工苦学的实例，宣扬勤工俭学的精神和效果。蔡元培对此大为赞赏，欣然为该书作序，以教育家身份充分肯定、大力扶助这一可行的平民留学方式。是年冬，蔡致函吴稚晖，内云："石曾先生近在巴黎，又于各方面大有所尽力……其中工商兼学一条，如能逐渐推广，真是美事。"表达了对李的赞许之情。翌年春，中法双方教育界人士共同发起成立华法教育会，蔡、李二人分任中方会长和书记之职。鉴于来法华工日益增多，急需给予指导，李即以华法教育会名义创办华工学校，并担任授课。蔡主持入学考试，且为该校编撰德育、智育讲义凡四十篇，亲自讲授。不久，蔡、李创办《旅欧杂志》，"以交换旅欧同仁之知识及传布西方文化于国内为宗旨"。在此期间，蔡、李及汪精卫三人分别致函北京政府教育总长、国内有关人士及各地劝学所、小学，介绍华法教育会工作，吁请选派合格青年应募来法。至此，发端于法国的勤工俭学活动已呈现向国内渗透的趋势。

蔡元培旅法三年间对法兰西文化及其优良的教育体制体认颇深，这期间得自李石曾助益良多，而李的诸项事业得蔡嘉许和翊赞更为扩大和繁盛。二人私交进而愈益洽契。随着蔡被任为北京大学校长，二人双双返国，开始了一段更为多彩的北大生涯。

1917年初蔡元培出任北京大学校长，他坚邀吴稚晖、汪精卫、李石曾等好友来京共同效力最高学府，吴、汪二人绊于他务未能应约，唯李石曾爽然返京，与蔡共事于北大达五年之久。初返京城，蔡、李一如旅法之时，几乎形影相随：神州学会在湖广会馆举行讲演会，蔡、李等分任主讲；应南开学校之请，蔡、李赴津，会友人严范孙，并分别向师生发表演说；张勋复辟，二人又偕眷一同避难于北京饭店，后同往天津，一寓法租界马家楼，一归日租界秋山街高阳李宅。李在京创办《农学杂志》，蔡为之向张元济、高梦旦推荐，商务印书馆遂允代为出版。

　　李石曾正式担任北京大学教授，开设课程，当在同年9月间，据李忆述"（胡）适之与我同日到校，都在文哲方面"。翌年初，蔡元培致函吴稚晖亦提及："石曾先生已在大学任生物学及社会哲学教科，又经营留法俭学会及勤工俭学会之预备学校，甚有兴会。"李在北大的课时并不多，其自述："我在北大哲学部门关于生物学与社会学任教授，每周至多两三小时，多研究而少上钟点，……但我于北大的关系亦非不密。"1918年5月，北大进德会在文科第一教室召开成立大会，这是蔡元培将民初"六不会""社会改良会"的精神引入北大，整饬校风的重要举措，李石曾对此极为赞成，会上，继蔡元培后发表演说，协力推进。经师生投票选举，蔡与陈独秀、傅斯年等为该会评议员，李及胡适、陈大齐等为该会纠察员。同年10月，蔡、李又共同发起组织北大卫生学会，"以促进本校职员及学生公共卫生及个人卫生为宗旨"，会务包括讲演、印行书报、调查，强调"凡校内外有妨害卫生之事，皆调查而救正之"。是年底，随着欧战结束，由北大等校发起的国内教育界要求列强退还庚子赔款用于兴办教育的"退款兴学运动"悄然兴起，蔡元培积极谋划，推举李石曾负责对法国的宣传和交涉，李即借赴欧考察之机展开活动。随着北大的改革日益深入，守旧势力群起攻之，张作霖、曹锟等军政巨头亦对蔡不以为然，尤以男女同校引为口实，李石曾为避免摩擦激化，缓解蔡的压力，遂运动政府派蔡赴欧美考察。1920年冬，蔡离校，开始为期十个月之久的欧美之行。

蔡、李二人双双返国，留法运动的工作重心随之移入国内，经过切实而有效的一番努力，留法渐入高潮，而问题亦日益暴露，亟待补救。蔡、李回国不久，即在北京东城设立华法教育会办事处，又在宣武门外储库营复设留法预备学校，其后还在西城创建了法文高等专修馆，由蔡兼任馆长，李任主任干事。蔡、李等为筹集办学经费，曾联名发起义演活动，梅兰芳、白云亭等名家在宣外江西会馆义务献艺。此类举动为华法教育事业营造了颇佳的氛围。随后，有关的正规学校相继在京建立。其中孔德学校，仍由蔡兼校长，其教务、评议会成员大半乃北大教员。而中法大学则由李任董事长，蔡居校长之名。此一时期，中法交流亦甚为活跃，法驻华公使柏卜偕《巴黎时报》主编杜伯斯古访问北大，蔡、李陪同参观，并举行座谈。中法协进公会在一年多的时间里先后在京召开两次大会，尤以第二次为盛，蔡任主席，李报告会务，梁启超、班乐卫等中法学界名流与会并作演说，会期为时两周之久。经蔡、李及吴稚晖等协同运作，里昂中法大学亦顺利创建。上述一系列活动，李石曾无疑为实际主持人，此公虽寄籍北大，而以主要精力投诸华法学务，蔡元培适与之相反，其重心始终在北大，仅以华法教育会长身份旁骛其事。不过，蔡并非只领衔、居名义而已，在某些关键环节，他不仅参与其事，还往往发挥他人无法替代的作用。这集中表现于留法勤工俭学事务方面。

众所周知，留法勤工俭学以湖南参加人数最多。起初，湖南学生罗承鼎、戴勋致函蔡元培、李石曾，询问留法事宜，蔡、李复信建议湘省设立预备学校并允代为介绍教员。后新民学会蔡和森等人访谒蔡、李，接受其提议，与熊希龄、章士钊两位乡贤洽商，得其赞助，蔡元培又推介北大湘籍教授杨昌济负责筹款等事，并与李、杨等开会商讨具体措施。自此，湘省学生赴法者渐众。山西留法运动与蔡的关系更为密切。阎锡山派人赴京与蔡接洽，表示愿派学生赴法，蔡即拨法文专修馆教室，安排教员，供数十名山西学生培训之用，使该省留法运动顺利展开。然而，留法勤工俭学运动发展之快、人数之众，出乎蔡元培、李石曾等倡办者意料之外，学生语言、财力预备不足加之法国经济不景气，遂成为该运动的潜在危机。蔡、李在1919年秋，即设法补救：蔡致电巴黎华法教育会，建议暂停派送学生；李自法复电谓：对勤工俭学生"如再切实预备、严格取缔，方能得良好结果，否则将生困难，俟详函到后，再选学生。希通知上海、四川各处"。（《北京大学日刊》1919年11月4日）可是处于高潮的留法运动难以骤然冷却，各地组织者间亦不协调，大批学生仍泛舟西渡，1920年下半年，法国经济急剧恶化，留法学生顿陷困厄。不久，蔡将赴欧考察，处置留法事务已属责无旁贷。行前，他与李石曾就陈炯明捐助海外教育5万元一事复陈函嘱："元培去后，如有未尽之手续，再由煜瀛接洽。"

在巴黎，蔡听取有关反映后毅然发布两个通告：俭学会、勤工俭学会与华法教育会分立，经济方面由各省自行救助；华法教育会对于俭学生、勤工俭学生脱卸经济上之责任，对于学生的经济维持，一个半月后截止。两个通告是在华法教育会财政濒临破产之际不得已发出的，自此"留法学生之大波澜起矣"，蔡氏一生受来自青年之诟病莫此为甚。不过，时人亦有评论认为：勤工俭学一败至此，主其事者难辞其咎，蔡遭人唾骂，实乃代人受过。此后，蔡曾与法国劳动部门洽谈，尽力安排学生就业，归国后，又上书北洋政府，请拨年金十万元，为勤工俭学生在法设立技术传习所，被采纳后，蔡、李均为专司其事的华法学务协会常务干事。1922年1月，蔡致函教育部次长陈垣，内云："足疾未愈，尚不能走访，至歉。顷有启者，关于中法大学、勤工俭学生工艺传习所等事，欲请教左右者甚多。兹请敝友李石曾君诣尊处晤罄，敬为专函介绍。"可知，蔡元培、李石曾为华法学务所作努力未尝稍息。留法运动，纯然出自平民留学之理想，实施当中，虽不免顾此失彼，甚至失控，然倡导者的初衷及其努力仍足堪称道。

在北大期间，蔡、李二人还共同参与了其他一些社会政治活动。1921年10月，陈独秀在上海法租界被捕，蔡闻知即刻访李和法人锋尔孟，经商议不与保守的法使馆交涉，而直接发电给法驻沪领事，此人较开通，或可设法。"陈案"了结后，蔡、李又与李大钊等在《晨报》刊登《为陈独秀募集讼费启事》，予以救助。1922年6月间，蔡与王宠惠、顾维钧等发起聚谈会，邀二十余位欧美同学定期在顾宅讨论现实政治问题，李亦参加，该聚会对其后的王宠惠"好人内阁"不无影响。同年8月，苏俄特使越飞抵京，蔡与之会谈，李参与了部分活动。1923年1月，蔡辞职离京，旋即赴欧，李则仍留京。近两年后，俄国庚子赔款委员会在京举行首次会议，李代表蔡出席该会。蔡、李在京共事五载，可以说，这是二人合作最长、最好的一个时期。

1927年3月底，蔡元培、李石曾暌隔四年后聚会于上海。此时，北伐初告成功，国民党内在共产党及工农运动问题上产生严重对立。当此历史岔路口，蔡、李及吴稚晖、张静江以党内元老身份一致拥戴蒋介石，力主清党，助成南京政权的建立，亦因之由野而朝跃居中枢地位，一时被尊为"四老"。其实，蔡、李与蒋氏渊源均非深厚，盖缘自与吴、张传统关系，而生连带作用。当然，蔡、李对于时局的主张与蒋吻合，乃是关键。此时期，蔡、李常常联手奔波沪、宁道上，参与军政大计，二人出席了蒋与冯玉祥晤谈的徐州会议，又曾为宁汉合作多方斡旋，当得知蒋将通电下野，二人又连同胡汉民等追至上海予以挽留。不妨说，南京政府创建的最初几年，是蔡、李政治生涯中最为活跃的时期。

正因如此，蔡、李借助有力的政治威势而得以一展平生革新教育的夙愿——移植法国教育行政制度于国内。早在1922年，蔡即在《新教育》上发表《教育独立议》一文，主张实行法国大学区制，由教育家独立办教育，超然于政治之外。同期杂志上，还刊有李的《法国教育与我国教育前途之关系》一文，与蔡文相呼应。而今，蔡、李作为国民政府教育行政委员会的常务委员，已有能力将上述主张付诸实施。他们提议：仿效法国教育行政制度，创设大学院为最高学术教育行政机关；在浙江、江苏两省首先试行大学区制，以逐步推广。此议获国民党中央政治会议通过，随即咨请国民政府办理。蔡元培出任大学院院长，李石曾则在大学院担任一系列职务，计有大学委员会委员、政治教育委员会委员、教育经费计划委员会委员、科学教育计划委员会委员等职。大学院决策采取委员合议制，因而蔡、李的院内合作相当广泛。蔡还设立大学院特约著作员，聘请国内有贡献的学者充任，听其自由著作，每月酌送补助费，李及吴稚晖、鲁迅等皆受聘。与此同时，蔡、李与张静江向中央政治会议建议设立中央研究院，获准后三人均为筹备委员。两年后，国立北平研究院组成筹备委员会，蔡、李、张等仍为筹备员。应当说，南京国民政府草创之际，蔡、李协同致力文教兴革，其思路和努力方向完全一致。但在北平大学区试行过程中，二人意见龃龉，以致关系一度紧张。

1928年6月，北伐军进入京津，被奉系军阀改组为"京师大学校"的原北京大学师生开始谋求复校，蔡元培赞成恢复原校名。但在国民政府讨论该问题时，被视为李石曾一系的易培基提议将北大更名为中华大学，由蔡兼任校长，到任之前，由李代理。此议即获通过。蔡对北大易名仍持异议，遂在6月15日大学委员会会议上申明不赴京就中华大学校长之职，会议改任李为校长。是日会上，胡适为校长人选与吴稚晖、易培基发生激辩，吴指胡为"反革命"，并称"蜀洛党争"乃问题症结所在，而胡对吴等"只认朋友，不问是非的行为"甚为不满，"决计避去"。而蔡于会上会后只有"感叹于社会的太复杂"而已。胡乃蔡长北大时倍加倚重之人，其出任大学委员会委员一职，亦蔡力促而成，胡对于李一向不甚看重，故对其出掌北大不以为然。吴所谓"蜀洛党争"，乃暗指蔡氏"北大系"与李氏"中法系"之争执。后来曾任南京政府教育部次长的陈布雷在其回忆录中亦提及"李、蔡两系之龃龉"一事，并谓："吴稚老于李、蔡均友善，而尤同情于李。"这便是胡适责吴"只认朋友，不问是非"之缘由。此时，李石曾远在美国，蔡、李之间并无直接摩擦。

同年7月底，李石曾归国返宁，随即与蔡元培、吴稚晖、张静江沐于汤山，畅谈时局。此前，李被中央政治会议任命为北平临时政治分会主席，其实力地位明显增强。8月16日，大学委员会审议李提出的设立北平大学区的议案，即以北平政治分会所辖区域为北平大学区，设大学委员会北平分会，合并前国立九校及天津北洋大学，统称国立北平大学，分设各学院并由大学代行省教育厅行政。蔡鉴于江苏、浙江两大学区试办以来问题迭出，无日不在扰攘之中，而新建规模更大的北平大学区势必更甚，遂主张"慎重"。蔡、李意见大相径庭。然会上蔡居少数，李的议案获致通过，国民政府旋即任命李为北平大学校长。蔡极度失望之余，于会后翌日递交辞呈，辞去大学院长等本兼各职，并称"元培老病之躯，不宜再妨贤路……愿以余生专研学术"。不久蔡又坚辞中法大学校长名义。盖可断言，此时蔡、李关系呈现某种紧张之势。从同年11月末吴稚晖草拟复蔡函稿中当可窥知一二，内云："弟于教部、中大、劳大，以及北平学界、北平文化，皆从无主张。不过夹在中间，彼此嘱我传话。弟之主旨，不愿见洛蜀之交哄。其法以五雀六燕，均得其平为原则。以不令毛细得失，牵及巨大政潮为希望。两方于我，初无利害可言，此必先生所洞知也。我何铃曾系，而亦何铃可解？此先生极多误会也。……弟知此等毛细臭事，尽其拨弄，必至破坏一切旧交。"（《吴稚晖先生全集》第三卷第674页，台湾国民党党史会1969年）蔡致吴原函，尚无从查考，以吴复函稿推断，蔡对吴不无责备之辞，致使吴急欲辩白，且因一时冲动而"过甚其词"。自称"夹在中间"的吴尚且如此，遑论"洛蜀两方"？

不过，蔡元培、李石曾间毕竟无原则性歧异，长期合作的经历使其在具体问题上的一时龃龉能够很快化解，依旧保持整体合作态势。当年冬，李离宁北上，着手组建北平大学区，却遭各校激烈反对，尤其是北大师生，为反对接收而停课护校，示威学生捣毁李的办公室，并冲击其住宅。李强行以武力接收，仍归无效。李遂迭次致电蔡："恳先生就近催促中央电示以办法，严制学生不得再有轨外行动，……盼先生与中央诸公主持解决。不胜感幸。"为缓解风潮，蔡同蒋梦麟于12月6日联名电劝学生匆走极端，"极望长思远瞩，无令空穴来风"。其后，蔡和吴稚晖与北大来宁请愿学生代表李辛之等晤商变通办法，"期于学区方面与北大方面皆能顾到"。于是，大学区内原北大三院统称"北大学院"，以保北大独立性质。至此，护校风潮暂息，而反对大学区之声浪仍此起彼伏，难有宁日。1929年6月，南京国民政府决定停办大学区，北平大学区于暑期停止。李石曾为此致电蒋介石、谭延闿等，力阻废止大学区，并请辞北大校长一职，仍由蔡元培任之。大学区制的废止，可谓蔡、李平生教育理想的一次大失败，而北平大学区引发的学潮，尤为李氏教育生涯的一大顿挫。此后，蔡、李二人戏剧性地双双脱离实质性教育行政，转而主持科学研究机构，蔡掌中央研究院，李主北平研究院，一南一北，虽不无竞争，却也相得益彰。

30年代，蔡、李在故宫博物院理事会、中华教育文化基金董事会、中山文化教育馆、英文中国年鉴社等机构继续共事。李热心创建的农工银行、世界文化合作中国协会等社团的活动中，亦可常常见到蔡的身影。"九一八"事变后，二人作为国民党宁方代表与粤方汪精卫、孙科等数次和谈，终于促动蒋、汪合流。1935年11月，蔡、李与冯玉祥、程潜等向国民党四届六中全会提出"救亡大计议案"，要求当局做好政治、军事等方面的抗战准备。抗日战争开始后，蔡移居香港，李则奔波于港、渝及中法之间。蔡、李在港偶有会面，更多是书信往还，二人曾通过萧瑜商讨对世界反侵略大会的回应方式。1939年10月蔡的《日记》载曰："18日，得石曾5日昆明函，言近日由港飞渝，由谕飞滇。现即转法。欲谈而不及谈之事，当由李润章等转告。并言到巴黎后，即访柏龄，嘱以柏龄住址告之。""20日，致石曾函，附去柏儿住址单。"（高平叔《蔡元培年谱长编》下册第509页，人民教育出版社1998年）柏龄，乃蔡第三子，时留学法国，德、法战争爆发后无音信，遂托李查访。这或许就是蔡、李间最后一次交往。

蔡元培与李石曾交游共事始末业已越出个人往还之限域，而与民国文教诸方面息息相连。二人虽参与多项政治活动，且一度涉足中枢，然终非政治中人，其活动重心和兴趣所在仍为文化和教育。蔡、李之国学根基显有区别，而西学素养亦参差不一，但二人同处清末民国的大背景之下，又有相似的旅欧经历和人际网络，其思想、志向颇多一致。蔡雍容大度，习于包容，于新旧学界，皆孚人望；李出身名门，热心公益，勇于创业，铺展颇广。蔡、李联手，各现所长，事业即突飞猛进。但二人为理想所驱动，其治事往往流于疏阔笼统，一些事兴于斯亦败于斯。南京时期，二人身后隐然各存一文人圈，虽大小不同，且时相交迭，然或因意见相左，或由利害所关，两系亦曾摩擦，蔡、李于此亦难全然置身事外。不过，总体而论，蔡、李仍是合多异少，大势趋同。正是在此意义上，时人论及二人赞曰："凡关系文教及国家大事，蔡李于事前，无不熟商，然后通力以赴……两老毕生愉快协力，比肩支持，专为国家效劳，贡献特巨。"（陈和铣《我尊崇石老和追随之回忆》，见《民国李石曾先生煜瀛年谱》附录）

蔡元培年谱简编

1868 年　1 岁

1 月 11 日出生于浙江省绍兴府山阴县城内笔飞弄。

1880 年　14 岁

受业于同县秀才王懋修（子庄）。

1883 年　17 岁

考中秀才。

1889 年　23 岁

秋赴杭州应恩科乡试，中举人。

1890 年　24 岁

春赴北京应会试，中为贡士，未参加本科殿试。

1892 年　26 岁

春入京补应殿试，被取为二甲第三十四名进士，授翰林院庶吉士。

1894 年　28 岁

春应散馆考试，升补翰林院编修。适逢中日甲午战争爆发，关切时局，接受新学。

1898 年　32 岁

秋戊戌变法失败，深感失望，遂请长假，离京南归。冬任绍兴中西学堂监督。

1901 年　35 岁

9 月任上海南洋公学特班中文教习,学生中有黄炎培、邵力子、李叔同、胡仁源等。

1902 年　36 岁

4 月在上海发起成立中国教育会,任会长。11 月组织爱国学社,任学社总理。

1905 年　39 岁

10 月加入中国同盟会,被孙中山委任为上海分会会长。

1907 年　41 岁

6 月离京经西伯利亚赴德国留学。

1908 年　42 岁

秋进入莱比锡大学听课和研究。

1911 年　45 岁

10 月获悉国内爆发武昌起义,由莱比锡到柏林。12 月经西伯利亚回国,抵上海。

1912 年　46 岁

1 月出任中华民国临时政府教育总长。7 月辞去教育总长职务。9 月再赴德国。

1913 年　47 岁

6 月因宋教仁被刺回国抵沪,9 月离沪赴法国,旅居巴黎近郊。

1915 年　49 岁

6 月与李石曾等在法国组织"勤工俭学会"。

1916 年　50 岁

9 月接北京政府教育总长范源濂电,请其担任北京大学校长。旋即回国。12 月 26 日,被任命为国立北京大学校长。

1917年　51岁

1月4日到北京大学视事，9日发表就职演说。7月因张勋复辟，一度辞职，事件平息后，回校复任。

1918年　52岁

1月19日在北大发起组织进德会，发表《进德会旨趣书》。11月10日撰写《北京大学月刊发刊词》，阐明学术自由、兼容并包的办学宗旨。

1919年　53岁

3月18日撰写《致〈公言报〉并答林琴南函》，反驳林纾对北京大学及新文化运动的指责。5月4日"五四"运动爆发。其后，与各校校长积极营救被捕学生。5月9日辞北大校长职务，离京出走。9月12日返京复任北大校长。

1920年　54岁

3月11日公布北大招收女生的消息，教育部采取默许态度。11月24日离上海赴欧美考察。

1921年　55岁

1月至8月在法国、瑞士、德国、奥地利、匈牙利、荷兰、英国、美国进行考察、访问。

1922年　56岁

3月20日发表《教育独立议》一文。5月14日领衔发表《我们的政治主张》一文。

1923年　57岁

1月17日因不满教育总长彭允彝干涉"罗文干案"，愤然辞去北大校长职务。8月底赴欧洲。

1926年　60岁

2月3日应北京政府教育部电促回国抵上海。

1927 年　61 岁

3 月 28 日国民党中央监察委员会在上海召开常务会议，被推为主席，通过吴稚晖提出的弹劾共产党的议案。5、6 月间准备试行大学区制度，呈请国民政府变更教育行政制度。6 月 17 日被国民政府任命为大学院院长。

1928 年　62 岁

4 月 23 日被任命为国立中央研究院院长。8 月 17 日辞去大学院院长等本、兼各职，专任中央研究院院长，携眷离南京，定居上海。

1929 年　63 岁

1 月 4 日当选中华教育文化基金董事会董事长。8 月兼任国立北平图书馆馆长。

1931 年　65 岁

9 月为调解"宁粤对立"，与张继、陈铭枢南下广州谈判。

1932 年　66 岁

12 月 17 日与宋庆龄、杨杏佛等在上海组织中国民权保障同盟，任副主席。

1934 年　68 岁

1 月 1 日发表《我在北京大学的经历》一文。

1935 年　69 岁

7 月 31 日印发启事：辞去一切兼职，停止接受写件，停止介绍职业。

1936 年　70 岁

2 月 14 日开始撰写《自写年谱》。

11 月下旬大病，身体转衰。

1937 年　71 岁

11 月 27 日由丁燮林等陪同离上海抵香港。

1939 年　73 岁

12 月 7 日以《满江红》词牌，为反侵略大会中国分会作会歌。

1940 年　74 岁

3 月 5 日上午 9 时 45 分在香港养和医院病逝，遗体后葬于香港仔华人公墓。